KB063123

정치를
종교로
만든
사람들

강준만

정치를
종교로
만든
사람들

인물과
사상사

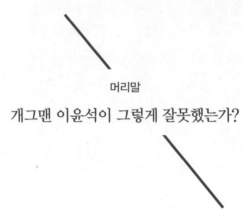

개그맨 이윤석이 그렇게 잘못했는가?

호남인이여, 왜 그렇게 여유와 관용이 없는가?

2015년 12월 9일 개그맨 이윤석은 종합편성채널(종편) 'TV조선'의 시사쇼 〈강적들〉에 출연해 "야당은 전라도당이나 친노당이라는 느낌이 있어요. 저처럼 정치에 별로 관심이 없었던 사람들은 기존 정치인이 싫거든요"라고 말해 네티즌들의 비판을 받았다. 비판이 계속되자 그는 12월 15일 "부적절한 표현으로 인해 불쾌감을 느끼신 모든 분들께 사과의 말씀을 올린다"고 공식 사과했다.

이윤석이 사과하지 않고 넘어가기를 바랐던 나로서는 착잡했다. 그의 발언은 부적절했을망정 종편에서 매일 양산되는 부적절한 발언들에 비하면 양호한 수준이었다. 굳이 공식 사과까지 할 정도의 말은 아니었다는 게 내 판단이다.

　논란을 키운 건 '전라도당'이라는 표현이었다. 이 사건을 보도한 인터넷 사이트들엔 수많은 찬반 댓글이 달려 때 아닌 '전라도당' 논쟁이 벌어지고 있었고, 결국 전라도 논쟁으로까지 비화되었다. 내가 이 사건이 이윤석의 사과 없이 적당한 수준에서 넘어가길 바랐던 이유를 그 댓글들에서 찾을 수 있었다.

　"이윤석의 이 말이 문제가 된다는 건가? 표현의 자유는 호남인들만 누려야 된다는 말 아닌가? 민주화 성지라고 자부하는 호남인들의 천상천하유아독존, 독선의 대표적 국민인가? 아예 전라공화국을 만들라. 속시원하다"는 종류의 댓글과 더불어 "이윤석, 전라도가 네놈에게 무엇을 잘못했고 철천지원수 짓이라도 했냐"는 종류의 댓글 모두 쓴웃음을 짓게 만들었다.[1]

　내 생각을 말씀드려보겠다. 나는 호남인들이 호남에 대한 부적절한 발언에 대해 지금보다 너그러워지길 바란다. 여유와 관용을 보이면 좋겠다. 그렇게 하면 부적절한 발언이 양산될 것 아니냐고? 그럴 수도 있겠지만, 그렇지 않을 가능성이 더 높다.

　드러내놓고 호남 차별 발언을 하는 사람들도 있지만, 대부분의 호남 차별은 음지에서 벌어진다. 호남에 대한 부적절한 발언이 금기시된다고 해서 호남 차별 심리가 사라지는 게 아니다. 금기시하는 것에 대한 반감이 커져 더 악화된다. 그렇게 증폭된 반감은 음지의 영역을 벗어나 그럴듯한 명분을 뒤집어쓰고 나타난다.

　나는 호남인들이 차별에 대해 선택과 집중으로 대응하길 바란다. 호남인으로서 용인할 수 없는 호남 차별이나 호남 모멸에 대해 단호하게 대응해 효과적인 응징을 하기 위해서는 평소의 여유와 관용이 필수다. 평소에 작은 일에도 분개하면 힘은 비축되지 않으며, 다른 지역 사람들은 내심 호남인들이라고 하면 '피해의식'이니 '지역주의'니 하는 딱지를 붙임으로써 정당한 분노의 가치마저 폄하해버린다.

사실 문제는 야당이 전라도당이라는 평가가 아니라 그런 평가에 어울리지 않게 전라도당이 아니라는 데에 있다. 새누리당은 경상도당으로서 당당하게 경상도의 이익을 챙기지만, 야당은 전라도당이라는 말을 들으면서도 전라도의 이익을 챙기는 걸 꺼리거나 두려워한다. 물론 경상도와 전라도의 힘의 격차 때문에 벌어지는 일이지만, 과연 호남인들이 어떤 현상에 대해 더 심각한 문제의식을 가져야 할까?

'호남 차별을 먹고사는 진보'

나는 앞서 호남 차별 심리가 그럴듯한 명분을 뒤집어쓰고 나타난다고 했는데, 이게 바로 현재 왕성하게 벌어지고 있는 일이다. 『한겨레』 성한용 선임기자는 「야권 분열, 호남에 책임 뒤집어씌우지 말아라」라는 『인터넷한겨레』(2016년 1월 16일) 칼럼에서 야권 분열상을 자세히 소개한 뒤 칼럼을 마무리하면서 '개인적으로 한 가지 걱정'이 있다고 했다. 그는 "4·13 선거에서 분열로 인한 야권 참패가 현실로 나타날 경우, 또 그로 인해 2017년 대통령 선거에서 정권교체에 실패할 경우, 야권 지지자들 사이에 그 책임을 호남에 뒤집어씌우려 할 가능성입니다"라면서 다음과 같이 말한다.

"1987년 정권교체를 열망하던 야권 지지자들이 대선 패배 이후 그 책임을 김대중 후보와 호남 사람들에게 몽땅 떠넘기던 장면이 지금도 생생합니다. 충청도 출신으로 어린 시절 호남 차별을 당연한 것으로 배웠고, 1980년 광주항쟁을 통해 호남의 한과 피울음을 목격했던 저로서는 1987년 대선 직후의 체험은 끔찍한 악몽이었습니다. 저의 이런 걱정은 아마도 제가 지역감정에 대해 필요 이상으로 예민하기 때문일 것입니다. 어쨌든 한국 정치에서 지역 문제가 아직 극복되지 못하고 있는 것은 분명한 것 같습니다. 아무리 생각해도 참 어려운 문제입니다."[2]

호남에 대한 애정을 담고 있는 글이라 믿어 의심치 않지만, 좀 아쉽다. 4월 13일까지 가지 않아도 이미 『인터넷한겨레』를 비롯한 진보 언론 사이트엔 현 야권 분열의 책임을 호남에 뒤집어씌우는 건 물론 노골적으로 호남을 비하하고 욕하는 주장이 난무하고 있기 때문이다. 성한용의 글에 달린 댓글에도 호남을 욕하는 비난이 즐비하며, 심지어 이런 댓글도 있다.

"안철수를 앞세운 호남패권주의는 통탄스럽게 반민주적 압정의 박근혜에게 꽃길을 내주려 하고 있다. 호남 정치인들은 안철수 핑계로 정치적 이득을 챙기려 민중들을 희생시키려 한다. 문재인의 무능과 부족함이 야권 분열과 4·13 통한(4·13 총선에서) 수도권 야권 의원들의 멸종이 합리화될 수 없다. 4·13 총선과 대선이 모두 패배한다면 호남은 이제 땅 파고 땅속으로 다 기어들어가야 한다."

무리한 요청인 건 잘 알지만 내가 성한용에게 아쉬운 건 4·13 총선 이후를 걱정할 게 아니라 이미 현재 일어나고 있는 '호남에 책임 뒤집어씌우기'에 대해 정중한 반론을 펴줄 수는 없는가 하는 것이다. 이 댓글을 단 사람은 '반민주적 압정의 박근혜'니 '민중들을 희생' 운운한 걸로 보아 진보이거나 자신을 진보라고 생각하는 것 같다. 그런데 그는 과연 진보인가?

진보의 실천적 제1원칙은 부당한 차별과 모멸에 대한 반대여야 한다. 부당한 차별과 모멸을 용인하거나 주도하는 진보는 존재할 수 없다. 그런데 어떻게 된 게 이 나라의 일부 진보는 특정 지역에 대한 부당한 차별과 모멸을 전제로 한 진보를 해보겠다고 그러니, 그걸 어찌 진보라고 부를 수 있단 말인가? 굳이 진보라고 해야 한다면, '호남 차별을 먹고사는 진보'라고 불러야 하나?

'정치의 종교화'로 인한 판단력 마비

지금 나는 겨우 '배설 기능'에 충실한 댓글 하나를 골라와 사태를 과장하고 있는 걸까? 전혀 그렇지 않다는 걸 본문에서 충분히 입증해 보이겠지만, 나로선 그저 착잡할 따름이다. 20여 년 전 『김대중 죽이기』와 『전라도 죽이기』라는 책을 내고서 다시는 지역주의 문제에 대해 내가 나서지 않게 되기를 간절히 바랐다. 그러나 불행히도 이 문제에 관한 한 역사는 오히려 퇴보하고 말았으니 내 어찌 착잡하지 않을 수 있겠는가.

나는 그렇게 된 이유를 '정치의 종교화'에서 찾고자 한다. '정치의 종교화'로 인해 눈이 멀고 판단력이 마비되었다고 보기 때문이다. 어느 나라의 정치에서건 종교적 성격은 발견되는 것이지만, 우리나라엔 그게 좀 심한 것 같다.

카를 마르크스Karl Marx, 1818-1883는 '종교는 인민의 아편'이라고 했지만, 정작 아편 같은 종교는 공산주의였던 게 아닐까? 전 세계 곳곳에서 공산주의 혁명과 집권의 와중에서 벌어진 잔혹한 인명 살상과 인권유린은 그 어떤 종교적 신념에 중독되지 않고선 일어나기 어려운 일이었다. 그 반대편에선 '공산주의 공포'로 인해 비슷한 일들이 벌어졌으며, 이 또한 종교적 확신에 따른 것이었다.

이념의 종교화는 정치의 종교화로 이어지기 마련이다. 종교화된 정치 역시 광신으로 빠져들기 십상이지만, 그렇게 어두운 면만 있는 건 아니다. 놀라운 헌신과 연대와 결집을 이루어낼 수 있는 장점이 있다. 우리의 민주화 투쟁이 바로 그런 경우다. 반독재 투쟁에서 민주화 인사들이 보여준 자기희생과 헌신은 종교적이라고 해도 좋을 정도였다. 이분들 덕분에 우리가 지금 이 정도나마 민주주의를 누리고 있는 게 아니겠는가.

'민주화 이후의 민주주의' 체제하에서도 정치의 종교화는 계속되고 있지만, 그게 과연 바람직한지는 의문이다. 절박한 상황이 아닌데도 절박한 열정이나 광신을 갖고 선악善惡 이분법으로 임하다 보면 상대편과 소통 자체가 불가능해지기 때문이다. 지금 한국 정치의 주요 문제는 바로 이런 소통 불능에서 비롯되는 게 아닐까?

현재 새누리당 내부에 울려 퍼지는 '박 타령'은 민주주의 원리에 근거한 정치적 행위라기보다는 지도자를 교주로 모시는 종교적 행위에 가깝다. 박근혜 대통령에 대한 지지를 기준으로 처음엔 '친박'과 '비박'이

나오더니, '원박(원조 친박), 종박(추종하는 친박), 홀박(홀대받은 친박), 멀박(멀어진 친박), 짤박(짤린 친박), 탈박(탈출한 친박)' 등으로 분화되었다가, 이젠 '진실한 사람'과 '친박'을 합쳤다는 '진박 타령'이 난무한다. 이른바 '진박 감별사'까지 나타나 이단을 단속하겠다고 외치는가 하면, '진박 인증 샷'까지 찍어 인터넷에 올린 사람들은 "없던 인연까지 만들어 자꾸 대통령을 판다"며 "너도나도 진박이라고 하는 상황에서 진진眞眞박이 누군지 알려줘야 한다"고 주장한다.[3]

코미디라고 하기엔 너무 슬픈 이야기다. 이건 무얼 말하는가? 한국은 '정당 민주주의' 국가라기보다는 '지도자 민주주의' 국가라는 걸 의미한다. 상호 소통이 안 되는 보수와 진보가 이 점에선 다를 게 전혀 없다. 선거가 임박했다는 이유로 더불어민주당이 어느 날 갑자기 외부 거물 인사를 영입해 당의 전권을 맡겼더니 지지율이 오르는 기현상 역시 정당 민주주의의 갈 길이 아직 멀다는 걸 말해준다.

댓글 세계는 '종교전쟁의 공간'

나는 소통에 관한 책을 쓰기 위해 수개월 전부터 매일 2~3시간씩 인터넷 사이트의 정치 기사에 달린 댓글들을 열심히 읽고 있다. 그 댓글 공간의 세계는 '배설 공간'으로 폄하되기도 하지만, 연구자로선 의외로 배우고 얻을 것도 많다. 내가 수개월간 관찰한 결과에 따르면, 그곳은 열정과 분노와 저주가 넘치는 정치전쟁, 아니 종교전쟁의 공간이었다. 우리 사회에 분노할 일이 좀 많은가. 그런 이슈들을 정치와 연계시켜 분노를 표현할 법도 한데, 그런 글은 거의 없고 오직 자신이 지지하거나 반대하는 정치인에 대한 찬양 아니면 비난 일색이었다.

정치 신도들은 끼리끼리 모인다. 조금 다른 견해가 등장하면 '댓글 알바'라고 공격하면서 유일신앙의 존엄을 재확인한다. "옛날엔 댓글 알바가 전혀 없었는데, 청정무구한 시절이 그립구나"라는 개탄도 나온다.[4] 국민의 절대 다수는 그런 '정치 종교'를 외면하거나 혐오하는 무신론자들이지만, 이들 역시 선거라고 하는 스펙터클 부흥회만 다가오면 큰 관심을 보인다. 하지만 이들은 어디까지나 구경꾼일 뿐이며, '정치 종교'의 주역은 소수의 사제司祭들과 열성 신도들이다.

바로 이런 참여의 불균형에서 정치 혐오와 저주가 비롯되건만, 우리는 그건 주어진 숙명으로 간주한 채 '부흥회 쇼'를 벌이는 걸 정치의 본령인 양 착각한다. 그 와중에서 부흥회에 모든 것을 거는 '선거 근본주의자들'의 활약이 두드러진다. 선거라고 하는 대목을 놓칠 수 없는 언론의 처지를 이해하면서도 보도와 논평 시 '인물 중심'에서 '이슈 중심'으로 조금만 이동하면 안 될까 하는 생각을 해본다.

진보의 호남 차별은 바로 이런 '인물 중심' 신앙에서 비롯된다. 인물 중심으로 보면 호남은 보이지 않는다. 호남인마저 살아 숨 쉬는 인간이 아니라 자신이 지지하는 인물의 승리를 위해 표를 던져야 하는 투표 도구로만 보인다. 그 투표 도구가 "우리도 인간이다"라고 외치고 나서자, 진보의 이름으로 온갖 욕설과 저주를 퍼붓는 파렴치와 적반하장賊反荷杖, 이게 바로 일부 진보의 민낯이다.

'정치를 종교로 만든 사람들'이라는 내 테마는 그들만을 겨냥한 건 아니다. 그들을 그렇게 만든 데에 적잖은 영향을 미친 장본인이 있다. 누군가? 운동권이다. 나는 원래 이 책에서 운동권을 한 장章으로 다루었지만 막판에 빼버리고 조만간 별도의 책으로 내기로 했다. 왜? 좀더 경건한 자세로 자세히 다룰 필요가 있다고 생각했기 때문이다. 경건? 그만큼 심적 부담을 느낀다는 이야긴가? 그렇다. 엄청난 부담을 느낀다.

반독재 투쟁을 지지했으면서도 운동권에 참여하지 못한 사람들은 운동권에 대해 죄책감을 갖고 있다. 그런 사람들 중의 하나인 나 역시 그들의 헌신과 자기희생에 대해 경외감을 갖고 있다. 세상이 달라졌다고 그들을 비판한다? 양심 있는 인간으로서 감히 하기 어려운 일이다. 그러나 똑같은 양심으로 눈을 들어 세상을 바라보면 그런 개인적인 죄책감으로 침묵하는 것은 운동권이 떠받들었던 민중에게 더 큰 죄를 짓는 것이라는 생각이 드는 걸 어찌하겠는가. 나는 결국 '운동권'보다는 '민중'을 택하기로 했다.

보수 언론을 바보로 아는 사람들

운동권은 '민주화 이후의 민주주의' 체제하에서도 여전히 민주화 이전에 가졌던 생각과 체질로 정치를 한다. 민중이 그들에게 등을 돌리고 보수 정치 세력이 절대적 우위를 점하게 된 결정적 이유다. 운동권은 그걸 모르거나 입으로는 안다고 말하면서도 자신도 어찌할 수 없는 체질의 감옥에 갇혀 사실상 '진보 죽이기'를 하면서도 그게 왜 문제가 된다는 건지를 전혀 이해하지 못한다. 아니 어쩌면 그걸 알면서도 자신의 비교

우위가 운동권 체질에 있기에 자신의 생존과 번영을 위해 계속 그러는 건지도 모르겠다.

진보 언론과 지식인을 포함해 반독재 투쟁을 지지했던 사람들 사이에서 운동권은 성역이다. 주로 보수 언론과 정치 세력이 운동권을 비판한다. 그런데 오히려 이게 문제다. 여기서 묘한 '적대적 공생antagonistic symbiosis' 관계가 형성된다. '적대적 공생'은 적대적 관계에 있는 쌍방이 사실상 서로 돕는 관계라는 뜻인데, 이는 의도하지 않은 구조적 결과일 뿐 양쪽 모두 그 어떤 의도를 갖고 그러는 건 아니다.[5]

운동권과 운동권 지지 세력은 보수파의 운동권 비판을 자기정당화의 근거로 삼는다. 보수가 저렇게 비판할 정도면 우리가 옳다는 거 아니냐는 식이다. 진보 일각에서 운동권을 비판하면 "보수 프레임에 놀아나지 마라"고 큰소리친다. 그런데 놀랍고도 흥미로운 건 이런 수법이 범진보 진영의 철칙으로 굳어졌다는 점이다. 야권 분열도 마찬가지다. 보수 언론이 어떻게 보도하고 논평하기 때문에 그 반대인 우리가 옳다는 식의 주장이 난무한다. 뭐든지 보수 언론의 주장과는 반대로 하면 된다는 이야긴데, 이게 바로 전형적인 운동권 체질의 악습이다.

이들은 보수 언론을 바보로 안다. 보수 언론은 늘 '진보 죽이기'를 절대적 사명으로 삼고 있다는 식의 발상을 한다. 미련한 생각이다. 그렇게 해서 장사를 할 수 있을까? 보수 언론엔 이념과 노선도 중요하지만 그것보다 중요한 것은 '상업적 생존과 성장'이라는 걸 꿈에서도 생각해본 적이 없는가? 대학 신입생들이 1학년 1학기에 읽는 언론학 개론서만 보아도 훤히 알 수 있는 사실을 그들은 애써 외면한 채 보수 언론의 비판을 무조건 자기 면죄부로 삼으려 들다가 골병이 들고 말았다. 보수 언론이 이들을 골탕먹이는 건 간단하다. 옳건 그르건 민심을 좀 꿰뚫어보는 주장을 해대면 뭐든지 보수 언론의 반대로 하겠다는 사람들이 갈 길은 뻔하지 않은가 말이다.

보수 언론이 야권 분열과 국민의당을 적극 지원한다? 진보 언론엔 이런 주장이 난무한다. '프레임'이라는 어려운 말까지 써가면서 제법 고급스럽게 분석하는 이도 많다. 일리 있는 주장이지만, 본말전도本末顚倒의 위험이 있다. 아니 '위험'이 아니라 이미 일어난 일이다.

프레임이란 무엇인가? 보도와 논평의 틀을 말한다. 사진을 찍을 때 자신이 선택하는 프레임을 떠올리면 되겠다. 똑같은 풍경이지만 사진을 찍는 사람이 어떤 프레임으로 접근하느냐에 따라 사진이 갖는 의미는 달라질 수 있는 것처럼, 똑같은 내용이라도 어떤 관점에서 어떻게 말하느냐에 따라 전혀 다른 반응을 유발할 수 있다는 것이다.

프레임은 보수 언론은 물론 진보 언론에도 존재한다. 문제는 힘의 격차다. 진보는 늘 보수의 프레임이 어떻다는 식의 말을 하지만, 보수는 그런 말을 하지 않는다. 강자는 약자의 프레임에 시비를 걸지 않는 법이다. 진보가 보수의 프레임을 잘 살펴보면서 휘말려들지 않기 위해 조심하는 건 꼭 필요한 일이다.

그런데 진보는 그 필요성을 오·남용해왔다. 과대평가의 수준을 넘어 뻥튀기라고나 할까? 야권 분열의 문제를 자신들의 문제로 알고 답을 안에서 찾으려는 게 아니라 모든 걸 보수 프레임 탓으로 돌린다. 이 점에서 나는 프레임 이론이 한국의 진보 진영에 엄청난 악영향을 미쳤다고 생각한다. 진보의 악습 중의 하나인 '남탓'을 예술의 경지로 끌어올렸기 때문이다.

프레임 못지않게 중요한 것은 '뉴스 가치'의 문제다. 시장에서 어떤 뉴스가 더 잘 팔릴까? 싸움이 벌어졌는데 그걸 키우는 게 장사가 잘 될까, 아니면 싸우는 양쪽 모두에게 손해니 싸우지 말라고 말리는 게 장사가 잘 될까? 보수 언론은 전자, 진보 언론은 후자의 입장을 취하고 있다. 아니 진보 언론도 기본적으론 후자의 입장을 취할망정 언론의 속성상 '싸움 장사'에 적극 뛰어들고 있다.

언론의 그런 속성을 알아야 예컨대, 『조선일보』(2016년 2월 6일) A8면의 톱 기사로 실린 「"안安, 친노 패권 비난하더니…패권 휘두르나"」라는 기사도 이해할 수 있다. 진보 언론을 포함한 다른 언론은 잠자코 있는데, 『조선일보』는 왜 이렇게 국민의당에 비판적인 기사를 적극 발굴해 싣는 걸까? 이건 예외적인 기사인가? 천만의 말씀이다. 이런 종류의 기사들은 수두룩하다. 네이버뉴스로 이 기사를 본 친親국민의당 네티즌들은 "언론과 기자 정말 너무 3당 밟는구나. 기득권 양당에 기생하는 언론사 때문에 정치발전 후퇴된다 자중해라." "언론이 너무 주관적이야. 조선은 그냥 대놓고 보수일보로 바꿔. 조선 기사 믿고 세상 보는 어리석은 인간들은 없길" 등과 같은 댓글로 비판하고 있다.[6]

이젠 '보수 프레임' 탓 그만하고, "장사를 하는 데에 도움이 되는 싸움이 있는 곳이면 어디든 찾아가서 배를 채우려 드는 하이에나 근성"에 대한 이해를 제대로 하는 게 좋지 않을까? 내 평소 지론이지만, 진보의 가장 큰 문제는 보수의 머리를 과소평가하는 것이다. 아무리 보수를 싫어하고 미워하는 사람일지라도 좋은 학벌을 가진 사람들이 진보보다는 보수 쪽에 훨씬 많이 몰려 있다는 사실을 인정할 게다. 우리가 아무리 학벌주의를 비판하더라도, 학벌 좋은 사람이 그렇지 않은 사람들에 비해 머리가 나쁘다고 보는 억지를 쓰는 건 곤란하지 않을까? 그거야말로 스스로 머리가 안 좋다는 걸 만천하에 드러내는 게 아니고 무엇이랴.

우리 제발 '남탓' 좀 그만하자. 장강명의 소설『댓글부대』에 나오는 말, "진보 인사들이 비판을 받는 게 뭡니까. '매일 남 탓 한다'는 거잖아요"에 일리가 있음을 인정하자.[7]

그렇게 오랜 기간 야당의 지지율이 여당 지지율의 반토막 수준이었으면, "문제가 우리 내부에 있는 것 같다"는 생각을 해봄직도 한데, 그런 생각은 하지 않고 적에 대한 공세를 강화해야 한다거나 야당 내 비운동권에게 그 책임을 돌리는 일만 반복해대고 있으니 이는 '화석화된 집단'이라는 말 외에 달리 표현할 길이 없다. 운동권이야말로 '정치를 종교로 만든 사람들'의 전형이기에 운동권에 관한 책은 이 책의 속편이 될 것이다.

책을 워낙 많이 내다 보니, 아는 분들에게서 "또 냈어?"라는 약간 짜증 섞인 인사를 받을 게 눈에 선하다. 누구는 국가와 결혼했다고 하고, 또 누구는 "내 인생은 이미 공적인 일에 바쳤다"(박원순)고 하지만, 나는 책 쓰기에 내 모든 것을 바친 사람이니, 내가 책을 양산해내는 걸 비판하시더라도 적당히 비판해주시면 고맙겠다. 이 책에 실린 주장에 동의하건 동의하지 않건, 이 책의 내용이 현 상황에선 희소성과 더불어 그 나름의 사회적 가치는 있다는 걸 인정해주신다면 더욱 고맙겠다.

나는 이 책에서 과거와는 달리 특정 정파에 대한 지지를 하지 않는다. 물론 내 논지가 각 정파별로 유리하거나 불리하게 작용할 수도 있겠으나, 내 관심사는 훨씬 더 본원적인 '인권'의 문제임을 밝혀두고 싶다. 우리 모두 욕심 내지 말자. 진상 파악에 다수가 동의하는 게 곧 대안일 수 있다. 정의롭고 옳은 시장 논리가 작동하게끔 해주어야 한다. 현 상황에선 진보 언론 거의 모두가 동의하지 않거나 일부러 외면하려 드는 진상을 제대로 파악하는 것만도 너무 힘겨운 일이다. 나치의 강제수용소에서 죽음의 문턱을 넘나들었던 빅토르 프랭클Viktor E. Frankl, 1905-1997이 남긴 명언으로 이 책을 내야 했던 내 심정을 대신하고자 한다. "'왜' 살아야 하는지를 아는 사람은 그 '어떤' 상황도 견뎌낼 수 있다."

2016년 2월

강준만

차례

맺는말 열정의 평준화가 필요하다

제1장

왜 호남은 '친노'에 등을 돌렸는가?

호남을 인질로 이용하는 '싸가지 없는 진보'

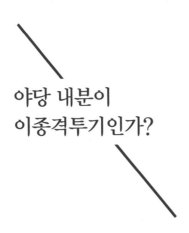

야당 내분이
이종격투기인가?

기존 정치 저널리즘은 철저히 '공급' 중심이다. 출입처 제도는 기자들이 정치인들의 언행에만 집중할 것을 요구한다. 물론 약방의 감초처럼 민심이 어떻다는 등의 수요 측면 이야기를 곁들이지 않는 건 아니지만, 그건 공급 중심의 기사에 대한 반응을 전하는 수준에 불과하다.

일부 정치인들은 "기자들이 정책 이야기를 하면 거의 써주지 않고 싸움을 하거나 싸움에 관한 이야기를 해야만 크게 써준다"고 불평하지만, 그건 정치인 중심의 공급 저널리즘이 원초적으로 갖고 있는 속성이다. 그런 속성을 가리켜 '인물 환원주의'라고 할 수 있겠다. 정치가 '인물의, 인물에 의한, 인물을 위한 정치'로 졸아드는 현상이다.

인물 환원주의에 충실한 저널리즘의 기본적인 이야기 틀은 이종격투기 중계방송의 아나운서나 해설자가 하는 이야기 틀과 매우 흡사하다. 그간 엄청나게 양산된 새정치민주연합의 내분 사태 관련 기사들을 보라. 이종격투기 중계방송과 무엇이 다른가?

언론은 민심에 영합하려는 정치인들의 포퓰리즘을 자주 비판한다. 대부분 옳긴 한데, 왜 그 반대의 생각은 해보지 않는지 궁금하다. 그런 비판은 유권자가 '갑'이라는 걸 말해주는 게 아닌가. 그렇다면 정당의 내분 사태도 유권자들의 내분을 반영하는 것이라는 발상의 전환을 해볼 수도 있지 않은가. 적어도 유권자들이 정치인 못지않게 중요한 취재 대상이 되어야 한다는 건 분명하지 않은가.

언론이 앞으로 그런 취재를 많이 할 걸 기대하면서, 우선 내 생각부터 말씀드려보겠다. 새정치민주연합이 벌이는 내분 사태의 주요 원인은 문재인·안철수의 문제라기보다는 호남 유권자들의 분열이다. 언론은 '호남 민심'이라는 말을 즐겨 쓰지만, 호남은 노무현 시대 이후 더이상 압도적 다수의 정치적 견해가 같은 과거의 호남이 아니다. 그래서 야당 내분의 교통 정리 기능을 상실하는 바람에 지금과 같은 혼란이 벌어지고 있는 것이다.

최근 『전북일보』가 "전북은 초선들이 친노를 에워싸고 있어서인지 광주 전남과 기류가 다르다. 아직도 새정치연합이 주류다"라고 했듯이, 광주·전남과 전북이 다르며, 정치인들과 유권자들의 생각이 다르다. 언론은 호남의 비노 정서에 대해 자주 말하곤 하는데, 그 이유와 실체가 무엇인지 아직까지 그 어떤 언론도 다루지 않고 있다. 아니 어쩌면 일부러 피해가는 것인지도 모르겠다.

김욱 서남대 교수가 최근 출간한 『아주 낯선 상식: '호남 없는 개혁'에 대하여』는 바로 그 문제를 정면으로 다루고 있어 상실된 혹은 스스로 상실한 정치 저널리즘의 일부 기능을 훌륭하게 보완해주고 있다. 동의하기 어려운 대목들도 있지만, 이 책의 주요 논제는 호남을 넘어서 한국 정치의 핵심적인 딜레마를 제대로 건드렸다는 게 내 생각이다.

야당은 명실상부한 전국정당화를 위해 호남 색깔을 지우려고 애를 쓴다. 이는 야당의 집권을 원하는 많은 개혁·진보 세력도 동의하는 불문율처럼 여겨진다. 그런데 그 과정에서 어떤 일이 벌어지는가? 늘 명분은 개혁·진보를 내세우지만 호남만 일방적으로 당하는 일들이 벌어진다.

호남은 개혁·진보 세력의 집권을 위해 몰표를 주고서도 지역주의적 투표 행태를 보인다고 매도의 대상이 된다. 지역적 욕망을 드러내서도 안 된다. 한국 정치인의 수준이 다 거기서 거기겠건만 정치인의 물갈이 대상도 늘 호남에 집중된다. 일방적으로 이용당하면서도 그에 상응하는 대접을 못 받는 호남의 처지를 항변하는 목소리는 망국적 지역주의 선동으로 규탄된다. 이는 보수와 진보가 합작으로 전개하는 이데올로기 공세지만, 진보가 훨씬 더 공격적이다. 적잖은 호남인들이 이에 분노하거나 좌절하고 있다.

이런 이야기들을 실명 비판과 함께 제시하는 『아주 낯선 상식』은 매우 불편한 진실을 폭로하는 책이다. 그런 이유 때문에 거의 모든 언론이 이 책을 외면했을까? 아니면 이 책이 이종격투기 모델을 따르지 않았기 때문일까? 정치 저널리즘도 개혁하면 좋겠다.

이상은 내가 2015년 12월 14일자 『한겨레』에 기고한 칼럼이다. 이 칼럼에 대해 김의겸 『한겨레』 선임기자(이하 존칭 생략)가 「호남 자민련이라고요? DJ가 하늘에서 통곡합니다!」라는 『인터넷한겨레』(2016년 1월 10일) 칼럼을 통해 간접적인 반론을 주셨기에 답을 드리고자 한다.

이 논쟁을 이해하기 위해선 김욱의 주장을 제대로 알아야 한다. 그런데 요즘엔 유명 논객이나 신문에 고정 칼럼을 쓰는 사람까지 화제가 된 책을 읽지도 않은 채 서평 기사만 읽고 책에 대해 이러쿵저러쿵하는 경향이 없지 않다. 아무리 SNS 시대라지만, 세상이 너무 뻔뻔해졌다. 우리는 그러지 말자. 김욱의 책에 대한 세간의 왜곡이 워낙 심해 김욱의 주장 그대로 길게 인용하겠다. 김욱의 핵심 주장을 책의 순서대로 일곱 대목만 소개한 뒤에 김의겸의 반론으로 넘어가보자. 각 대목의 소제목은 내가 붙인 것이다. 이미 김욱의 책을 읽은 독자라면 이 부분은 건너뛰시는 게 좋겠다.

(1) 왜 홍세화마저 '신성 광주'를 요구하는가?

홍세화는 2015년 5월을 맞이해 「다시 5월에, 빛고을의 새로운 도전에 부쳐」라는 의미심장한 제목의 칼럼을 통해 이런 주장을 한다.

"사회변화의 주체와 동력 형성과 그것의 구체적 실현에 대한 평소 관심에 5월 광주에 대한 부채의식이 결합되었다는 점을 부인하지 않겠다.······항쟁정신이 물리력을 가진 국가권력의 불의와 폭압에 맞선 민중의 투쟁정신을 말한다면, 대동정신은 오늘 자본에 의해 부추겨진 우리 내면의 욕망을 성찰하고 자본권력에 맞설 수 있도록 공동의 가치와 관계를 확장하여 더불어 인간답게 살겠다는 정신이라고 하겠다. 이 정신에 비추어 광주는 지금까지 다른 지역에 비해 다른 모습을 보여주었다고 말할 수 있을까?"

난 홍세화라는 이름을 보지 못했다면 웬 '지역주의자'가 쓴 글이라고 생각했을 것이다. 왜 홍세화는 광주가 "다른 지역에 비해 다른 모습을 보여주"어야 한다고 생각하는 걸까? 왜 그는 특별히 광주가 "자본에 의해 부추겨진 우리 내면의 욕망을 성찰하고 자본권력에 맞설 수 있"기를 바라는 것일까? 광주는 공장도시가 아니다. 그럼에도 불구하고 왜 그는 영남파시즘의 발호에 맞선 광주라는 지역단위로 계급 문제를 풀 수 있다고 믿는 것일까? 1980년 5월 광주가 경험했던 '대동정신'이 있으므로? 만약 다른 지역과 달리 특별히 광주에서만 그런 게 가능하다고 믿는다면 그게 바로 '신성 광주'를 상상하는 것이다.

광주는 흔들리고 있다. 욕망을 거세당한 채 '신성 광주'를 믿고 살아가야 하는가, 아니면 잃어버린 욕망을 찾아 '세속 광주'를 회복해야 하는가? 예수나 부처가 아닌 인간들이 살아가는 도시인 광주는, 호남은 유사 이래 존재했던 다른 모든 세속 도시들처럼 욕망을 표출하며 살아갈 권리가 없는 것인가? 그렇게 똑같이 살면 다른 지역민들은 죄를 짓는 것이 아니지만 호남만은 죄를 짓는 것인가?[1]

홍세화 협동조합 '가장자리' 이사장은 『한겨레』(2016년 2월 5일)에 기고한 「영남패권주의와 민주주의의 퇴행」이라는 칼럼에서 이 지적에 대해 이런 답을 주셨다. "영남패권주의라는 말에 거부감을 느끼거나 외면해온 시민에게 김욱 서남대 교수가 쓴 『아주 낯선 상식』(개마고원, 2005)의 일독을 권한다. 나는 이 지면에 쓴 칼럼 내용으로 이 책의 저자에게서 준열하게 비판을 받았는데, 좀더 섬세한 글쓰기였으면 하는 바람을 가진 게 그 때문은 아니다. 책을 통해 '영남 출신 후보자가 나와야 한나라당 (새누리당)을 이길 수 있다'는 주장에 부지불식간에 동조했던 나 자신이 '투항적 영남패권주의'에 속한다는 점을 알아야 했다. 그렇다면, 사죄도 하지 않은 전두환 무리를 먼저 용서한 김대중 전 대통령도 투항적 영남 패권주의에서 벗어날 수 없는 게 아닐까. 그만큼 영남패권주의는 강력하 다." 홍세화 이사장께 경의를 표한다.

(2) 호남은 언제까지 진보의 '인질' 노릇을 해야 하나?

현재 호남은 친노세력은 물론이고, 정치에 참여하기를 원하는 시민 단체 활동가, 심지어 '지역관념은 없어져야 한다'고 주장하며 개혁·진 보를 표방하는 지식인·명망가들에게까지 '지역적' 인질로 잡혀 있다. 호남은 자신들이 지지하는 '호남당'이 오매불망 전국당으로 불리기만을 염원하고 있다. 그러니 그들에게 '호남당'의 모든 정치적 지분과 욕망을 빼앗긴다 한들 새누리당을 찍을 수 없는 자신들의 표를 어디에 던지겠는 가? 호남의 정치적 지분이나 욕망을 얘기했다가 '지역주의 부패세력'이 라고 욕이나 안 먹으면 그나마 다행이다. 호남은 이른바 '전국당'을 위해 '호남 없는 호남당'에 만족하며 살아야 하는 것이다. 한마디로 호남의 욕 망을 거세하는 데 '전국당'이라는 허상만큼이나 유혹적인 이데올로기는 없다.……

여기서 호남당을 탈피해 전국당을 만들어야 한다는 이데올로기를 조금 자세히 들여다보자. 우선 이 이데올로기 자체가 영남패권주의의 부산물이다. 언제나 그런 것은 아니지만 지역당이라는 말은 거의 새누리당 (계열)이 아니라 (조롱조로 과거 자민련을 상기시키며) 새정치민주연합(계열)을 겨냥해 사용된다. 하지만 새정치민주연합(혹은 자민련)이 지역당이면 논리필연적으로 새누리당도 지역당이 될 수밖에 없다. 예컨대 새정치민주연합(계열)이 호남의 절대적 지지를 받아 지역당으로 규정되면 다른 정당이 호남을 제외한 대한민국 전체를 석권해도 그 당 역시 지역당이 될 수밖에 없다. 즉 호남이 절대적으로 외면하는 정당이 다수당일 수는 있어도 전국당이 될 수는 없다. 그럼에도 불구하고 호남이 절대적으로 지지하는 정당만을 지역당으로 부름으로써 호남의 지지를 못 받는 다수당(새누리당)을 은근슬쩍 전국당으로 치환시키는 것이다. 단언컨대 현 대한민국에 다수당/소수당은 있어도 지역당 아닌 당은 없다.

그런데 호남의 절대적 지지를 받는 당만을 지역당이라고 부르는 지역당 이데올로기는 새누리당보다는 오히려 새정치민주연합의 친노세력이 더 효과적으로 이용한다. 호남의 정치적 자주성을 봉쇄하는 (영남패권주의의 하위 이데올로기로서의) 반지역당(전국당) 이데올로기는 새정치민주연합에서는 이른바 호남 지역구 다선의원 숙청 이데올로기로 발현된다.[2]

(3) 왜 호남인이 '호남 없는 호남당'을 지지해야 하나?

혁신위원 조국은 트위터에 "문재인, 불출마를 철회하고 부산에 출마해 '동남풍'을 일으켜라"고 주문한다. 호남 중진의원의 백의종군 · 선당후사는 호남에서 축출하는 것이지만 부산 문재인의 그것은 이해찬이 그랬듯이 고향 출마다. 고향의 지지를 받아 당선되면 문재인은 지금보다 더 힘 있는 대선후보로 올라설 것이다. 하지만 호남 출신 중진의원은 타지에서 당선돼도 국회의원이나 한두 번 더하고 조용히 사라질 것이다.

새정치민주연합은 호남당이 아닌 전국당이라고 내세우고 싶어 한다. 그럼 호남 몰표를 인질로 잡지 말고, 전국적으로 고른 득표력을 입증하면 된다. 하지만 이 허울 좋은 전국당은 웬일인지 오직 호남을 향해서만 '고립된다'며 겁박하여 호남 몰표가 나오는 것을 당연시한다. 그러면서도 우린 소중한 전국당이니까 호남의 '지역이익'은커녕 호남이라는 지역관념조차 꿈도 꾸지 말라고 강변한다. 그러고는 때만 되면 호남의 중진 정치인들을 '지역토호 부패세력'의 이미지를 뒤집어씌워 요란하게 싹둑싹둑 자르는 주례행사를 치른다.

기본적으로 지역구에 출마하려는 후보는 그 지역을 대표할 수 있는 지역성을 지녀야 정상적이다. 중진이든 아니든 이곳저곳 지역구를 기웃거려도 좋다는 발상은 놀랍다. 원 지역구에서 축출 당한 엉뚱한 후보를 받아들여야 하는 다른 지역구 주민은 또 웬 날벼락인가? 호남은 이런 이데올로기를 전파하는 근원과 주체가 누구인지 따질 엄두조차 못 낸다. 호남은 그저 전국당을 꿈꾸며 정치적 천형 같은 호남색을 지우는 데 앞장서 협력한다. 호남은 그렇게 허깨비 같은 전국당 새정치민주연합을 바라보며, 친애하는 이 당이 오직 '호남 자민련'으로 불리지 않기만을 애타게 기도할 뿐이다. 호남의 욕망은 그렇게 '호남 없는 호남당'을 통해 손쉽게 거세된다. 이보다 더 쉬울 수가 없다![3]

왜 호남은 '친노'에 등을 돌렸는가?

(4) '친노'는 치킨게임을 하고 호남은 늘 당해야만 하나?

다음은 2003년 당시 개혁당 유시민이 민주당을 파괴하기 위해 어떤 자세로, 얼마나 집요하게 치킨게임을 벌였는지 보여주는 역사적 문건이다. 좋은 추억이 될 것이다.

"우리 당은 의석이 둘뿐인 작은 정당입니다. 독자적으로 총선을 치를 경우 잃을 것은 없습니다. 의석도 늘어날 것이요 당의 존재도 널리 알릴 수 있습니다. 반면 현재 백여 개의 의석을 보유한 민주당은 '파멸적 타격'을 입을 것입니다. 수도권 선거는 보통 2천 표 안팎의 차이로 승패가 갈립니다. 약 10만 명이 투표하는 선거구라면 유효투표의 2% 안팎의 차이가 승부를 결정합니다. 우리 당 후보들은 지역구의 성격과 후보의 경쟁력에 따라 다르겠지만 수도권에서 그보다는 훨씬 높은 득표율을 기록할 것이며, 한나라당보다는 잠재적 민주당 지지표를 훨씬 많이 빼앗을 것입니다. 그래서 한나라당에게 어부지리를 안겨준다는 비난이 일겠지만 상관없는 일입니다. 우리는 민주당이 리모델링 신당으로 한나라당을 이길 수 없음을 분명하게 경고했고 민주당 의원들이 정당개혁의 흐름에 합류할 것을 끈질기게 요청했지만 그들은 그것을 거부했습니다. 개혁세력의 통합에 실패한 죄로 우리 당도 가시밭길을 걸어야 하지만 민주당역시 그 책임을 벗어나지 못합니다."

이런 주장에 열광하는 세력이 바로 친노다. 민주당에 "파멸적 타격"을 입히고 "한나라당에게 어부지리를 안겨준다"고 해도 아무 "상관없는 일"이라고 버텼던 이런 세력들을 상대로 무엇을 어떻게 해야 할까? 정치적 연대는 친목도모 화합이 아니다. 그것은 또 하나의 투쟁일 뿐이다. 그렇게 생각해야만 총선이든 대선이든 연대(단일화)의 기회라도 온다! 살아남은 '김대중'도 그런 각오를 통해서만 쟁취할 수 있었던 역사적 산물이다. 유사 이래 공짜로 얻어진 권리는 없었다. 그리고 내 대신 남이 찾아준 내 권리도 없었다. 심지어 남이 공짜로 내 권리를 찾아줄 것만 기대하고 있다면 가히 망상 수준에 이르렀다고 볼 수 있다.[4]

(5) 호남인은 언제까지 현충일에 음주가무를 삼가는 사람처럼 살아야 하나?

호남은 수십 년 동안 영남패권주의와 투쟁하면서 이제는 비정상을 정상으로 느끼는 지경까지 됐다. 무슨 도통한 사람들처럼 욕망을 도모하는 것 자체를 부끄럽게 여기는 만성적인 심리 상태가 된 것이다. 말하자면 호남은 현충일에 음주가무를 삼가는 사람의 심리 상태를 1년 내내, 거의 평생을 겪고 있는 것이다. 심지어 호남의 욕망 추구에 대한 '죄의식'을 부추기는 많은 개혁·진보주의자들이 있다. 호남은 '광주정신'을 삶의 지표로 삼아야 하며, 모범을 보여야 한다는 것이다. '착한 호남 콤플렉스'는 호남을 숙명처럼 옥죄고 있다. 호남은 욕망의 실현이라는 인간으로서의 본능과 호남만은 그래서는 안 된다는 '착한 호남 콤플렉스' 속에서 만성적인 심리적 혼란을 겪고 있다. 최악인 것은 이런 도덕적 강박을 벗어나지 못한다면 앞으로도 영원히 투항적 영남패권주의를 은폐된 행동강령으로 삼는 새정치민주연합만을 희망 없이 바라보며 살게 될 것

왜 호남은 '친노'에 등을 돌렸는가?

이란 점이다.……

나는 이제라도 호남이 대한민국의 민주주의를 홀로 책임질 수밖에 없고, 책임져야 한다는 자의식 과잉 상태에서 벗어나야 한다고 본다. 대한민국의 민주주의는 대한민국 전체의 책임이다. 대한민국의 민주주의는 대한민국의 각 계층·계급이, 각 지역이, 남녀 모두가, 자신들의 세속적 욕망을 표출하고 타협하는 과정 속에서 진보해가는 것이지 어떤 역사적 사명을 부여받은 한 지역이 세속적 욕망을 부끄러워하며 절절한 고립감 속에서 도덕적 의무처럼 지켜야 하는 천형 같은 멍에가 아니다. 이는 말을 바꾸면 대한민국의 진보·개혁 담론이 호남에 가혹할 정도의 특별한 의무를 요구하지 말라는 의미이기도 하다. 거듭 말하지만 그것은 죄악이다![5]

(6) 왜 조국은 "내가 호남 사람이라도 새정치연합을 안 찍는다"고 했나?

친노패권을 추종하는 것이 그나마 소수인 호남의 유일한 살길이라 생각하는 순종적인 호남인들은 어쨌든 분열이 아닌 새정치민주연합에서 길을 찾고자 한다. 패권을 장악한 친노가 보기에 그들은 인질을 자처하는 '착한 호남'일 것이다. 반면 새정치민주연합 바깥에 길이 있다고 믿는 호남인들은 죽으나 사나 신당을 만들어야 한다고 생각한다. 패권을 장악한 친노는 이 신당을 오래된 전략적 전통에 따라 호남당으로 규정·공격하며 그런 호남인들을 '불령선인' 취급한다. 이런 와중에 정당 설립의 활동과 자유를 공격하는 그들의 위헌적 사고를 아무도 문제 삼지 않는 것은 영남패권주의 대한민국 정치의 덤이다.……

새정치민주연합 혁신위원으로 활동하고 있는 서울대 교수 조국은 새정치민주연합과 호남의 관계에 대한 의미심장한 표현을 흘렸다. 나는 겉으로 호남의 "동요하는 민심을 다독이는" 시늉을 하는 문재인과는 달리 조국은 결이 다른 직설적 속내를 부지불식간에 드러냈다고 본다. 그는 이렇게 말했다.

조 교수는 전날(14일) 새정치연합 출입기자들과 만난 자리에서 "천(정배) 의원이 수도권을 버리고 호남으로 간 것은 아쉽지만, 호남에서 당선된 것은 바람직했다. 천 의원이 최대한 자기 세를 불려서 대권에 도전하고 싶은 마음이 있는 것 같다"면서 "내년 4월 총선이 끝나고 합치면 되지 않겠느냐"고 말했다. 그는 오는 10월 재·보궐 선거와 관련해선 "10월 재보선은 무공천해야 한다. 천 의원이나 무소속 연대에서 당선되면 되지 않겠느냐"며 "내가 호남 사람이라도 새정치연합을 안 찍는다. 돈 대주고, 힘 대주는데 의사결정에선 소외된다고 여긴다면 찍을 이유가 없다"고 밝혔다.(『뉴스1』, 2015년 7월 15일)

무슨 의미인지 이해되는가? 특별히 "내가 호남 사람이라도 새정치연합을 안 찍는다. 돈 대주고, 힘 대주는데 의사결정에선 소외된다고 여긴다면 찍을 이유가 없다"는 말은 무슨 말일까? 이 말이 밖에서 새정치민주연합을 공격하는 말이라면 십분 이해가 간다. 하지만 그는 당시 새정치민주연합을 위해 한참 일하고 있던 사람이다. 그런 그가 자기가 호남 사람이라도 새정치민주연합을 안 찍겠다니? 그는 새정치민주연합 혁신위원회의 정체성과 의도에 관한 거의 기밀에 가까운 핵심을 무의식적으로 흘린 것이다. 정체성과 의도에 기밀이 있다? 있다. 하지만 놀랍지도 않다. 노무현 때부터 계속되는 익숙한 사태이기 때문이다. 조국의 말은 이런 뜻이다.

① 현 새정치민주연합은 호남이 돈과 힘을 결정적으로 대주고 있다. ② 하지만 새정민주연합에 호남의 의사가 반영될 여지는 없다. 즉 혁신위는 호남이 문제 삼고 있는 친노패권을 척결한다든가 하는 그런 혁신을 할 생각이 전혀 없다. ③ 호남은 그걸 느꼈다면 새정치민주연합을 안 찍어도 좋다. 내가 호남 사람이라도 그럴 것이다. ④ 그 경우 아마도 반발하는 호남의 의지는 상당 부분 천정배 신당에 결집될 것이다. 물론 '착한 호남인들'이 친노를 추종할 것이므로 패권은 여전히 친노가 장악할 것이다. ⑤ 그러므로 새정치민주연합은 불만을 가진 호남인들을 대변하는 천정배를 도와줘도 좋을 것이다. ⑥ 총선이 끝나면 천정배에 의해 결집된 불만을 가진 호남이 어디로 가겠는가? 아마도 천정배는 대권을 꿈꾸는 것 같으니 총선 후 대세를 장악해 포섭하면 된다. 그도 노무현정부 출신 아닌가? ⑦ 그러니 혁신위는 문재인 중심의 친노당권을 강화하는 방안을 마련해 그것을 혁신이라고 부르고 위기를 돌파하면 된다. 이렇게 하면 호남 일부와 수도권 승리를 해 대세를 장악하고 '호남지역주의'를 타파할 수 있을 것이다.

실제로 조국은 "문재인이 혁신안을 지지해 얻는 이익은 당 지배력을 강화하는 것이고, 안철수가 혁신안을 반대해 얻는 이익은 문재인 체제의 조기 안착을 막고 대선주자로서의 자기 위상을 재부각하는 것이고,

현역 의원들이 혁신안을 무산시켜 얻는 이익은 재선을 보장받는 것"이라고 친절하게 친노/비노의 '정치적 이익'을 평가했다.

분열을 두려워하지 않고, 호남 '불령선인'을 놓쳐도 총선 승리를 할 수 있다는 환상 속에서 혁신위원회는 실제로 그런 개혁안을 내놓았다. 그들이 개혁의 핵심이라고 생각한 공천제도는 안심번호가 도입될 경우의 선거인단 구성은 국민공천단을 100%로 하고, 도입되지 않았을 경우엔 국민공천단 70%, 권리당원 30%로 구성하도록 하는 것이다. 이런저런 세부적 내용들이 더 있지만 핵심은 정당 문제다. 새정치민주연합의 이 혁신안은 기본적으로 정당혐오적이다. 나는 이 혁신안을 보며 특정 정파의 유불리 차원을 떠나 우리나라에서 헌법이 규정하고 있는 정당제도가 과연 정상적으로 자리 잡을 수 있는가에 대한 깊은 회의감을 느꼈다.[6]

(7) 진중권과 일베는 무엇이 다른가?

2015년 9월, 천정배가 대각선 방향으로 서로 마주 보는 의원회관 사무실을 쓰고 있는 안철수의 방에 들러 소소한 정치적 의견을 교환했다. 이 자리에서 안철수는 "정권교체를 바라는 호남 민심에 대해 잘 알고 있"고 "지금 진행되고 있는 우리 당의 혁신으로는 호남 민심을 되돌릴 수 없다"면서 천정배에게 "시간이 필요하겠지만 함께해야 한다"고 말했다. 반면 천정배는 "새정치연합이 가망이 없다고 생각한다. 자체적 혁신도 어렵고 혁신으로 살아나기 어렵다"며 안철수에게 "새로운 판을 짤 수밖에 없다"고 말했다.

두 의원이 잠깐 만나 이런 식의 평범한 정치적 의견을 교환하자 TV 예능프로그램에도 출연하는 등 시중에 이름이 꽤 알려져 있는 한 인사는 다음과 같은 자극적인 트위터 발언을 했다. 그의 발언을 오해의 소지를 없애기 위해 충분히 간추려 감상해보자.

"전국적 승리를 위해선 지역색을 벗거나 벗으려 한다는 제스처를 취해야 하는데, 그 당 의원들이 거꾸로 호남 지역주의를 노골적으로 표방하는 것은…그들 스스로 총선 승리나 정권교체는 물 건너갔다고 본다는 얘기죠. / 남은 것은 자기들 이권. 그래서 부끄러운 줄도 모르고 바바리맨이 되어 바지 까고 적나라하게 지역주의 드러내는 거죠. 안철수—천정배 만남…구태 중에서도 저런 엽기적 구태는 처음 보네요. 한심한 인간들… / 정의당이 원내교섭단체만 돼도 야당교체가 이루어지거나, 최소한 새정연이 위기의식을 느껴 제대로 거듭나는 계기가 될 겁니다. / 저 지랄이 어떤 지랄이냐 하면, 조금이라도 유권자들을 생각하면 인두겁을 쓰고는 도저히 할 수 없는 지랄입니다. 자기들이 뭔 지랄을 해도 유권자들은 새누리당 싫어서 결국 자기들 찍을 수밖에 없다는 배짱에서 나오는 배 째라 지랄이죠. / 새정연 지지하는 분들, 배 째달라고 하는데, 확실히 째 드리세요. 다시는 저 지랄 못하게… / 고전 읽으며 우아하게 살고 있는데…새정연 애들이 기어이 트윗질 하게 만드네…ㅠㅠ."

기사에 발언자의 이름이 적혀 있지 않았다면 나는 기자가 조회수 올리려고 무슨 일베 게시판에 올라온 내용을 쓸데없이 기사화한 것이라고 짐작했을 것이다. 발언자는 미학자 진중권이다. 내가 놀란 건 "바지 까고" "엽기적 구태" "한심" "인두겁" "지랄" "배 째라" 등의 자극적 표현이 아니다. 이런 표현들로 언론의 자유를 즐기는 건 그의 취향이다. 내가 놀란 건 "고전 읽으며 우아하게 살고 있는" 그의 사고체계다. 그는 서울과 호남의 두 지역구 의원이 만나 호남 민심 말고 뜬금없이 강원이나 충청 민심을 주제로 얘기를 나눠야 분노하지 않고 만족했을까? 도대체 그의 마음속 밑바닥엔 뭐가 웅크리고 있을까?……

  그의 호남 비하 관점은 일베와 공통된 속성을 갖고 있다. 그는 말하자면 '일베 바깥의 일베적 개혁·진보 이데올로기'를 말초적으로 대변한다고 할 수 있다. 그의 이런 '진보적 증상'은 계급환원주의에 대한 병적인 집착 때문에 발생한다. 계급환원주의적 진보는 내가 말하는 '호남 없는 개혁' 테제 중 '호남 없는'이라는 명제에 병적으로 집착한다. 물론 개혁적 '친노'도 유사 증상을 보인다. 한마디로 대한민국 진보와 친노, 그리고 일베는 '호남'을 두고서는 공통의 관점을 가지지만 '개혁'에 대한 나름의 호불호, 그 양과 질에 있어서만 의견을 달리하는 것이다.[7]

"안철수는 제갈량의
'천하 3분지계'를 이뤄낼 것인가"

이제 김의겸의 「호남 자민련이라고요? DJ가 하늘에서 통곡합니다!」라는 글을 살펴보자. 제목부터가 불공정하다. 김욱이 "호남은 그렇게 허깨비 같은 전국당 새정치민주연합을 바라보며, 친애하는 이 당이 오직 '호남 자민련'으로 불리지 않기만을 애타게 기도할 뿐이다"고 했음에도, 그리 말씀하시다니 좀 너무하셨다. 어느 네티즌은 이 글에 "호남의 한 사람으로서 호남이 겪은 비애와 영남인들의 핍박 그리고 홀대 등을 잘 안다. 그러나 결코 죽는 한이 있더라도 우리 호남은 자민련은 되지 말아야 한다"는 댓글을 달았는데, 아마 이런 반응을 염두에 두고 붙인 전략적 제목인 것 같다. 그런데 이 글은 김의겸이 한 달 전에 쓴 「안철수는 제갈량의 '천하 3분지계'를 이뤄낼 것인가」라는 글을 기억하고 있는 나로서는 뜻밖이었다. 그는 이 글에서 다음과 같이 말했다.

"우선 반성부터 하겠다. 나는 안철수 의원의 탈당을 '야권의 분열'로만 봤다. 그래서 안 의원에게 분열의 책임을 묻는 글을 썼다. 명분 없는 탈당이기에 '안철수 신당'이 성공하지 못할 거라고 장담하기도 했다. 하지만 탈당 이후 1주일 동안의 여론조사 결과를 보면서 생각이 조금씩 바뀌고 있다. 안철수 의원의 탈당이 '야권의 분열을 가져올 것'이라던 예측과는 달리 '여권의 분열'도 초래하고 있기 때문이다."[8]

나는 당시 김의겸의 솔직한 성찰에 경의를 보내면서도 이 글이 너무 순진하다고 생각했다. 나는 안철수 신당의 성공 가능성을 비관적으로 보았으며 지금도 그렇게 보기 때문이다. 나는 '한 방'을 믿지 않는다. 운동권에서 불리는 〈단결투쟁가〉에 나오는 "우리는 한꺼번에 되찾으리라"라는 정신과 자세가 운동권을 망치는 주범이라고까지 생각한다.

나는 안철수의 민주당 입당 자체가 잘못되었다고 생각한다. 당시 〈썰전〉의 이철희가 그걸 긍정 평가하기에 그 장면을 보면서 이건 정말 아니다 싶었다. 호랑이 굴에 들어가야 호랑이를 잡는다? 말이 안 되는 말이다. 호랑이 굴의 문법과 안철수가 지지를 얻은 세계의 문법이 전혀 다르다. 밖에서 착실하게 기초를 다지는 작업을 했어야 했다. 지금 안철수 신당의 두 축을 이루는 '호남'과 '중도'는 같이 가기 어렵다. 아니 같이 갈 수 있는 가능성은 충분하지만, 그건 나중의 이야기고 출발 단계에선 온갖 갈등을 양산할 수밖에 없다. 우리는 그런 혼란상을 목격해오지 않았는가.

안철수 개인만의 문제도 아니다. 언론은 문재인·안철수의 리더십을 과거의 3김과 비교하면서 폄하하는 경향이 있지만, 리더십 문제에 관한 한 '민주화 이후의 민주주의' 체제의 여건이 과거에 비해 더 나쁠 수도 있다는 점을 감안해야 한다. 게다가 한국에서 제3의 중도 정당을 성공시킨다는 건 그 누구도 하지 못했던 매우 어려운 일임에도 건수만 잡히면 물어뜯겠다고 벼르는 사람들이 도처에 진을 치고 있는데, 무슨 수로 그걸 넘어설 수 있겠는가 말이다(그럼에도 나는 단기적으론 비관하되, 장기적으론 낙관한다. 이건 '맺는말'에서 하자).

그러나 나는 성공 가능성이 높으면 옳은 게 되고 성공 가능성이 낮으면 옳지 않은 게 된다고 보는 것엔 문제가 있다고 생각한다. 물론 성공 가능성을 중요하게 생각하는 건 성공 여부에 개의치 않고 일단 밀어붙이고 보는 진보의 잘못된 버릇에 비춰보면 바람직한 면이 있지만, 불과 한 달 만에 성패 가능성에 대한 판단을 바꾸고 이에 따라 비판을 하는 건 좀 지나치지 않은가 하는 생각이 든다. 그래서 김의겸의 글이 뜻밖이라는 것이다. 어찌되었건 앞서 김욱의 책을 인용했던 방식으로, 김의겸의 핵심 주장을 그대로 인용하겠다. 김의겸의 글은 약 4,800자 분량인데, 그 절반인 2,400자가량만 소개한다.

"호남 자민련이라고요?
DJ가 하늘에서 통곡합니다!"

　김(욱) 교수에게는 영남패권주의를 극복하는 길이 '내각제'밖에 없다. 그리고 "호남이 반드시 복수정당제를 쟁취해야 한다"고 전제한다. 야권 분열에 대한 우려에 대해서는 '역설'로 대응한다. "현재와 같은 야권 분열 상태가 오히려 야당의 집권에 절대적으로 유리한 조건을 제공한다"고 낙관론을 펴는 것이다. "야권 제 세력이 편을 갈라 싸울수록, 그래서 각자의 확고한 지지자들이 뭉칠수록, 이 경향은 결정적으로 선거를 유리하게 만들 것"이라고 주장한다. 당장 4월 총선에서 야권 분열로 새누리당이 200석을 차지할 수도 있다는 여론조사 전문가들의 견해와는 완전히 딴판이다.

　김욱 교수만의 주장이 아니다. 존경해마지 않는 강준만 교수도, 개인적으로 좋아하는 고종석 작가도 김욱 교수에 동조하는 글을 쓰고 있으니 '나만 이상한 건가' 하는 의심이 든다.

　나는 이 책이 의도하든 않든 '야권 분열 세력'에게 이론적 뒷받침을 제공하고 있다고 생각한다. 이 책 서평 기사의 제목이 "호남이여, 이제 친노의 '노무현 이데올로기'를 거부하라"였다. 이렇게 쪼개지는 걸 보고 좋아할 사람이 누구일까? 전통적인 야권 지지자들은 결단코 아닐 것이다. 야당의 분열을 바라는 새누리당이 박수 칠 일이다. 김대중 노무현 두 대통령의 간극을 벌려 이득을 취하려는 분열주의자들이 숨어서 웃을 일이다.

더불어민주당의 주승용 의원은 최근 자신의 페이스북에 '호남 민심은 패권 정치의 볼모가 되길 거부합니다'라는 글을 올렸다. 주 의원은 "김 교수의 책을 최근 인상 깊게 읽었다"며 "호남은 정권교체라는 대의를 위해 영남 출신 대선 후보를 무조건적으로 지지했습니다. 그러나 지역주의 타파와 전국 정당을 명분으로 번번이 희생과 양보를 강요받았고, 정치적으로도 배제 당했습니다"라고 말한다. 『아주 낯선 상식』의 주장과 거의 같다. 주 의원은 13일 탈당을 예고하고 있는데 김 교수의 논리를 탈당의 명분으로 삼을 모양이다. 여의도 정가에서는 이런 행태에 대해 이렇게 말하는 사람들이 늘어나고 있다. "김대중 의원을 호남에 고립시키려고 했던 건 박정희 대통령이었지만, 그걸 완성시킨 것은 딸 박근혜 대통령이 될 것 같다. 그것도 호남 정치인들의 손에 의해……."

여기서 '친노패권주의'에 대해 왈가왈부할 생각은 없다. 단지 짚고 넘어가고자 하는 건 그 후유증이다. 친노패권주의라는 말이 애초에는 야당의 비주류 정치인들이 주류와 주도권 다툼을 벌이면서 사용한 '여의도 용어'였는데 어느새 '시장 민심'으로까지 확산됐다는 것이다. 그리고 그 민심은 지금 쓰나미가 돼 다시 정치권을 덮치고 있다. 거기에 놀란 호남의 정치인들이 갈팡질팡하고 있다. 수도권 의원들도 우왕좌왕이다. 정치인들끼리만 분열되면 모르겠는데 지지층이 찢어지고 있다. 지지층들끼리 서로를 적대시하고 있다. 『조선일보』식으로 표현하면 호남과 운동권이 등을 돌리고 있는 것이다.

그 결과로 호남은 무엇을 얻을 수 있는가? 다른 지역과의 협력도 민주개혁 세력과의 연대도 포기해서 취할 수 있는 이득이 무엇인가? 호남만 독립하면 차별의 굴레를 벗어날 수 있는가? 김종필 총재가 이끈 공화당과 자민련이 대답이 될 것이다. 그가 이끌던 당은 1990년 3당 합당 때는 노태우 대통령의 민자당과, 1997년 대선 때는 김대중 대표의 민주당과 손을 잡았다. 그 결과 그를 따르던 정치 엘리트들은 대박을 터뜨렸다. 김종필 총재는 "충청도가 이놈 저놈 아무나 입을 수 있는 핫바지 취급을 당해왔다"는 선동 논리를 펴 국회에서 50석을 얻었다. 또 김대중 정부에서 추종자들은 장차관 자리를 꿰찼다. 하지만 평범한 충청민의 이익과는 무관한 것이었다. 정치인들만 혜택을 누렸지 충청민의 살림살이는 나아지지 않았다. 설사 좋아진 게 있더라도 그건 자민련 때문이 아니라 충청이 수도권과 가깝고 중국과의 교역량이 급증하면서 생긴 효과다. 자민련 덕이었다면 왜 자민련이 소리 없이 소멸됐겠는가.

그래도 충청은 선택의 여지가 있었다. 호남과 영남이라는 경쟁자가 있었기에 그 사이에서 몸값을 올릴 수 있었다. 그러나 호남이 홀로 서는 순간 호남은 선택할 파트너가 없어진다. 호남이 독자 노선을 걸으면 더불어민주당이 됐든 정의당이 됐든 호남의 왼쪽에 있는 세력은 쪼그라들고 만다. 호남이 더불어 정권을 창출할 만한 크기가 안 된다. 그렇다고 충청이 독자적으로 서 있는 것도 아니다. 반기문 유엔사무총장이 충청의 맹주가 돼 옛날식으로 호남-충청 연합을 성사시킬 수 있는 처지도 아니다. 안희정 지사는 그런 식의 정치는 하지 않겠다고 이미 선언했다. 남는 건 영남패권 세력뿐이다. 호남이 영구적으로 영남패권 세력의 하위 파트너가 되지 말라는 법이 없다.

　　모든 걸 떠나 우리나라를 이 정도로까지 민주화시키고 진보의 길로 이끈 두 바퀴는 호남과 민주화 세력이었다. 두 바퀴가 찢어지면 대한민국이라는 마차는 어디로 가게 되는가? 과거로 퇴행하는 폭주기관차 새누리당을 누가 막을 수 있는가? 그 피해는 고스란히 민중에게 특히 지역적으로 차별 받는 호남의 민중에게 돌아가는 건 아닌가?'

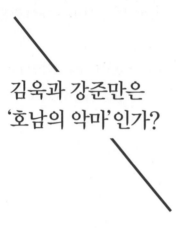

김욱과 강준만은
'호남의 악마'인가?

이 글엔 이런 댓글이 달렸다. "호남에도 악마가 산다…김욱 같은 자들…저런 자들은 결국, 호남에게 재앙을 선물할 인물이다. 김욱, 강준만 같은 책사들이 호남패권주의자들, 지역의 토호세력 등과 결탁하여 호남을 궁지로 몰아넣고 있는 형국이다. 저들은『조선일보』의 김대중,『중앙일보』의 김진 같은 자들이다."

이 댓글에 대한 추천은 86, 반대는 15로, 추천이 압도적으로 많았다 (2016년 1월 24일 기준). 김의겸이 이 댓글을 보았다면 어떻게 생각했을지 궁금하다. 물론 그는 동의하지 않을 것이고, 더 나아가 개탄을 할 게 틀림없다. 나는 김의겸에게 그 정도의 양식과 선의는 있을 것으로 믿는다. 그러나 거친 언사만 빼고 말한다면, 이 네티즌의 주장과 김의겸의 주장은 거의 같다.

김욱과 나는 '호남에게 재앙을 선물할 인물'이요 '호남을 궁지로 몰아넣고 있는' 사람이다. 김욱과 나는 '호남이 영구적으로 영남패권 세력

왜 호남은 '친노'에 등을 돌렸는가?

의 하위 파트너'가 될 수도 있으며, '과거로 퇴행하는 폭주기관차 새누리 당'의 독주로 인한 피해가 '고스란히 민중에게 특히 지역적으로 차별 받는 호남의 민중에게 돌아가는' 결과를 초래할 수 있는 사람들이다. 무엇이 다른가?

김의겸의 글은 너무 거칠다. 이 글은 그가 3개월 전에 쓴 야당 내부의 이전투구를 우려한 글의 취지와도 맞지 않는다. 당시 그는 "지금 야당은 정치인들만 분열된 게 아니다. 그 지지자들까지 나뉘어 거대한 패싸움이 벌어지고 있다. 댓글들을 보면 알 수 있다. 서로들 핏발 선 저주를 퍼붓고 있다. 상대방이 잘되는 꼴을 보느니 차라리 새누리당을 찍겠다는 투다"며 다음과 같이 말했다.

"여당 의원들도 친박-비박으로 갈려 박 터지게 싸운다. 그래도 지지자들은 '이기는 게 우리 편'이라며 느긋하게 관전한다. 실제로 여당은 아무리 내분이 일어도 좀체 지지율이 떨어지지 않는다. 그러나 야당 지지율은 분란이 일 때마다 푹푹 꺼져버리고 만다. 친구가 원수 되는 법이다. 야당 지지자들끼리 주고받는 상처가 너무 깊다. 치유가 불가능한 지경으로 빠져들고 있다."[10]

김의겸은 자신의 글이 야당 지지자들 간의 싸움을 '치유가 불가능한 지경'으로 몰아간 건 아닌지 자문자답해볼 필요가 있지 않을까? 김의겸은 "나는 이 책이 의도하든 않든 '야권 분열 세력'에게 이론적 뒷받침을 제공하고 있다고 생각한다"고 했는데, 김의겸 자신의 글은 어떤 효과를 나을 수 있는지 생각해보았을까? 호남을 영원히 인질로 잡아두려는 사람들에게 확신을 심어주고 강화시켜주는 이론적 뒷받침을 제공함으로써 '치유가 불가능한 지경'을 강화시키는 데에 일조하고 있다는 생각은 전혀 해보지 않은 걸까?

어느 네티즌은 "김의겸 기자님 글을 읽으면 항상 그 절절한 진정성에 감동이 온다"며 "'나만 이상한 건가' 아닙니다. 김 기자님은 정확한 판단을 하고 계시는 거고 깨어 있는 시민들 많은 사람이 김 기자님처럼 그렇게 생각하고 있으니 걱정할 거 없습니다"라고 격려했다. 이 댓글 역시 추천은 50, 반대는 10으로, 추천이 압도적으로 많았다(2016년 1월 24일 기준).

나는 김의겸이 새누리당에 대한 적대감이나 증오를 좀 누그러뜨리면 좋겠다. 우리는 적대감이나 증오를 선별적으로 발휘할 수 있을 것으로 생각하지만, 결코 그렇지 않다. 즉, "새누리당은 적대감와 증오로 대하되, 야권 내부에선 그러지 말자"는 이야기는 성립될 수 없다는 것이다. 적대감과 증오는 안팎을 가리지 않는 법이다. 새누리당에 대한 적대감과 증오를 갖고 있기 때문에 새누리당을 이기는 데에 장애가 된다고 생각하는 대상에 대해서도 적대감과 증오를 갖는 것이다. 아니 근친증오近親憎惡나 근린증오近隣憎惡의 원리에 의해 내부 이단자에 대한 적대감과 증오는 증폭된다. 이게 지금 우리가 목격하고 있는 현상이다.

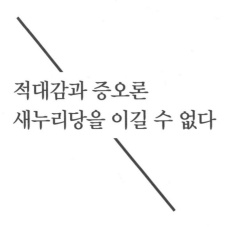

적대감과 증오론
새누리당을 이길 수 없다

그런 적대감과 증오의 옳고 그름을 떠나 그런 정신 상태론 절대 새누리당을 이길 수가 없다. 평범한 유권자들이 야당을 싫어하는 가장 큰 이유가 바로 그런 선악善惡 이분법에 근거한 적대감과 증오의 표출, 이에 따라붙는 독선과 오만이다.

새누리당에 대해 적대감과 증오 대신 평정심을 유지할 때에 비로소 탈당파에 대해서도 '제3당 효과'를 고려하는 등 균형 잡힌 생각을 하게 되고, 양쪽 모두에게 도움이 될 수 있는 선의의 경쟁을 할 수 있다. 그런 시너지 효과를 통해 야권의 승리도 가능한 것이지, 묵시론적인 종말론의 공포에 사로잡혀 '호남이 영구적으로 영남패권 세력의 하위 파트너'가 될 수도 있으며, '과거로 퇴행하는 폭주기관차 새누리당'의 독주로 인한 피해가 '고스란히 민중에게 특히 지역적으로 차별 받는 호남의 민중에게 돌아가는' 시나리오를 제시하면서 생각이 다른 사람의 논지를 반박하는 게 무슨 도움이 되겠는가 말이다.

그런데 이는 비단 김의겸만의 문제는 아니다. 야당 분열과 관련해 자주 쓰이는 '역사의 죄인'이라는 말은 정말 보기에 딱하다. 야당이 분열되어 새누리당이 대승을 거두면 그 책임자들은 '역사의 죄인'이 된다는 이야긴데, 이런 발상은 새누리당 지지자를 '역사의 죄인'보다 못한 사람들로 간주한다는 점에서 '민주화 이후의 민주주의' 체제에 적응하지 못하는 전형적인 운동권 발상이다. 안철수보다는 문재인에게 더 큰 책임을 물은 어느 네티즌은 격분을 못 이겨 "총선, 대선 말아먹고 역사, 정치사의 죄인이 되어 능지처참을 당해야 마땅하다!"고 했던데,[11] 우리가 꼭 이런 식으로 '역사의 죄인'이라는 말을 써야 하겠는가.

김의겸이 야권 분열의 이유를 단순화하는 것도 문제다. '호남 인질화' 못지않게 중요한 건 새정치민주연합, 그러니까 현 더불어민주당의 절대적 무능이다. 운동권 체질에 좋은 점도 많으련만 악성 운동권 체질에 중독되어 '진영 논리' 위주로 자폐적 퇴행성만을 보여온 집단이 무슨 수로 정권교체를 할 수 있단 말인가? 그대로 가다간 정권교체는 꿈도 꿀 수 없다는 절박감, 이게 바로 야권 분열의 또 다른 축이다.

이런 절대적 무능도 따지고 보면 '호남 인질화'와 무관치 않지만, 호남 유권자들은 언제건 정권교체의 가능성이 높은 쪽의 손을 들어줄 것이다. 즉, 국민의당이 영 시원찮으면 다시 더불어민주당에 대한 지지로 쏠릴 수도 있다는 것이다. 그러니 김의겸은 너무 걱정하지 말고 더불어민주당이 잘 되게끔 애쓰는 게 좋을 것 같다.

하지만 김욱이 제시한 문제는 더불어민주당이니 국민의당이니 하는 그런 차원의 문제가 아니다. 더욱 근원적으로 호남 인질화에 관한 문

왜 호남은 '친노'에 등을 돌렸는가?

제다. 이 문제에 응답하지 않고선 설사 김의겸의 바람대로 더불어민주당에 의한 야당 통합이 다시 이루어진다 해도 야당 내분은 사라지지 않을 것이다.

야당 분열에 대한 불안과 그로 인한 열정에 사로잡힌 탓일까? 김의겸의 글은 김욱의 책과 내 칼럼의 메시지를 왜곡하고 있다. 김욱의 반론 한 대목만 들어본 다음에 내 이야기를 해보자. 김욱은 반론에서 김의겸이 저지른 가장 큰 왜곡을 다음과 같이 지적했다.

"김의겸 기자는 내가 야권 분열에 대한 우려에 대해서는 '역설'로 대응한다며, "현재와 같은 야권 분열 상태가 오히려 야당의 집권에 절대적으로 유리한 조건을 제공한다"고 인용한다. 나아가 "야권 제 세력이 편을 갈라 싸울수록, 그래서 각자의 확고한 지지자들이 뭉칠수록, 이 경향은 결정적으로 선거를 유리하게 만들 것"이라고 주장했단다. 새빨간 거짓말이다. 군이 현실을 거론하자면 '호남 경쟁, 비호남 경쟁적 연대'를 주장했을 뿐이다. 김의겸 기자에게 조언한다. 야권 분열이 그렇게 걱정되면 더불어민주당 해산을 호소하면 어떤가? 난 야권의 어떤 정당을 상대로도 그런 반헌법적인 호소를 할 생각이 없다. 아무리 학자가 아닌 기자라도 그렇다. 거두절미한 채 흰 종이 위의 검은 글씨를 뽑아 아무렇게나 조합해 그것을 인용이라고 가장하며 혹세무민하면 안 된다. 내가 위의 그런 주장을 한 건 '독일식 비례대표 내각제'를 쟁취하면 그럴 것이니 제도투쟁을 하자는 취지였다. 영남패권주의는 영남패권주의 선거제도에 의해 유지되니 궁극적으로는 제도투쟁만이 해결책이라는 것이었다. 난 도저히 이해하기 힘들다. 그 말을 이해하는 것이 그렇게 어려운가?"[12]

왜 '호남의 인질화'라는
핵심 메시지를 외면하나?

　김의겸이 의도한 건 아니었겠지만, 나는 김의겸이 결과적으로 전형적인 '허수아비 논법straw man argument'을 구사하고 있는 게 아닌가 하는 생각이 든다. 허수아비 논법이란 논쟁에서 상대방을 공격하기 쉬운 가공의 인물로, 또는 상대방의 주장을 약점이 많은 주장으로 슬쩍 바꿔놓은 뒤, 그렇게 해서 만들어진 허수아비를 한 방에 날려버리는 수법이다. 그렇게 하고선 상대방의 주장이 무너진 것처럼 기정사실화하는 선전을 한다. 예컨대 "어린이가 혼자 길가에 나다니게 하면 안 된다"는 주장에 대해 "그렇다면 아이를 하루 종일 집 안에 가둬두란 말이냐"고 받아치는 것이 바로 허수아비 논법이다. [13]

　저자는 책의 핵심 메시지를 제목으로 표현하는 법이다. 김욱은 책의 제목을 『아주 낯선 상식: '호남 없는 개혁'에 대하여』라고 했다. 즉, '호남의 인질화'가 핵심 메시지다. 이 메시지에 반론을 하려면 김의겸의 글에 달린 어느 댓글처럼, 다음과 같은 반론을 해야 제격이다.

"영남패권주의가 뭘까? 나는 모르겠다. 호남이 그 피해자라면 그 피해는 뭘까? 호남인이 받는 차별이나 그런 걸 말하는 걸까? 다만 그것이 장차관, 검사장 등 높은 자리에 호남 출신이 얼마 중용되는지 그걸 말한다면 대다수 서민들과 무슨 상관이 있는지 모르겠다. 역사가 거꾸로 흐르고 서민들은 죽어가는데 자신들이 출세하지 못했다는 게 그렇게 억울한가? 그래서 그 안에서 또 영호남 나누어서 싸워야 하는가? 난 이해 못하겠다."

김의겸이 이 네티즌과 같은 식의 반론을 폈더라면, 김욱은 호남의 피해에 대해 더욱 진전된 주장을 펼침으로써 상호 생산적인 논쟁이 가능했을 것이다. 그러나 김의겸은 그렇게 하지 않고, 전혀 다른 길을 택했다. 그는 김욱의 핵심 메시지는 건너뛴 채 '호남의 인질화'가 바뀌지 않을 경우 호남이 택할 수 있는 방안에 대해서만 집중 공격을 하고 있다. 인질 취급을 받는 사람이 "나를 계속 이렇게 인질로 쓰면 가만 안 있을 거야"라고 외치는 것에 대해 "가만 안 있으면 어떡할 건데?"라고 답하고, 가만 안 있겠다는 뜻의 구체적 방안을 문제 삼으면서 "그러다간 우리 모두가 당한다. 네가 가장 심하게 당할 거야"라고 겁을 주는 일에만 몰두하고 있다.

이런 식으로 허수아비를 동원하지 말고 과연 호남이 인질이냐 아니냐에 대해 반론을 집중했어야 했던 게 아닐까? 호남의 인질화에 동의할 수 없다면, 그 주장을 펴면 되는 일이고, 동의한다면 "인질 좀 됐다고 피해보는 게 얼마나 된다고 그러니?"라거나 "한국의 진보를 위해 5·18 정신으로 좀더 참아달라"고 한다거나 뭐 그런 식의 반론을 펴야 했던 게 아니냐는 것이다.

김의겸은 "김욱 교수는 영남패권주의 사례를 생생하게 보여주고 있다. 호남이 겪어야 하는 비참한 차별을 묘사하고 있다. 나도 격렬하게 공감한다. 그런데 영남패권주의를 어떻게 극복할 것인가를 놓고는 시각이 완전히 다르다"고 했다. 이상하지 않은가? 차별에 대해선 '격렬하게 공감한다'는 한마디로 끝내놓고, 글의 대부분을 호남 차별 극복 방안의 차이에 대해서만 집중하고 있는 게 말이다.

이게 이해가 안 된다면 단순화의 위험을 무릅쓰고 비유를 들어 쉽게 설명해보겠다. 남편의 모멸에 지친 아내가 이혼을 하려고 한다. 그런데 이 부부를 잘 아는 김의겸은 '자식들을 위하여'라는 이유를 대면서 "이혼은 절대 안 된다"고 주장한다. 그런데 그런 주장을 하려면 남편의 모멸을 중단시킬 수 있는 그 어떤 방안도 같이 내놓아야 하는 게 아닌가? 그런데 그런 말은 한마디도 하지 않은 채 "이혼은 절대 안 된다"고만 주장하면 도대체 어쩌란 말인가?

아내는 자식들을 위해 무조건 희생해야 한다는 건가? 그게 과연 자식에겐 좋은 일일까? 진보의 집권을 위해 호남이 무조건 희생하면 이 나라가 좋아지느냐 이 말이다. 아내는 더는 그럴 순 없다고 주장했는데, 김의겸은 이 주장은 무시한 채 이혼 후 자식들에게 벌어질 비극만 강조하면서 계속 "네가 참아!"만을 외쳐대고 있다. 그 효과를 높이기 위해 아내를 몹쓸 사람 비슷하게 몰아가기까지 한다. 그간 세상이 어떻게 바뀌었는데, 아직까지도 그런 조선시대식 사고와 주장을 한단 말인가?

내가 하면 개혁이고
다른 사람이 하면 반反개혁인가?

김의겸은 내가 '김욱 교수에 동조하는 글'을 쓴 걸 유감으로 생각하는 것 같은데, 내 칼럼도 다시 읽어봐주시면 좋겠다. 내 칼럼의 제목은 「야당 내분이 이종격투기인가?」였다. 야당 내분을 이종격투기처럼 다루는, 그것도 매우 부실하게 다루는 정치 저널리즘에 대한 문제 제기였다. 나는 다음과 같이 말하지 않았던가.

"언론은 호남의 비노 정서에 대해 자주 말하곤 하는데, 그 이유와 실체가 무엇인지 아직까지 그 어떤 언론도 다루지 않고 있다. 아니 어쩌면 일부러 피해가는 것인지도 모르겠다. 김욱 서남대 교수가 최근 출간한 『아주 낯선 상식: '호남 없는 개혁'에 대하여』는 바로 그 문제를 정면으로 다루고 있어 상실된 혹은 스스로 상실한 정치 저널리즘의 일부 기능을 훌륭하게 보완해주고 있다. 동의하기 어려운 대목들도 있지만, 이 책의 주요 논제는 호남을 넘어서 한국 정치의 핵심적인 딜레마를 제대로 건드렸다는 게 내 생각이다.……『아주 낯선 상식』은 매우 불편한 진실을 폭로하는 책이다. 그런 이유 때문에 거의 모든 언론이 이 책을 외면했을까? 아니면 이 책이 이종격투기 모델을 따르지 않았기 때문일까? 정치 저널리즘도 개혁하면 좋겠다."

한 걸음 더 나아가 말씀드리자면, 나는 야당 분열을 다루는 『한겨레』를 비롯한 진보 언론의 자세에도 큰 문제가 있다고 생각한다. 안철수의 탈당에 대해 『한겨레』는 "안철수, 이젠 '새정치·정권교체' 말할 자격 없다"고 했고,[14] 『경향신문』은 '강하고 힘 있는 야당을 기대하는 시민과 지지층에 대한 배신'이자 '자멸적 선택'이라고 했다.[15] 이후에도 진보 언론은 분열의 책임을 주로 안철수와 그 일행에게 물으면서 야당이 분열하면 하늘이 무너질 것처럼 호들갑을 떨고 있다.

과연 그런가? 그렇게만 보아야 하는가? 불과 3개월 전까지만 해도 "지금의 새정치민주연합의 모습을 보면 악취가 진동하는 시궁창에서 서로 할퀴고 물어뜯는 지옥이 떠오른다"고 해놓고,[16] 그런 '시궁창'에서 탈출한 걸 그렇게까지 비판해야 하는 건가? 시궁창 같은 절망적 상황에 지쳐 이른바 '제3당 효과'에 기대를 거는 사람들은 뭘 크게 잘못 생각하는 건가? 내 '글쓰기 특강'에 전북대학교 학생들이 제출한 글들은 한결같이 그런 기대를 표명하고 있는데, 이 학생들 역시 뭔가 크게 잘못 생각하고 있는 건가? 모두 4편의 글인데, 그 핵심 주장만 간추려 소개하자면 아래와 같다.

(1) "그동안 더불어민주당은 개별적인 세계관 없이 '반독재'라는 구호로, 대통령제와 소선거구제의 제도적 장치를 보호막 삼아 제1야당의 위치를 확고히 지킬 수 있었다. 집권당에 대한 반감에 기대는 정당은

더 필요하지 않다.……이런 '약한 연결의 힘'으로, 대표되지 못했던 이들을 대상으로 새로운 조직화를 일궈내, 기존 여야가 부딪친 소통의 문제를 풀어간다면 어떨까. 제3정당의 어깨가 무겁다." **(지명훈)**

(2) "국내에서도 다당제에 대한 욕구는 뜨겁다. 2개 거대 정당이 지배하는 정치를 이제는 깨야 한다. 국민의당이 '게임 체인저'로 나서야 하는 이유도 그래서다. 현재의 양당 체제로는 제도 개혁이 불가능하다.……이 기득권 구도를 깰 수 있는 건 국민의당이다. 제3정당은 '그들만의 리그'에 브레이크를 걸 수 있다. 원내교섭단체는 이를 위한 필요조건이다.……양당제의 철벽은 스스로 깨지지 않는다." **(김예진)**

(3) "먼저 '상인적 현실 감각'이 필요하다. 국민의당의 얼굴 격인 안철수는 그간 '뜬구름' 잡는 언행으로 일관한다는 비판을 받았다. 몸도 사렸다. 하지만 정치는 진흙 속에서 피는 꽃이다. 더럽혀지는 걸 두려워해서는 안 된다. 당장 신당의 제1목표를 원내교섭단체 구성으로 삼아야 한다.……손가락질은 각오해야 한다.……서생의 문제의식만으로는 정당을 성공적으로 안착시킬 수 없다.……유력한 제3당의 효과는 조금씩 나타나고 있다." **(김지운)**

(4) "지금의 야당이야말로 진정한 2인자 라이프를 실천하고 있다. 군사정권을 타도하겠다는 서사는 사라지고, 2인자라는 위치만을 추구하는 홍대병의 전형만 남았다. 많은 선거에서 '정권 심판'이라는 카드를 들었다가, 패배하는 것은 야당의 선거 패턴이 되었다. 정부, 여당의 삽질에 반사이익만 노리는 차별성 없는 정책이 야당을 이렇게 만들었다.……이제 야당 세력 중 한쪽은 2위에서 내려올 때가 된 것이다. 좀처럼 존재감

을 찾기 힘들었던 야당은 최근 적극적인 인사 영입과 상대에 대한 비판을 멈추지 않는다. 1등 경쟁 때는 볼 수 없었던, 다채로운 플레이가 이들이 얼마나 2인자 자리를 사랑했는지 알 수 있게 한다."(김신철)

야권 지지층엔 이 네 학생처럼 생각하는 사람이 많다. 아니 일부 여권 지지층도 비슷한 생각을 할 수도 있다. 언론으로서 이 열망을 어떻게 담아내야 할지 고민이 필요한 게 아닌가? 좋다. 진보 언론의 '호들갑'은 마음에 들지 않지만, 우려는 나도 하고 있으니 그 선의는 이해할 수 있다 (이 말은 꼭 하고 넘어가는 게 좋겠다. 친노 네티즌들이 『한겨레』가 친노를 위해 올인하지 않는다며 '『한겨레』 절독' 운운하며 협박해대는 작태에 대해선 『한겨레』에 심심한 위로를 드리며, 이는 다른 기회에 본격적으로 다루겠다. 말도 많고 탈도 많은 '친노'의 개념에 대한 집중적인 분석은 제3장에서 다루겠다).

그러나 세상일엔 최소한의 자격이라는 게 있는 법이다. 2003년 민주당 분당 정국에서 진보 언론이 어떤 논조를 폈는지 묵은 신문들을 다시 읽어보시기 바란다. 친노 그룹이 민주당을 분열시키고 열린우리당을 창당했을 때, 당시에도 진보 언론은 여당이 분열하면 하늘이 무너질 것처럼 호들갑을 떨었던가? 정반대였다. 구경만 하거나 열린우리당을 지지하는 쪽이었다. 당의 주류가 탈당을 막을 수 있었느냐 없었느냐 하는 점에서 현격한 차이가 있었음에도, 막을 수 없었던 2003년의 '기획 탈당'의 책임은 주류에게 있는 반면, 주류가 양보만 하면 막을 수 있었던 2015년 탈당의 책임은 탈당파에게 있다는 이중 기준은 너무 심한 게 아닌가?

여당일 땐 분열해도 괜찮지만, 야당일 땐 분열하면 안 된다는 논리

왜 호남은 '친노'에 등을 돌렸는가?

인가? 대통령 권력의 후원을 받은 분열은 좋지만, 그렇지 않은 분열은 나쁘다는 뜻인가? 아니면 열린우리당은 마음에 들지만 안철수와 그 일행은 마음에 들지 않기 때문인가? 그렇다면 그런 내용 중심으로 비판해야지, 분열 자체는 절대 안 된다는 식의 논리는 자가당착 아닌가? 아니면, 똑같은 일이라도 내가 하면 개혁이고 다른 사람이 하면 반反개혁이란 말인가?

당시 민주당 분당에 앞장섰던 정치인들이 이제 와서 상황이 달라졌다고 안철수와 그 일행을 비난하는 것은 보기에 역겹다. 그런 비난을 할 자격이 있는 사람들은 내가 보기엔 당시 분당에 결사반대했지만 지금은 더불어민주당을 지키고 있는 추미애나 설훈 정도뿐이다. 그런데 어찌된 게 2003년에 분열을 예찬했던 사람들이 탈당파에 대해 온갖 독설을 뿜어냄으로써 온몸으로 양두구육羊頭狗肉을 실천하려는 것 같다.

글쟁이들 역시 마찬가지다. 그때 분당을 '구국의 길'인 양 예찬했던 글쟁이들이 이제 와선 분당이 '망국의 길'인 양 사기를 치고 있다. 이래도 되는 건가? 나는 여전히 정당 내분이 있을 때엔 탈당이나 분당보다는 당을 지키면서 변화를 추구해야 한다고 보는 쪽이다. 그런 점에서도 나는 안철수와 그 일행의 탈당이 마땅치 않지만 비판하고 싶은 마음은 전혀 없다. 민주당 분당 때 박수를 치던 진보 쪽이 똑같은 분열이건만 지금은 분열에 대해 저주를 퍼붓는 그 이중성의 밑바닥에 호남 차별과 모멸이 숨어 있다고 보기 때문이다. 이에 덧붙여 하고 싶은 말이 있는데, 그건 '맺는말'에서 하겠다.

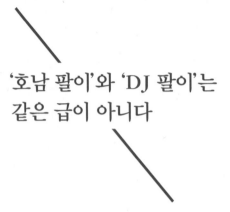

'호남 팔이'와 'DJ 팔이'는
같은 급이 아니다

김의겸은 「호남 자민련이라고요? DJ가 하늘에서 통곡합니다!」라는 제목에 이어 "아무리 그럴듯한 말로 치장을 하더라도, 김대중 세력과 노무현 세력을 나누려는 시도는 '분열'일 뿐이다. 김대중 대통령의 몸 반쪽을 찢어내는 일이다"는 말로 글을 끝맺고 있는데, 나는 야당 분열 사태에 김대중을 끌어들이는 일은 하지 않으면 좋겠다. 김욱은 김대중도 비판했으니, 반론으로도 적합지 않다.

야당 분열 사태는 김대중의 비서를 지낸 사람들 사이에서도 의견이 서로 상반되는 문제가 아닌가. 정치인들이 김대중을 아전인수격으로 끌어다 쓰는 'DJ 팔이'는 보기에 한심하다. 물론 김의겸은 김대중과 노무현을 워낙 존경하는 것일 뿐 'DJ 팔이'를 한 건 아니겠지만, 말이야 바른 말이지 현 상황에서 김대중이 무슨 힘이 되겠는가. 일관성의 관점에선 김대중은 민주당 분당 때 탈당파를 거들었으니 지금도 탈당파를 거들 것이라고 보는 게 맞겠지만, 그런 식의 해석이 무슨 소용이며 무슨 의미가 있겠는가. 김의겸이 호남 정치인들을 향해 "더이상 '호남'을 팔지 마라!"고 일갈했듯이,[17] 나 역시 그 누구건 "더이상 'DJ'를 팔지 마라!"고 외치고 싶을 뿐이다.

최종 원고를 출판사에 넘기고 나서 그냥 넘어가기 어려운 김의겸의 'DJ 팔이', 이젠 'DJ 팔이'라고 부를 수밖에 없는 칼럼이 실려 한마디 보태야겠다. 2016년 2월 4일자 『한겨레』에 실린 김의겸의 「박지원, DJ를 세 번 부인하다」는 칼럼은 박지원과 김대중의 관계를 베드로와 예수의 관계에 빗대 쓴 것으로, 누구 편을 들고 안 들고의 문제를 떠나서 참으로 읽기에 민망한 글이다.

이 칼럼 직전에 나온 김의겸의 「DJ 삼남 김홍걸씨 생애 첫 인터뷰」(1월 30일) 기사를 읽을 때에도 'DJ 팔이'가 지나치다는 생각이 들었지만, 국민의당의 '이희호 마케팅'은 정말 역겨운 수준으로 혹독한 비판과 비난을 받아 마땅하다는 생각에 그럴 수도 있겠다 싶었다. 그런데 그 인터뷰 기사를 활용해 쓴 이 칼럼은 새누리당 '진박'들의 '근혜 팔이' 행태를 보는 것처럼, 'DJ 팔이'가 지나치다는 생각이 든다. 이 판에 DJ나 노무현을 끌어들이는 게 생산적인 논쟁을 위해 무슨 도움이 될까?

무슨 '팔이'를 하건 '호남 팔이'와 'DJ 팔이'는 같은 급이 아니라는 건 분명히 해두고 넘어갈 필요가 있겠다. 이와 관련, 김대중의 비서 이야기도 나온 김에, 'DJ 막내 비서실장'이라는 김한정 전 청와대 제1부속실장(김대중 정부)의 실언 한마디는 짚고 넘어가는 게 좋겠다. 그는 "동교동계 원로들의 (탈당) 결정이 서운하다"며, 누구를 지목하지 않았지만 "지금 호남 지역의 정서를 선동해 이득을 취하려는 정치인들이 있다"고 했다.[18]

이번 총선에서 경기도 남양주을에 출마하려는 그의 답답한 심정은 충분히 이해가 가지만, 그리고 그 말은 많은 지지를 얻을 수 있는 '상식'처럼 통용되는 말이지만, DJ 비서 출신으로서 그 말만은 하지 말았어야 했다. 왜 그런가? 그 말은 생전의 DJ가 가장 많이 들었던 비난이기 때문이다. 지역 정서를 선동하건 배려하건 한국 정치판에서 그것에 기대지 않는 정치 행위는 거의 불가능하다. 김대중과 노무현 모두 지역 정서의 피해자인 동시에 수혜자다.

우리가 따져야 할 것은 그 내용과 명분일 것이다. 그걸 건너뛴 채 "호남 지역의 정서를 선동해 이득을 취하려는" 운운해버리면 지역 이야기를 꺼내는 모든 사람이 그 범주에 다 걸려들고 만다. 지역 문제와 관련된 기득권주의자들 또는 패권주의자들은 지역 이야길 꺼낼 필요가 없다. 아니 오히려 감추는 게 유리하다. 그래야 기존 기득권이나 패권을 영속시킬 수 있으니까 말이다.

반면 지역이라는 경계로 인해 억울한 차별을 당하는 사람들은 지역을 이야기하지 않을 수 없다. 그런데 그 이야기를 하는 순간 '지역주의자'가 된다. 지금 진보를 자처하는 사람들이 김욱이나 나 같은 사람의 주장에 대해 퍼붓는 공격의 주요 레퍼토리도 바로 그것이다. 호남 출신의 내로라하는 지식인들이 아주 많음에도 이들이 지역 문제에 대해 침묵을 택하는 주요 이유도 바로 그것이다. 발설하는 순간 '지역주의자'라는 덫에 걸려들고 말기 때문이다.

어디 그뿐인가. 이른바 '세월호 피로증'을 목격하면서 우리 인간의 정서적 한계에 실망한 이가 많으리라. 그러나 어쩌겠는가. 그게 인간인

왜 호남은 '친노'에 등을 돌렸는가?

것을. '세월호 피로증'은 그 참사가 일어난 지 불과 1년도 안 되어 나타나기 시작했지만, '전라도 피로증'은 수십 년의 역사를 자랑한다. 옳고 그르고를 떠나 전라도 이야기만 나오면 '지긋지긋하다', '질린다', '넌덜머리 난다'고 말하는 이가 많다. 억울하다는 하소연이나 아우성을 외면하는 것까진 좋은데, "전라도 지역주의가 가장 심하다"는 말까지 들어야 한다. 어느 네티즌은 다음과 같이 주장한다.

"딱 잘라서 말하겠습니다. 호남의 지역주의요? 심합니다. 노무현과 문재인이 기록한 득표율을 보십시오. 그걸 개혁이니 진보니 하면서 위장, 은폐해서는 답이 나오질 않습니다. 경기도 출신인 내가 보기에 호남의 지역주의는 그 어떤 지역보다도 강합니다. 강준만 씨도 이걸 인정해야 바른 답이 나옵니다. 개혁과 진보의 탈을 지역주의 위에 덮어씌운다고 어느 국민이 속겠습니까? 더욱이나 진짜 그런 걸로 믿고 있다면 강준만은 매우 짧은 식견의 소유자입니다."[19]

호남은 이래도 당하고 저래도 당한다. 진보에게 표를 줘도 지역주의라고 욕먹고 진보에게 표를 안 줘도 지역주의라고 욕먹는다. 세월호 참사를 비롯해 억울한 사람들이 똘똘 뭉치는 것은 당연하다고 이해하면서도, 좀 오래 뭉쳤다는 이유로 욕을 먹는 것이다. 김한정이 언제부터 DJ 비서 일을 한 건지는 모르겠으나 DJ가 그런 식으로 당해온 역사를 모를리 없을 텐데 그런 말을 하다니 참으로 유감이다.

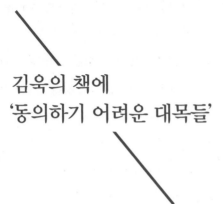

김욱의 책에
'동의하기 어려운 대목들'

내가 김욱의 『아주 낯선 상식』에 전적으로 동의하는 건 '호남의 인질화'에 관한 것이다. 그리고 그게 바로 한국 정치의 핵심적인 딜레마를 제대로 건드렸음에도 거의 모든 언론이 이 책을 외면하는 건 '침묵의 카르텔'이 아니냐는 게 내가 문제의 칼럼을 쓴 이유였다. 내가 '동의하기 어려운 대목들'은 비교적 지엽적인 것이지만, 이에 대해서도 말씀드려보겠다.

첫째, 이승만·박정희를 보는 시각이다. 기본적으론 김욱의 시각과 내 시각은 비슷할 거라고 생각하지만, 문재인이 2015년 2월 새정치민주연합의 대표로 선출된 뒤 국립현충원의 '이승만·박정희 묘소'를 참배한 것에 대한 시각은 전혀 다르다. 김욱은 그걸 '도덕적 정신분열'로 보지만,[20] 나는 '개과천선改過遷善'으로 본다. 진작 그렇게 했어야 했다는 게 내 생각이다. 이승만·박정희에 대한 개인적인 생각이 어떠하건 적어도 대통령이 되겠다는 사람들은 이승만·박정희를 지지하는 사람들도 배려하는 자세를 취해야 한다고 생각하기 때문이다. 즉, 그렇게 하지 않고선 '국민화합'은 영원히 불가능하다고 보기 때문이다.

둘째, '영남패권주의'라는 용어에 관한 문제다. 나는 김욱의 책에 이 용어가 너무 많이 쓰였다고 생각한다. 내가 '영남패권주의'라는 개념에 동의하지 않는다는 뜻이 아니다. 그 개념만으론 설명할 수 없는 호남 차별 현상이 많다고 보기 때문이다. 예컨대, 영남패권주의에 비판적이면서 호남 차별을 하는 사람이 아주 많다. 물론 넓게 보자면, 이 역시 영남패권주의의 부산물로 볼 수도 있겠지만, 대중과의 소통에서 큰 어려움이 생겨난다는 점을 감안할 필요가 있다고 생각한다.

셋째, '영남패권주의'를 깰 수 있는 우회 전략에 관한 문제다. 이에 대해선 김욱의 책에 나와 있는 관련 대목을 소개한 다음에 말씀드리는 게 좋을 것 같다. 김욱은 다음과 같이 말한다.

"나는 지금 우리 정치의 주요 모순을 '영남패권주의(수도권을 지배하는 영남패권계층+영남) vs 반영남패권주의(수도권의 호남 출신 등 소외계층+호남 등 소외 지역)'로 보고 있다. 그런데 강준만은 그것을 '서울/영남이 수혜를 받으면서 분할지배 되는 지방 내부식민지'로 이해하고 있다. 그의 논리에 의하면 모든 지방이 연대해 서울과 반反내부식민지 독립투쟁을 할 수 있다는 의미인데, 나로선 아주 의심스럽다."[21]

매우 어렵다는 의미에선 '아주 의심스럽다'는 평가에 전적으로 동의하지만, 그렇다고 해서 포기할 필요는 없다고 본다. 영호남의 대결 방식보다는 서울-지방의 대결 방식으로 중앙에 집중된 자원을 지방으로 골고루 분산시키는 게 영남패권주의를 약화시키는 데에 더 도움이 되는 우회적 방법이라는 게 내 생각이다. 호남 차별을 말하면 다른 지역민들이 힘이 센 영남 쪽에 서지만, 지방 차별을 말하면 다른 지역은 물론 일부 영남까지도 끌어들일 수 있다. 서울패권주의에 가장 강하게 반발하는 곳이 서울에 대해 라이벌 의식을 가질 정도로 모든 여건에서 우월한 영남이 아닌가 말이다. 이에 대해선 제4장에서 상세히 말씀드리겠다.

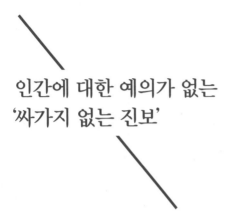

인간에 대한 예의가 없는
'싸가지 없는 진보'

이제 이야기를 정리해보자. 정말 이상한 일 아닌가? 정작 당사자인 호남인들은 더는 못 참겠다고 들고 일어서는데, 왜 타 지역 사람들이 "그러면 너희들 크게 당한다"고 겁박을 하는 걸까? 호남의 이익마저 호남 밖에서 판단해주어야만 할 정도로 호남인은 분별력을 잃은 사람들이기 때문일까? 이런 모멸이 어디에 있는가.

그 이익의 정체도 궁금하다. 앞서 호남 차별과 관련해 "난 이해 못하겠다"고 말한 네티즌은 결코 예외적인 사람이 아니다. 나는 '호남의 피해에 대한 생산적인 논쟁'의 가능성을 언급했는데, 내가 미리 말씀드려보겠다. 수많은 피해가 있지만, 나는 내가 가장 중요하다고 생각하는 한 가지만 지적하련다. 많은 이가 "주식회사 새정치민주연합의 최대 주주가 호남인데도 호남의 주주들에게는 의결권이 없는 꼴"을 지적하지만,[22] 더 큰 문제가 있다. 그 답은 김찬호의 『모멸감: 굴욕과 존엄의 감정사회학』(2014)이라는 책에 잘 나와 있다. "모멸은 인간이 모든 것을 다 포기하고 내준다 해도 반드시 지키려는 그 무엇, 사람이 사람으로 존립할 수 있는 원초적인 토대를 짓밟는다."[23]

아무려면 호남 차별이 그 정도일까? 나 역시 그런 의문을 갖고 싶다. 그러나 다음과 같은 진술이 상식처럼 통용되고 있는 게 현실임을 어찌 부정할 수 있으랴. 문강형준은 「혐오의 이면」이라는 『한겨레』(2016년 1월 16일) 칼럼에서 다음과 같이 말한다.

"해방 이후 한국 사회는 '혐오' 없이는 작동할 수 없는 기계처럼 끊임없이 혐오를 필요로 했다. 70년대 이후에는 '전라도'와 '빨갱이('북한'의 변주)'가 박정희 및 전두환 독재정권의 존속을 위해 혐오되어야 했고, 90년대 이후 현재는 여성과 동성애자, 장애인, 비정규직, 동남아 노동자 등으로 혐오의 대상이 확장되어가는 중이다."[24]

물론 문강형준은 혐오를 비난하기 위한 좋은 뜻으로 한 말이지만, 이런 진술에 반감을 느끼는 이도 적지 않다. 예컨대, 이 글엔 다음과 같은 댓글이 달렸다.

"누가 전라도를 혐오하는가. 국민들이 전라도 사람을 혐오한다고 떠들어대는 당신 같은 사람들 때문에 전라도 사람들이 혐오당하고 있는 것처럼 보일 뿐이다. 대통령을 배출한 고장이고 우리 국민들의 큰 축을 이루고 있는 전라도 사람들. 누가 그들을 혐오한다는 말인가. 지난 과거의 상처를 들먹거려서 좋을 일 하나도 없다. 문강형준 씨 같은 소위 지성인을 자처하는 분들, 꿈에라도 전라도를 혐오한다는 그 잘못된 인식을 떠올리지 마세요."

이 댓글 반론의 취지에 전적으로 동의한다. 이른바 '사회적 증거

social proof의 원리에 따르더라도, '전라도 혐오'를 거론해서 좋을 게 하나도 없다.[25] 그래서 나 역시 이 글을 쓰면서 마음이 영 불편하다. 그렇지만 어쩌겠는가. 진보의 이름으로 호남을 모멸하고 겁박하는 이들이 떼거리로 나타나고 있으니 말이다. 나처럼 불편해할 분들의 양해를 구한다.

오늘날 '빨갱이' 혐오가 사라진 게 아니듯이, '전라도' 혐오 역시 사라진 게 아니다. 이는 야당 분열 관련 기사의 댓글을 보면 쉽게 알 수 있다. 전라도 욕이 홍수처럼 흘러넘친다. 보수보다는 자칭 진보라는 사람들이 더 욕해댄다. 보수주의자들의 호남 모멸은 나쁜 짓이지만 이해는 할 수 있다. 죽어라 하고 진보 쪽 정당에 몰표를 줘온 호남인들이 얼마나 밉겠는가. 문제는 진보의 호남 모멸이다. 배은망덕背恩忘德의 화신이라고 해도 좋을 정도로 이들은 파렴치하다. 이들을 '진보 일베'라고 불러야 하나?

호남 몰표는 '주머니 속의 공깃돌'처럼 당연한 것으로 여기면서, 바로 그 호남 몰표 때문에 다른 지역에서 더 많은 표를 얻는 데에 방해가 된다는 이유로 "니들은 죽은 듯이 입 닫고 지내라"고 강요하면서 그런 생각을 실천에 옮기는 작태, 이게 바로 그들의 민낯이다. 호남인들이 이젠 못 참겠다고 들고 일어섰더니, '민중'이니 '국민'이니 '진보'니 하는 거대 레토릭을 써가면서 온갖 욕설과 저주를 퍼부어댄다. 이런 '싸가지 없는 진보'를 언제까지 감내해야 한단 말인가?

'싸가지 없는 진보'라고 하면 사람들은 그저 '막말 하는 진보'를 연상하는데, 그게 아니다. 추상적인 거대 관념에 집착함으로써 인간의 감정과 존엄을 사소하게 여기는 게 '싸가지 없는 진보'의 본질이다. 한마디로 인간에 대한 예의가 없다는 이야기다. 호남을 인질로 쓰면서도 미안해하기는커녕 예전처럼 인질 노릇을 계속하지 않는다고 욕설과 저주를 퍼부어대는 철면피들을 '싸가지 없는 진보'라고 부르는 건 '싸가지'와 '진보'라는 단어에 대한 결례가 아닌지 우려될 뿐이다.

제2장

왜 진보의 이름으로 '정치 죽이기'를 하는가?

정치 혐오를 악용하는 포퓰리즘

개혁보다는 '자기 존재 증명'에 집착하는 운동권

사회운동가인 솔 알린스키Saul Alinsky, 1909-1972는 1960년대 미국 운동권 학생들의 영웅이었다. 수많은 운동권 학생이 그를 찾아와 그의 말을 경청했지만, 그는 일부 학생 행동주의자들student activists, 특히 신좌파New Left 지도자들과는 불편한 관계였다. 신좌파가 혁명 의욕에 너무 충만한 나머지 '있는 그대로의 세상'이 아니라 '자기들이 원하는 세상' 중심으로 운동을 한다고 보았기 때문이다.

1964년 여름 알린스키의 친구인 랠프 헬스타인Ralph Helstein, 1908-1985은 알린스키와 신좌파 학생 지도자들의 회합을 주선했다. 신좌파의 최대 학생 조직인 SDSStudents for a Democratic Society를 이끌고 있던 톰 헤이든Tom Hayden, 1939-, 토드 기틀린Todd Gitlin, 1943-, 리 웹Lee Webb 세 사람이 알린스키를 만나러왔다. 알린스키는 세 젊은이들의 생각이 너무도 순진해 그들의 운동은 실패하게 되어 있다고 일축하는 등 쌀쌀한 반응을 보였다.

알린스키는 '조직들의 조직organization of organizations', '강한 리더십

strong leadership', '구조structure', '집권화된 의사결정centralized decision-making'
의 중요성을 역설했다. 그는 세 학생 지도자들이 가난한 사람들을 낭만
화하면서 자신들을 그들과 동일시하는 것에 대해 짜증을 냈다. 지역 주
민들을 존경해야 한다는 것이 곧 낭만화를 의미하는 건 아니며, 효과적
인 조직화는 세상을 있는 그대로 보는 기반 위에서 출발해야 한다는 것
이 그의 논지였다.

이들이 알린스키에 밀리지 않으려고, 알린스키의 운동 방식은 '퇴
폐적이고, 타락하고, 물질주의적인 부르주아 가치'의 전복은 물론 '자본
주의 타도'와 거리가 멀지 않느냐고 이의를 제기하자, 알린스키는 냉소
적으로 이들에게 이렇게 쏘아붙였다. "그 가난한 사람들이 원하는 게
'퇴폐적이고, 타락하고, 물질주의적인 부르주아 가치'의 향유에 동참하
는 것이라는 걸 모르는가?"[1]

알린스키는 이후에도 학생 행동주의자들에 대해 비판적이었다. 그
들의 진정성마저 의심했다. 물론 세상을 있는 그대로 보지 않는다는 이
유 때문이었다. "그들은 사회를 바꾸는 데에 관심이 없다. 아직은 아니다.
그들은 그들 자신의 일, 자신을 발견하는 것에만 관심을 두고 있다. 그들
이 원하는 것은 자기 존재 증명revelation일 뿐 혁명revolution이 아니다."[2]

왜 '엘리트 대 민중'이라는 이분법은 사기인가?

반세기 전의 이야기다. 오늘날엔 "그 가난한 사람들이 원하는 게 '퇴폐적이고, 타락하고, 물질주의적인 부르주아 가치'의 향유에 동참하는 것이라는 걸 모르는가?"라는 말을 굳이 할 필요가 없다. 미국의 '리무진 진보'나 한국의 '강남 좌파'는 '퇴폐적이고, 타락하고, 물질주의적인 부르주아 가치'를 한껏 누리면서 진보적 가치를 외쳐대고 있으며, 이는 대체적으로 용인되고 있기 때문이다.

그러나 한국엔 예외가 하나 있다. 유독 특정 지역 사람들에게만 '퇴폐적이고, 타락하고, 물질주의적인 부르주아 가치'를 향유해선 안 되며 꿈을 꿔서도 안 된다고 윽박지르는 일이 벌어지고 있으니 말이다. 그것도 진보 좌파가 앞장서서 그런 일을 한다. 그 특정 지역은 어디인가? 바로 호남이다.

호남인들이 펄펄 뛸 만도 한데 별말이 없다. 왜 그런가? 그런 일을 하는 진보 좌파는 '엘리트 대 민중'이라는 이분법을 구사하면서 호남 엘리트를 공격 대상으로 삼기 때문이다. 호남 엘리트에 대한 반감은 호남 민중도 공유하고 있는 것이어서 호남인들은 "어 뭔가 좀 이상한데" 하면서도 말없이 수긍한다.

물론 이 경우의 '엘리트 대 민중'이라는 이분법은 사기다. 고등 사기다. 왜 그런가? 1966년 252만 명이던 전북 인구는 지금은 180만 명대로 줄었고, 지금도 매일 60명꼴로 줄고 있다. 돈 벌어 떠나는 게 아니다. 대부분 일자리가 없어, 즉 먹고살 길이 없어 전북을 떠나는 거다. 이들 중 상당수는 수도권 등 타 지역의 빈민층으로 살고 있다.

일자리는 인권의 문제다. 일자리는 누가 주나? 기업이다. 기업 유치는 누가 할 수 있나? 지역 엘리트다. 이들이 발 벗고 나서야 한다. 깨끗한 진보적 정치인일수록 그런 능력이 뛰어날까? 아니다. 이들은 애국심이 지극해 자기 지역의 먹고사는 문제엔 별 관심 없고 국가와 민족 차원의 고민만 한다. 그렇다고 해서 더러운 정치인일수록 그런 능력이 뛰어나는 게 아니다. '깨끗함'과 '진보'라는 잣대만으로 뽑은 정치인으론 지역 발전을 기대하기 어렵다는 이야기다.

이런 이치를 귀신 같이 아는 한국의 유권자들은 적당한 타협을 한다. '깨끗함'과 '능력' 사이에서 균형을 취한다는 것이다. 이에 대해 진보 좌파들은 별말이 없다. 그런데 이들이 목숨 걸 듯 달려들어 공격해대는 대상이 딱 하나 있으니 그게 바로 호남 정치 엘리트다. 이들이 아무리 더럽고 썩었어도 전국 평균은 된다. 그런데 진보 좌파는 죽어라 하고 이들만 물고 늘어진다.

나는 이들의 심리 저변엔 지방을 폄하하는 심리가 자리 잡고 있다고

왜 진보의 이름으로 '정치 죽이기'를 하는가?

생각한다. 대한민국을 서울로 간주하는 사고에 중독되어 있다 보니 모든 걸 서울 기준으로 재단하고, 자신들이 보기에 덜 계몽된 지방을 가르치 겠다는 오만으로 가득 차 있다. 이걸 잘 보여주고 있는 게 바로 환경 운 동이다. 서울의 극심한 교통 체증과 환경오염 등으로 인한 국고 손실은 매년 수십조 원에 이르는데,[3] 환경 운동가들이 이런 문제들에 목소리를 낸 걸 본 적이 있는가? 거의 없다. 환경 운동가들이 죽으나 사나 매달리 는 건 주로 지방의 개발 문제고, 그 대표적 사례가 바로 새만금이었다. 운동을 하기 위해서라지만, 왜 유명 환경 운동가들은 다 수도권에만 몰 려 사는지 그것도 의문이다. 수도권에 살기 때문에 유명해진 건가?

'서울 제국주의'에 찌든
진보 좌파

감히 환경 운동의 대의에 딴지를 걸려는 게 아니다. 나는 골프조차 반대하고 골프 치는 동료 교수들을 내심 경멸하는 '순정' 환경보호론자다. 내가 문제 삼는 건 제국주의적 환경보호론이다. 죽어도 서울을 떠날 뜻이 없는 서울 시민이 1년에 몇 차례 지방의 시골을 찾아 자연을 만끽하면서 "개발이 한국을 망친다"고 외쳐대는 이른바 '환경 제국주의'를 대하는 느낌이 들어서 하는 말이다.

2006년 3월 『한겨레』 환경 전문기자 조홍섭은 '한국의 환경 운동을 말한다' 토론회에서 "새만금 사업 반대 운동에서 가장 아쉬운 것은 전북 도민들의 반대 여론을 조직하지 못한 것"이라며 "예를 들어 전북도청 게시판에 '우리도 한번 오염돼 봤으면 좋겠다'는 글이 올랐는데, 이건 정말 경험에서 우러나온 것이라는 생각이 들었다"고 말했다.

그는 "이 나라에 오염되지 않은 곳이 어디 있나. 청계천도 끝까지 갔다가 복원됐고, 동강이나 우포늪도 마찬가지"라며 "이 문제는 간단치가

　　　　　　　　왜 진보의 이름으로 '정치 죽이기'를 하는가?

않다. 전북 도민의 가난이나 소외, 바다에서 일하는 사람들과 그 부모의 한恨 때문에 나온 지지지, 도청 홍보나 지역신문에 놀아나서 그러는 게 아니다"고 했다. 또 그는 새만금 사업을 지지하는 전북 도민들에 대해 "그들은 무지하지 않다"며 "우리가 품이 많이 들어가는 운동보다는 이기든 지든 한 판 붙어보자는 식으로 운동한 게 아닌가 하는 아쉬움이 든다"고 토로했다.[4]

정말 반가운 말씀이다. 분노해야 마땅할 일을 아쉬움이 드는 걸로 끝낸 게 아쉽긴 하지만 말이다. 사실 지방 건설업자들의 탐욕을 비판하는 것은 웃기는 일이다. 청계천 복원을 맡은 건설업자들은 '자선사업'을 했나? 왜 똑같이 돈 벌어도 지방의 건설업자만 욕을 먹어야 하는 건지 모르겠다. 막노동을 하더라도 객지 나가서 하는 것보다는 고향에서 하는 게 더 낫지 않을까? 서울이 고밀도 개발로 치닫는 건 발전과 번영의 상징으로 여기면서 지방은 서울 사람들을 위한 휴식 공간으로 머무르기 위해 환경보호를 제1의 가치로 여겨야 한다는 식의 발상도 의심해볼 필요가 있지 않을까?

지방 건설 사업을 지방 업체들이 먹는 것도 아니다. 대부분 서울 업체들이 먹는다.[5] 경제력이 약한 지역일수록 그런 '서울 빨대효과'가 훨씬 더 크다. 그런 지역의 건설 업체들은 수백억 원대 큰 공사를 수주할 능력도 없고, 컨소시엄 등을 통해 진입하기도 만만찮기 때문이다. 그래서 전북에서는 지역 업체들이 대형 공공사업에 일정 비율 의무적으로 참여할 수 있도록 하는 특별법을 만들어야 한다고 하소연한다.[6]

우리는 재벌을 욕하면서도 재벌이 한국 경제를 집어삼킨 현실을 인정하기 때문에 '재벌 타도'를 외치진 않는다. 재벌의 경제력 집중이 완화되는 연착륙을 바랄 뿐이다. '재벌 타도'를 외치는 진보 정당이 표를 얻지 못하는 건 보통 사람들도 다 아는 그 간단한 이치를 외면하기 때문이지 유권자들이 보수적이기 때문이 아니다. 지방도 마찬가지다. 토호로 불리는 엘리트들의 성패가 지역의 일자리에 큰 영향을 미친다. 즉, '엘리트 대 민중'이라는 이분법이 모든 경우에 성립되는 건 아니라는 이야기다.

진보 좌파는 호남을 너무 사랑한 나머지 '진보의 이상향'으로 여기기 때문에 그런 현실도 무시하는 건가? 그럴 수도 있겠다. 그러나 아무려면 자기 자신보다 사랑할까? 진보 좌파도 대기업에 취직하고 싶어 한다. 잘살고 싶어 한다. '퇴폐적이고, 타락하고, 물질주의적인 부르주아 가치'를 향유하고 싶어 한다는 말이다. 자기들은 그러면서 이들은 호남에 대해서만 전혀 다른 잣대를 들이댄다. 이들은 호남 민중의 욕망을 부정하는 게 아니라, 썩어 빠진 호남 엘리트를 공격하는 것인데 왜 그러느냐고 항변한다.

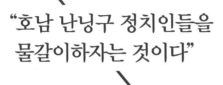

"호남 난닝구 정치인들을
물갈이하자는 것이다"

(1) "호남 난닝구 정치인들을 물갈이하자는 걸 두고서 호남 전체가 일방적으로 당한다고 말씀하시면 안 되지요."

(2) "호남 정치인들의 정치적 함량 미달은 전혀 생각지 않고 구태에서 헤어나지 못하고 세습적인 권력에 안주하려는 수작에 불과하다."

(3) "호남 민심이 야당에 바라는 것은 호남 의원들을 교체하라는 것이다. 그 민심을 떠받드는 게 호남 탄압이냐? 호남 꼴통 의원들의 불이익을 호남민의 불이익인 것처럼 왜곡하고 있다. 박근혜를 욕하면 대한민국을 욕하지 말라며 입을 틀어막는 공안 탄압 전술과 똑같다!"

(4) "호남과 호남 꼴통 정치인들을 동일시 여기는구만. 호남 정치인들이 당하는 게 호남이 당한다고 할 수도 있는가. 호남이 받는 불이익은 기득권 집단한테 받는 불이익이 현실적으로 클 건데 그건 무시하고 친노들이 호남을 무시한다고 그럴러냐. 호남에 불이익을 주는 집단은 새누리와 기득 집단이다."[7]

앞서 소개한 「야당 내분이 이종격투기인가?」라는 글에 대한 진보적 네티즌들의 댓글들이다. 내 칼럼 가운데 "한국 정치인의 수준이 다 거기서 거기겠건만 정치인의 물갈이 대상도 늘 호남에 집중된다"는 말은 주요 논점은 아니었지만, 이 말이 그들의 심기를 거스른 것이다. 사실 호남 이야기만 나오면 가장 흔하게 들을 수 있는 주장들이다.

진보적 인터넷 언론 『뷰스앤뉴스』의 안철수 신당 관련 기사에는 이런 댓글들이 달렸다.

"오로지 친노 공격만으로, 호남의 정치 자영업자들을 모아 거저먹으려는 사기적 행태는 반드시 심판 받아야 한다. 그리고 언젠가는 그 가면이 벗겨질 것이다."

"호남 이익론은 호남을 죽인다. 호남에 이익만 되면 설령 전두환 밑이라도 기어 들어가 내각제 만들어 경상도 새누리 이명박근혜 정권과 연립 정권 만들어 경상도 시다바리나 하면서 장관 자리 몇 개 얻고 예산 좀 얻자는 호남 이익론? 문제는 경상도 새누리 정권이 호남이 아닌 다른 세력과 연대하면 호남은 그냥 영원히 죽는다는 것이다. 그래서 내가 호남 이익론을 주장하는 인간들을 새누리 세작이라고 하는 것이다"[8]

이와 같은 비난의 선두에 진중권이 있다. 그에게 호남 비노 의원들은 '쓰레기' 아니면 '고름'일 뿐이다. 그는 2015년 5월 21일 새정치민주연합의 내분을 "쓰레기들이 기득권 포기 못해서 벌어진 사태"로 규정하면서 이렇게 주장한다. "'친노패권' 운운하나, 그 패권적 행태에 대한 구체적인 지적은 하나도 없어요. 누구 말대로 '친노패권'은 현재형이 아니라 미래형입니다. 즉, 내년 총선 때 '개혁 공천' 운운하며 자기들 밥그릇

걷어갈까봐 지레 설레발을 치는 거죠."[9]

　『경향닷컴』에 「진중권 "쓰레기들이 기득권 포기 못해 벌어진 사태"」라는 제목으로 실린 이 기사의 댓글 100여 개 중 'Top Comment' 는 이런 내용이다. "조국 교수를 영입하라! 그러나, 호남과는 결별하라! 호남과 결별하지 않는 새정치는 결코 새정치를 할 수 없다. 비극이지만……현실이다." 이 댓글은 '추천 268, 반대 92'를 기록했다(2016년 1월 23일 기준).

왜 진중권에게 호남 비노 의원들은 '쓰레기' 아니면 '고름'일 뿐인가?

호남 비노 의원들은 정말 쓰레기인가? 욕설을 걷고 그 취지를 이해하자면 수긍할 수 있는 점도 있다. 어느 네티즌은 "얘는 인터넷 댓글 수준 누구나 할 수 있는 소리 지껄이는데 매주 기사화되네"라고 불만을 토로했지만,[10] 진중권의 글이 매우 날카롭고 재치 있는 언어 구사력이 탁월하다는 건 분명하다. 호남 비노 의원들을 쓰레기로 보는 네티즌들은 그에게 열광하고, 이런 시장 논리에 충실한 언론이 앞다퉈 그의 트위터 발언을 기사로 내보내는 것도 이해할 만하다. 물론 '오버'하는 경우도 많다. 진중권의 자극적 발언이 없으면 「진중권, '안철수 비판' 부쩍 늘었다」는 제목의 기사까지 등장할 정도인지라,[11] 일부 언론사들엔 진중권 전담 기자가 있는 게 아닌가 하는 생각이 들 정도다.

진중권이 기삿거리에 허덕이는 언론사들을 돕는 건 좋은 일인데, 이런 문제가 있다. 진중권이 지적하는 정도의 더러움과 비루함과 찌질함은 정치판에 뛰어든 누구에게나 다 있는 것이고, 그게 정치의 속성이기도

하다는 점이다. "나는 정치 절대 안 할 건데"라는 말로 피해가지 말고, 현재 있는 그대로의 정치를 보면서 이야길 하는 게 공정하다는 뜻이다. 이 점에 관한 한 유시민이 아주 좋은 말을 했다. 그는 안철수가 정치에 뛰어들 때 "안철수 박사가 과연 권력 투쟁으로서의 정치가 내포한 비루함과 야수성을 인내하고 소화할 수 있을지 의문"이라고 했다.

유시민은 2013년 3월 김두식과의 인터뷰에서 "정치의 비루함은 어떤 건가요?"라는 질문을 받자, "구체적으로 말씀 드려볼까요? 제가 술을 못 마셔요. 소주 석 잔이면 얼굴이 빨개져요. 그런데 5월이면 지역구에서 마을마다 효도 잔치가 열리고 어른들이 소주를 따라주세요. 안 받으면 싸가지 없는 놈이 되고, 받아 마시면 두 군데 돌고 제가 뻗어버려요. 그런 때 '이걸 왜 해야 하나' 비참해져요. 10월이면 지역구 학교들부터 제 모교까지 온갖 체육대회가 열려요. 10시 개회식에 가면 벌써 삼겹살 굽고 소주잔이 돌고 있어요. 모교 체육대회를 가니 기수별로 천막이 40개예요. 정말 꾹꾹 참으면서 술을 받아먹는데 우리 기수까지 겨우 돌고 뻗었어요"라면서 다음과 같이 말했다.

"누구의 잘못도 아니에요. 그냥 정치가 그런 거예요. 당내 선거 때도 비참해요. 전당대회를 오후 2시에 하니까 아침에 차 타고 올라오면 되잖아요. 그런데 꼭 그 전날 온다고요. 저를 아끼는 선배가 '어느 지역 대의원들이 여의도 중국 음식점에 모여 있다, 어디 호텔에 있다'면서 방마다 돌래요. 인사라도 해야지 아니면 싸가지 없다는 소리를 들으니까. 가보면 요리접시, 빈 양주병이 굴러다니고 50~60대 대의원들이 벌겋게 취해서 '어이, 이제 왔어?' 바로 반말을 해요. 제가 40대 중반의 당의장 후보일 때요. 도대체 그 요리값, 호텔비는 누가 냈는지 몰라요. 거기서 고개 숙이고……물론 좋은 정치를 만들려면 그것도 참아야죠. 그러나 시궁창에 들어와 있는 것 같았어요. 비루한 거죠. 그런 순간이 무지하게 많습니다. 제가 민주당을 특정했다고 적지는 마세요. 분열주의자, 이적 행위자란 말을 하도 많이 들어서 저는 무서워요. 제1야당의 내부 문제를 지적하고 혁신하자고 하면 그런 소리를 하는 거예요. 6월항쟁 이후 25년 동안 계속된 프레임이에요."[12]

이런 비루함과 야수성을 피해갈 수 있는 정치인은 아무도 없으며, 문재인도 예외는 아니다. 예컨대, 문재인이 "(대법원의 한명숙) 유죄 판결은 내년 총선을 앞두고 야당을 말살하려는 신호탄"이라며 대법원을 비난한 것에 대해 비난을 하겠다고 들면 진중권이 호남 비노 의원들을 향해 퍼부은 그 어떤 독설이나 욕설도 가능할 것이다. 그러나 진중권은 자기편에 대해선 말이 없다. 그러다가 문재인이 뒤늦게 여론의 압박에 못 이겨 한명숙의 당적 정리를 요구하고 나서자 그는 "궤도에 제대로 돌아왔다. 진작 그렇게 했어야지"라고 말할 뿐이다.[13]

반대편에 한없이 가혹하고 자기편에 한없이 너그러운 이런 이중성은 당파성을 가진 사람들 누구에게나 다 있는 것이지만, 진중권은 종교적이라고 해도 좋을 정도로 그 정도가 심하다. 그가 강조하는 상식과 합리성, 진보적 가치는 당파성의 하위 개념일 뿐 보편적인 게 아니다. 이런 경우 네티즌들이 열광할 만한 날카로움을 드러내기 위한 그의 극단적 언어 선택은 종교 행위에 가깝다.

논객은 자신이 했던 말이 자신에게 부메랑으로 돌아올 수 있다는 점

왜 진보의 이름으로 '정치 죽이기'를 하는가?

을 늘 염두에 둬야 하건만, 그는 그걸 전혀 신경 쓰지 않는다. 예컨대, 그는 불과 3년 전만 해도 당파성에 따라 사안을 달리 보는 친노의 성향과 관련, "당신들의 그 가증스러운 이중 잣대"라며 "당신 같은 사이비들이 진보의 생명인 '에토스' 자체를 무너뜨렸다"고 맹공을 퍼부었다.[14] 그 이중 잣대의 문제는 진중권 자신에겐 해당이 안 되는 걸까? 정신없이 속도 위주로 치닫는 SNS 시대에 그게 그에게 별 타격을 입히지 못하기 때문에 그러는 건지도 모르겠다.

진중권은 정말 '계급환원주의에 대한 병적인 집착'을 갖고 있나?

　김욱은 진중권의 '계급환원주의에 대한 병적인 집착'을 지적했지만, 내가 보기엔 그것만으론 그의 사고방식이나 행태를 다 설명할 수 없다. 2009년 5월에 논란이 되었던 이른바 '진중권 자살세' 사건을 이해하는 게 필요하다. 진중권의 2004년 인터뷰 이야기가 뒤늦게 화제가 되었던 이 사건은 일단 어떤 일을 하기 시작하면 극단으로 치달아 끝장을 보고야 마는 그의 몰입 성향을 잘 말해준다. 이 사건의 내용은 이렇다.

　진중권은 "정몽헌 현대아산회장의 자살에 대해 '사회적 타살'이라는 의견이 많았고……"라는 질문에 "자살할 짓 앞으로 하지 않으면 되는 거예요.(웃음) 그걸 민주열사인 양 정권의 책임인 양 얘기를 하는데, 그건 말도 안 되고, 앞으로 자살세를 걸었으면 좋겠어요. 왜냐면 시체 치우는 것 짜증나잖아요(웃음)……"라고 답했다. 자살한 남상국 전 대우 사장에 대해서도 "그렇게 명예를 중시하는 넘이 비리나 저지르고 자빠졌습니까?……검찰에서 더 캐물으면 자살하겠다고 '협박'하는 넘들이 있다고 합니다.……검찰에서는 청산가리를 준비해놓고, 원하는 넘은 얼마든지 셀프서비스 하라고 하세요……"라고 말했다.[15]

이 사건은 진중권이 노무현 전 대통령의 서거에 대해 비통해하는 마음을 표현하자, 그것이 '정파적'이라고 비난 받으면서 불거진 것이다. 감추고 싶을 옛날이야기 다시 거론해 진중권에겐 정말 미안하지만, 이 사건은 '진중권 이해'에 결정적으로 중요하다는 점을 이해해주시기 바란다. 여기서 중요한 것은 그의 폭언이 아니라, 이 폭언은 그의 신조로 알려진 '상식과 합리성'에 전혀 들어맞지 않는다는 점이다.

정파성을 떠나 누구나 다 동의하겠지만, 진중권의 이 발언은 인간으로선 해선 안 될 말들이었다. 그런데 왜 안 될 말들이 그런 식으로 튀어나왔는가? 김욱의 '계급환원주의에 대한 병적인 집착' 이론에 따르자면, 정몽헌과 남상국의 계급이 워낙 높기 때문이라는 설명도 가능하겠지만, 진중권이 그렇게까지 계급에 집착하는 사람은 아니다. 상당히 유연하고 열려 있는 사람이다. 사실 당파성이 그리 강한 것도 아니다. 머리는 정의당이지만, 정서나 취향은 더불어민주당에 가까워, 양쪽을 수시로 넘나든다.

어느 네티즌은 "심상정! 진중권이를 가만 놔두나? 진중권이를 아무리 이해하려 해도 더불어민주당 세작이 확실하다! 이놈이 정의당을 위해서 걸레질을 하는 게 아니고 더불어민주당만을 위해서 온 정력을 다하고 있잖아? 이런 놈은 과감히 출당시켜라!"라고 불만을 토로했지만,[16] 그는 어떤 이념이나 집단에 자신을 바치기엔 너무도 개인주의적이고 자유로운 영혼이다.

물론 진중권이 더불어민주당을 위해 뛰는 건 실리에 대한 고려도 있을 것이다. 그가 정의당을 위한 발언을 아무리 트위터에 날린다 해도 어느 언론이 그걸 받아쓸까? 그는 순식간에 잊히고 미학자로서 명성만 누리게 될 텐데, 진중권에게 그런 정도의 '시장 감각'이 없다고 보긴 어려울 것이다.

이 관점에 따르자면, 진중권에게 중요한 건 더불어민주당 즉 친노와 연관된 이야기를 하는 것이지 친노를 옹호하는 것만은 아니다. 그는 지금은 결과적으로 친노의 행동대장처럼 행동하고 있지만, 과거엔 친노를 지금의 안철수나 국민의당 못지않게 비난했다. 앞서 소개한 3년 전의 '가증스러운 이중 잣대' 발언이 그 좋은 예다. 언젠가 그는 다시 친노와의 전쟁을 할지도 모른다.

진중권의 그런 자유로움은 보기 드문 미덕일 수도 있지만, 정작 문제는 자기애 또는 자기중심주의다. 진중권이 외골수가 되는 건 일단 자신의 판단이 선 어떤 사안에 대해 맹렬히 전투적으로 임할 때다. 일단 그런 과업에 빠져들면 그는 신명의 경지에 이르면서 인터넷과 SNS로 새판이 꾸려진 세속적 정치 종교의 사제司祭가 된다. 그럴 때에 그는 담대하고 거침이 없다. 자신의 판단에 대한 그 어떤 의심도 없고, 브레이크도 없다. 그렇다고 해서 무소의 뿔처럼 혼자서만 가는 건 아니다. 이교도들의 비난과 악담도 많지만, 그에 상응하는 열성 신도들의 찬양도 많다. 그런 집단 신명의 기쁨을 생각하면 충분히 해볼 만한 일인지도 모른다.

그러나 진중권도 인간이기에, 그는 그럴 때마다 뭔가에 열정적으로 집중하면 세상을 보는 시야가 열쇠 구멍만큼 좁아지는 이른바 '터널 비전tunnel vision'에 사로잡히기 마련이다.[17]

왜 진보의 이름으로 '정치 죽이기'를 하는가?

물론 몰입에 의한 터널 비전이 나쁘기만 한 건 아니다. 지식인은 자신의 연구 주제에 대해 터널 비전을 가질 때에 큰 업적을 이룰 수 있다. 예컨대,『침묵의 봄Silent Spring』(1962)이란 불후의 명작을 쓴 환경 운동 선구자 레이철 카슨Rachel Carson, 1907-1964은 복잡한 세계 전체를 제쳐놓고 자기한테 흥미 있는 극히 일부분에만 관심을 기울이는 드문 능력을 가졌다. 옆을 보지 않는 이런 유의 편협한 사고야말로 카슨을 규정하는 중요한 특징이었는데, 바로 그 덕분에『침묵의 봄』이 탄생할 수 있었다. 그러나 동시에 그런 편협한 시각 때문에 카슨은 나치 독일을 흠모한 영국 작가 헨리 윌리엄슨Henry W. Williamson, 1895-1977을 추앙하기도 했다.[18]

진중권은 '종교적 주술 행위'를 하는 건가?

주변에서 오랜 기간 싸움을 하는 사람들을 겪어본 적이 있다면, 우리 인간의 균형 감각이 얼마나 취약한가 하는 걸 절감했을 것이다. 다른 모든 면에선 대단히 합리적이고 공정한 사람일지라도 일단 싸움에 휘말려들어 몰입하게 되면 전혀 딴 사람이 된다. 가장 먼저 역지사지易地思之 능력을 잃는다. 상대편의 언행은 무조건 악의적으로 해석한다. 사람이 오랜 싸움을 하면 정신이 피폐해진다는 건 바로 그 점을 두고 하는 말이기도 하다.

이른바 '분노→증오→숭배'의 법칙이란 게 있다. 처음엔 정당한 분노였을지라도 그 정도가 심해지면 증오로 바뀌고 증오가 무르익으면 증오의 대상을 숭배하게 된다. 싸움을 하는 상대편과 관련된 일이라면 그냥 잠자코 넘어갈 수 있는 사소한 일조차 심각하게 받아들이면서 큰 의미를 부여하게 된다. 더욱 중요한 건 그 상대편에 대한 몰입으로 인해 주변의 풍경이 눈에 들어오지 않게 된다는 점이다. 즉, 터널 비전이 작동하는 것이다. 나는 진중권에게 그런 터널 비전 현상이 일어났다고 생각한다.

어떤 사안을 과도하게 단순화해 극단적인 이분법 구도를 만드는 것도 종교적이다. 진중권은 2015년 5월 26일 "더 험한 꼴 보기 전에 서로 깔끔하게 헤어지는 게 나을 듯"하다면서 그 근거로 "호남이 응당하게 자기 몫을 가지려 하면 진보와 보수가 모두 비난한다"는 천정배의 발언을 거론한다. 진중권은 "이게 뭘 의미하는지, 다른 지역 사람들은 이해를 못한다"며 "결국 이 말이 뼈저리게 이해되는 사람들과 이 말이 도저히 이해 안 되는 사람들의 갈등인데, 그 말을 이해한다는 것이 논리나 이성과는 전혀 상관없는 일"이라고 주장했다. 그는 이어 "전자 눈엔 후자들 역시 결국은 새누리당 지지자들과 똑같은 영남패권주의자들일 테고, 후자 눈엔 전자가 호남 민심 팔아 제 밥그릇 채우는 지역주의 쓰레기들"이라면서 "서로 열심히 싸워봐야 영남패권주의자와 호남 지역주의자들 사이의 이전투구가 될 수밖에 (없다)"고 했다.[19] 이에 대해 김욱은 다음과 같은 반론을 편다.

"나는 '그 말을 이해한다는 것이 논리나 이성과는 전혀 상관없는 일'이라는 진중권의 주장에 절대 동의할 수 없다. 나는 (그 '이해'의 주체에 진중권 자신도 포함되는 것으로 읽히는데) 그 비논리적·비이성적 장애는 상상력 부족의 지적 무능일 뿐이고, 논리나 이성과 아주 밀접한 관계가 있다고 본다. 그는 '영남패권주의자들'과 '지역주의 쓰레기들'을 구분한다. 그러면서도 이것이 논리나 이성의 문제가 아니라고 한다면, 그건 그 구분의 실체를 인정하지 못하겠다는 말이거나 아니면 히틀러나 히로히토의 제국주의적 파시즘과 피침략 국가의 반제국주의적 저항을 논리나 이성의 문제로 판단할 수 없다는 주장일 것이다. 이는 상식에 부합되지 않는 소리다."[20]

하지만 진중권은 상식을 말하고 있는 게 아니다. 그의 상식은 몰입 이전의 단계까지만 작동할 뿐 일단 몰입을 하고 나면 자기편의 '상식'에만 충실해진다. 그것도 상식이라고 부를 수 있다면 말이다. 나는 진중권의 이와 같은 극단적 이분법은 그 어느 중간 지점을 허용하지 않고 타협을 배격하는 종교적 주술 행위에 가깝다고 생각한다.

진보 진영엔 어떤 내부 비판이 보수 쪽 주장과 눈곱만큼이라도 통하는 게 있으면 '새누리 2중대'라고 욕하는 아주 못된 버릇이 있다. 진중권역시 과거에 '새누리 2중대'라는 비난, 아니 비난이라고도 할 수 없는 모함성 악담을 수없이 들었던 피해자다. 그랬던 그가 그 수법을 그대로 쓰는 가해자로 돌변하는 걸 어찌 상식으로 이해할 수 있겠는가. 진중권은 국민의당을 비난하면서 국민의당이 새누리당 주장대로 비례대표를 줄이고 지역구를 늘리는 선거구 획정안을 받아들이기로 했다는 보도를 링크시킨 뒤, "보세요. 하는 짓마다 새누리 2중대입니다"라고 주장했다.[21] 그가 이미 종교적 주술 행위에 빠져들지 않았다면, 이걸 어찌 이해할 수 있겠는가 말이다.

「'누리과정 예산' 문제도 더민주·국민의당 딴소리」라는 제목의 『경향신문』 기사엔 "철수야……인자 닥대가리한테 붙을라꼬?"란 댓글이 달렸는데, '추천 27, 반대 1'이다(2016년 1월 24일 기준).[22] 진보 사이트엔 이런 식의 댓글과 지지가 흘러넘친다. 진중권은 자신의 '새누리 2중대'론의 정신에 충실한 이런 댓글들을 보면 흐뭇해지는 걸까? 정말 묻고

왜 진보의 이름으로 '정치 죽이기'를 하는가?

싶은 말이다.

더욱 고약한 건 진중권이 이른바 '이중구속double bind' 수법을 쓰고 있다는 점이다. '이중구속'은 문화인류학자 그레고리 베이트슨Gregory Bateson, 1904-1980이 정신분열증을 앓은 사람들이 어린 시절 부모에게서 상호 모순된 메시지를 받으면서 자랐다는 것을 밝히면서 제시한 개념이다. 한 사람이 둘 이상의 모순되는 메시지를 전하고, 그 메시지를 받은 사람은 그 모순에 대해 응답을 할 수 없는 상태를 말하는데, 이런 식이다. "아무도 화나게 하지 말고 감정을 상하게 하지도 말라. 그러면서도 속마음을 솔직히 털어놓아라."[23]

진중권은 다른 글에선 아주 점잖게 "이상적인 것은 국민의당이 중도층을 중심으로 영남 지역과 새누리 지지층의 일부를 끌어오고, 더민주가 전통적인 야권의 지지층을 결속하여 두 당이 시너지 효과를 내는 것이었지요. 이 경우 두 당의 합이 기존의 합을 넘어서는 포지티브섬 게임이 됩니다. 하지만 국민의당은 아쉽게도 호남 지역을 놓고 더민주와 경쟁하는 쪽으로 방향을 잡았습니다"라고 말한다.[24]

옳은 말씀이다. 이는 비단 진중권뿐만 아니라 많은 이가 지적하고 있으며, 나 역시 그렇게 생각한다. 그러나 국민의당으로선 그렇게 하고 싶어도 발목을 잡는 게 있다. 무언가? 최원식 국민의당 대변인의 입을 빌리자면, "새누리 지지층을 파고들려 하면 더민주가 '2중대'라고 한다".[25] 이건 아주 치명적인 발목잡기다. 유권자들의 뇌리에 '새누리 2중대'로 각인되는 순간 국민의당은 망하게 되어 있다.

그런데 진중권은 국민의당이 중도층을 중심으로 영남 지역과 새누리 지지층의 일부를 끌어와야 한다고 하면서도 "국민의당은 하는 짓마다 새누리 2중대"라고 비난한다. 어쩌라는 건가? 국민의당을 확실하게 확인사살하기 위해 꾸민 함정인가? 국민의당이 영남 지역과 새누리 지지층의 일부를 끌어오기 위한 행보를 적극적으로 보이는 순간 "국민의당이 하는 짓마다 새누리 2중대라는 건 움직일 수 없는 사실"이라고 못박으려고 그러는 거냐는 말이다. 그런 의도된 함정이 아니라면 자신도 어찌할 수 없는 분열증 때문인가?

'포지티브섬 게임'이 필요하다는 진중권의 주장을 보도한 『인터넷 한겨레』기사엔 이런 댓글이 달렸다. "진중권이 옳은 말 했는데, 안철수 처음부터 새누리 2중대니, 세작이니 하는 말이 없어 좀 아쉽긴 하지만." 이 네티즌 역시 도저히 양립할 수 없는 두 가지를 동시에 원한다는 점에서 분열증을 보이고 있다. 특정 정파를 넘어 한국 정치가 잘 되기를 바라는 사람으로선 "어쩌란 말이냐"라고 울부짖는 가요라도 불러야 하나? 어느 네티즌은 진중권을 '탁견과 혜안의 선구자'로 칭송하지만,[26] 그것보다는 '이중구속 활용의 선구자'라고 하는 게 공정한 평가가 아닐까?

그게 아니라면, 애써 선의 해석을 해보자면, 이런 이야기인 것 같다. 국민의당이 명실상부한 '새누리 2중대' 노릇을 해야 영남 지역과 새누리 지지층의 일부를 끌어오는 데에 유리하니, '새누리 2중대'라는 비난을 고맙게 여겨라. 뭐 그런 이야기인가? 새누리당 혐오로 인해 판단력이 흐려진 건가? 영남 지역과 새누리 지지층의 일부를 바보로 아느냐 이 말이다. '새누리 2중대', 그것도 '쓰레기' 아니면 '고름'일 뿐인 호남 비노 의원들이 중심이 된 '새누리 2중대' 정당의 탄생과 성공으로, 무슨 '시너지

왜 진보의 이름으로 '정치 죽이기'를 하는가?

효과'며 '포지티브섬 게임'이 가능하단 말인가?

진중권의 재능과 지성을 높이 평가해온 나로서는 그가 기성 매체들과 다를 바 없는 '전략, 전술, 속셈, 음모' 중심에 욕설까지 가미한 미니 정치 평론을 양산해내는 게 안타깝다. 자신의 진보 이념이나 노선에 걸맞은 이슈 중심으로 갈 수는 없는 걸까? 물론 그렇게 하면 기성 언론이 그의 트위터 발언을 더는 중계 보도하지 않겠지만, 이미 유명해질 대로 유명해진 그가 무슨 명성을 더 얻겠다고 그러는 건지 도무지 이해할 수가 없다. 그냥 '심심풀이 땅콩'으로 하는 일을 내가 너무 과대평가하는 건가? 자신의 영향력을 과소평가하는 건 결코 겸손이 아닐 뿐더러 무책임하다는 말씀을 드리고 싶다.

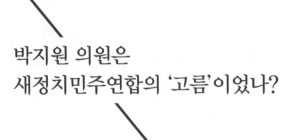

박지원 의원은
새정치민주연합의 '고름'이었나?

『인터넷한겨레』에 「진중권 "새정치, 더 험한 꼴 보기 전에 헤어져라" 독설」이라는 문제의 기사엔 "아무리 그래도 할 말이 따로 있지 헤어지라는 말을 하냐? 싸우다가도 뭉치고 뭉치다가도 싸우는 게 정당 정치다", "그래서 어쩌라고……새정연 해체 돼서 뿔뿔이 나누었으면 좋겠어? 야당들 지리멸렬해서 힘도 없이 정부 여당 견제 못했으면 좋겠냐고……새누리 일당 체제 됐음 좋겠냐고……그래도 정부 여당에 견제 당은 있어야 할 거 아니냐고 대안 있나?"라는 댓글이 달렸다. 반면 어느 네티즌은 "호남이 응당하게 자기 몫을 가지려고 하는 건지……호남 계파 의원들이 자기 몫을 가지려고 하는 건지 잘 구분해야 하지 않을까?"라면서도 "요즘 꼬락서니 보면 정말 갈라서는 게 답이 아닌가 싶기도 하다"고 했다.

"더 험한 꼴 보기 전에 헤어져라"는 진중권의 요구에 따른 건 아니지만, 어찌되었건 헤어졌다. 그러나 진중권의 비난은 멈출 줄을 모른다.

진중권은 2016년 1월 22일 박지원 의원의 더불어민주당 탈당과 관련, "결과적으로 안철수가 새정연의 고름을 깔끔하게 짜내 간 셈이 됐다"고 했다.[27] '고름'이 '쓰레기'보다는 나은 표현인가?

김욱의 『아주 낯선 상식』이라는 책을 염두에 둔 걸까? 진중권은 2016년 1월 21일 자신의 트위터를 통해 "'호남의 세속적 욕망' 운운하는 사람들에게는 안철수도 결국 경상도 사람이거든요"라며 "호남 지역주의 엘리트들 시다바리 해주는 역할을 넘어 그들에게 헤게모니를 행사하려 드는 순간 바로 영남패권주의자로 낙인찍힐 겁니다"라고 말했다.[28] 이 발언을 보도한 『뷰스앤뉴스』엔 "요즘 이 양반 안철수당을 향해 악담하기를 하루를 거르지 않네 그랴"라는 댓글도 있지만, 대부분 지지 일변도다. 이런 댓글들마저 달렸다.

"어리석은 국부당을 제대로 짚은 정확하고 예리한 분석이네요. 어리석은 라도민들에게 제대로 알려줘야지요." "호남패권주의와 안철수 대권 병 합작으로 궁물당이란 괴물이 나온 거죠." "명박이 자본으로 매수한 광주전남의 어용 교수 종교인 고위 공무원 등의 하수인들을 이용한 안철수 키우기, 이런 여론 호도는 보기 좋게 성공했지." 이 주장들은 각각 '찬성 50, 반대 0', '찬성 30, 반대 0', '찬성 50, 반대 0'으로 모두 지지를 받았다(2016년 1월 23일 기준).

놀랍고도 흥미롭다. 진보를 자처하는 사람들의 그런 이상한 종교적 열정이 말이다. 20여 년 전 『김대중 죽이기』라는 책을 냈을 때에 내가 주로 싸워야 했던 대상이 보수가 아니라 진보였다는 점을 감안하면 당연한 일인지도 모르지만, 20여 년간 아무런 변화도 없었다는 게 안타까울 따름이다.

20여 년 전에도 가장 많이 들었던 반응이 바로 '엘리트 대 민중'이라는 이분법이었다. 당시 진보 좌파들은 내 책에 대해 김대중이라는 호남 엘리트를 호남 민중과 동일시해선 안 된다고 비판했다. 그때 지긋지긋할 정도로 많이 들었던 이야기를 20년이 지난 지금도 다시 듣게 되니, 어찌 세상은 이리도 변하지 않는 건지 좀 징그럽다는 생각도 든다.

앞서 말했듯이, 호남 엘리트 비판은 호남 내에서도 왕성하게 나오는 것인지라, 호남인은 이와 같은 비판에 "어 좀 이상하네" 하면서도 수긍할 수밖에 없는 게 현실이다. '엘리트 대 민중'이라는 이분법은 나 역시 가끔 쓰는 것이긴 하지만, 왜 호남 이야기만 나오면 그걸 철칙처럼 써먹으려 드는 걸까? 뭔가 좀 따져볼 점이 있지 않을까? 사실 어느 지역을 막론하고 현역 의원 물갈이는 정치인 혐오가 극에 이른 한국에서 가장 손쉬운, 아니 손 안 대고 코 풀 수 있는 최상의 카드이기에 혁신의 슬로건처럼 여겨지는 게 현실이다. 나는 이런 문제의식을 「정치인은 메르스인가?」라는 『한겨레』(2015년 6월 29일) 칼럼에서 다음과 같이 밝힌 바 있다.

왜 진보의 이름으로 '정치 죽이기'를 하는가?

정치인은
메르스인가?

　새정치민주연합이 김상곤 혁신위원회를 출범시키면서 내건 슬로건은 '육참골단肉斬骨斷(자신의 살을 베어주고 상대의 뼈를 끊는다)'이다. 조국 서울대학교 교수가 제안한 것이지만, 문재인 대표가 "육참골단의 각오로 임하겠다"고 말함으로써 사실상 혁신의 기본 노선이 되었다. 자신의 살을 베어주는 건 각오의 문제를 넘어서 조국 교수의 '현역 의원 40퍼센트 이상 물갈이'론이 시사하는 바와 같이 혁신의 핵심 의제가 되었기 때문이다.

　이와 관련, 정해구 성공회대학교 교수는 「새정치민주연합의 '마지막 혁신'」이라는 제목의 『경향신문』 칼럼에서 "김상곤 혁신위가 가장 중점적으로 수행해야 할 혁신 과제는 내년 총선을 대비한 공천 혁신의 방안을 제시하는 문제"라며 다음과 같이 말한다.

　"그러나 여기에서 보다 중요한 것은 그 방안만큼이나 그 수준이 중요하다는 점이다. 물갈이 여론이 드높은 국민의 요구 수준과 이에 대해 당연히 저항할 당내 현역 의원들의 이해가 충돌하는 모순적인 상황에서 국민의 요구를 어떻게, 어느 정도 관철해낼 수 있는가가 바로 그 문제다. 당이 분열되지 않는 최저선을 지키면서도 높은 물갈이를 요구하는 국민의 기대 수준에 최대한 부응할 수 있는 엄정하고 공명정대한 공천 혁신의 방안 마련이 필요한 것이다."

새정치민주연합의 혁신을 바라보는 민심을 잘 대변해준 말이 아닌가 싶다. 사실 물갈이가 곧 혁신으로 통하는 건 어제 오늘의 일이 아니다. 정치 혐오를 넘어서 정치 저주가 일상화된 한국 사회의 오랜 전통이다. '40퍼센트 이상 물갈이론'에 동의하냐고 주변에 물어보라. 동의하지 않는 사람을 찾기 어려울 것이다. 심지어 100퍼센트 물갈이를 해야 한다고 주장하는 사람도 많다. 그런데 이게 과연 혁신일까?

우리는 사회의 어떤 곳이 아무리 부패와 무능의 악취를 풍긴다 해도 물갈이를 주장하진 않는다. 사안별 응징만을 요구할 뿐이다. 국민적 분노를 유발한 대형 사건들이 터졌어도 우리는 관료나 군 엘리트의 물갈이를 요구하진 않았다. 타락과 무능으로 비판받는 대학이 있다고 해서 해당 대학 교수의 40퍼센트, 아니 4퍼센트 물갈이조차 주장하지 않았다. 그런데 왜 우리는 특정 지역 유권자의 손으로 뽑힌 사람들에게 그 지역 유권자도 아니었던 사람들이 나서서 물러날 것을 요구하는가?

답은 간단하다. 우리의 민주주의는 '시민 없는 민주주의'기 때문이다. 시민은 평소 정당과 정치인을 메르스처럼 대하면서 선거 때만 표를 던지고 후닥닥 손을 씻는 구경꾼에 불과하다. '시민 있는 민주주의'로 나아가는 것은 대한민국을 전면 개조하는 것만큼이나 어려운 일이라고 지레 포기하고, 구경꾼들의 박수를 받을 수 있는 일에 몰두하는 게 지금껏 우리가 봐온 혁신의 전부였다. 유권자들이 그런 보여주기식 이벤트에 염증을 내자 혁신을 부르짖는 말들은 갈수록 과격해지고 있다.

이런 혁신은 유권자들을 존중하는 것 같지만, 실은 그들을 응석받이 어린애처럼 여기면서 영원히 구경꾼에 머무르게 하는 것에 불과하다. 유권자들에게 아첨만 할 것이 아니라, 그들에게도 요구할 게 있다는 발상의 전환이 필요하다. 혁신은 대중의 일상적 삶에서 '정당·정치인의 메르스화'를 깨는 시도에서부터 출발해야 한다. 그것 없인 민의를 반영하는 시스템과 '게임의 룰'을 세우는 일 자체가 원초적으로 불가능하기 때문이다. 그런 큰 그림을 그려 제시하면서 유권자들의 인내와 참여를 낮은 자세로 요구해야 한다.

어느 세월에 그 일을 할 수 있느냐고? 맞다. 바로 이런 반문이 모든 문제의 정답이다. 오직 다음 선거만을 내다보는 성급함과 그에 따른 참을 수 없는 가벼움, 그리고 그 과정에 연탄가스처럼 스며드는 계파 패권주의, 이게 바로 야당을 골병들게 만드는 주범이다. 주요 이슈에 대한 이렇다 할 대안도 없이 증오를 동력으로 삼는 '심판과 응징'에 몰두하다가 종국엔 일을 그르치는 건 지겨울 정도로 많이 보아온 장면인데, 혁신마저 그런 모델에서 벗어나지 못하고 있다. 우리는 학생들의 벼락치기 공부에 곱지 않은 시선을 보내면서 왜 정당의 혁신에 대해선 벼락치기 승부수를 보이지 않느냐고 몰아세우는 것일까?

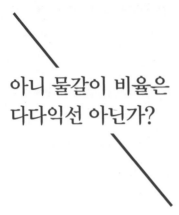

아니 물갈이 비율은
다다익선 아닌가?

이 칼럼에 'Top Comment'로 "강준만이 바로 네가 메르스다. 그 험한 입을 다물고 사라지거라"라는 댓글이 달려 쓴웃음을 지었지만, 이 댓글이 시사해주는 건 있다. 정치인이 아닌 제3자에게도 정치 혐오에 대한 도전이 결코 쉽지는 않다는 것이다. 2015년 12월 30일 시민단체인 참여자치21이 광주 지역 국회의원들을 평가하는 여론조사를 한 결과도 그 점을 말해준다. 2016년 4월 총선에서 지역구 현역 의원의 거취에 대해 응답자의 64.0퍼센트는 '교체되기를 바란다'고 답했으니 말이다.[29]

광주 지역 여론도 그러하니, "호남 민심이 야당에 바라는 것은 호남 의원들을 교체하라는 것이다. 그 민심을 떠받드는 게 호남 탄압이냐? 호남 꼴통 의원들의 불이익을 호남민의 불이익인 것처럼 왜곡하고 있다"는 말이 일견 설득력을 가질 수도 있겠다.

사실 서울대학교 교수 조국이 제시한 육참골단의 실천 지침도 구체적으론 '호남 현역 의원 40퍼센트 이상 물갈이'론이었다. 호남만 육참골

왜 진보의 이름으로 '정치 죽이기'를 하는가?

단을 하라는 것이다. 늘 이런 식이었다. 지난 19대 총선 때 전북 의원 11명 가운데 7명이 초선인 것도 바로 그런 발상에 근거한 지침의 결과였다. 지역에선 아무것도 모르는 초선 의원이 너무 많아 전북이 엉망이 되었다는 비판의 목소리가 높다. 마땅히 챙겨야 할 것도 못 챙기는 무능의 극치를 보이고 있다는 것이다.

전북 의원들이 광주전남 의원들과 달리 탈당파가 많지 않은 이유도 전북 정서가 광주전남 정서와 크게 달라서가 아니다. 이 지역 언론의 분석에 따르자면, 초선 의원들은 친노 공천의 혜택을 입은 사람들인바, 물갈이가 친노 계파 패권주의의 도구로 이용된 셈이다. 『전북일보』가 "친노가 많은 전북 출신 의원들이 당내에서 제대로 비판을 못하는 걸 상당수 도민들이 잘 안다. 자칫 문재인 대표 눈 밖에 났다가는 공천을 받지 못할까봐서 꿈쩍 안 한다고 여긴다"고 비아냥대는 것도 바로 그런 메커니즘을 지적한 것과 다름없다.[30]

유권자가 64퍼센트의 물갈이를 원한다면, 혁신을 하겠다는 사람들은 그 이상의 수치를 제시해야 혁신이라는 평가를 받을 수 있는 게 아닐까? 아니 물갈이 비율은 다다익선多多益善일 텐데, 아예 전원 교체 카드는 어떤가? 비아냥대느냐고? 물론 비아냥이다. 얄팍한 포퓰리즘의 전형, 이게 한국 정치를 망친다는 게 내 평소 주장이다. 나는 그런 강한 문제의식을 2015년 9월 21일 『한겨레』에 기고한 「'구경꾼 민주주의'를 넘어서」라는 칼럼에서 피력한 바 있다. 다음과 같은 내용이었다.

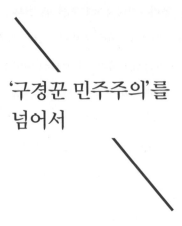

'구경꾼 민주주의'를 넘어서

"지금의 새정치민주연합의 모습을 보면 악취가 진동하는 시궁창에서 서로 할퀴고 물어뜯는 지옥이 떠오른다."(『한겨레』 9월 12일치 사설) "이번 야당 내분 사태는 내년 4월 총선에서 나 하나 국회의원 자리를 챙기는 것을 앞세우는 이기적 정치꾼들이 득실대는 야당의 실정을 드러낸 셈이 됐다."(『조선일보』 9월 14일치 사설) "새정치민주연합의 내홍이 막장 드라마 수준을 넘어섰다."(『중앙일보』 9월 14일치 사설)

독설에 가깝지만, 그래도 유력 신문들의 공식적인 사설 지면이라 말이 점잖은 편이다. 인터넷, SNS, 택시, 술집 등에서 터져나오는 비난은 차마 글로 옮기기 어려운 욕설과 저주 일변도다. 미국의 독설가 앰브로즈 비어스Ambrose Bierce, 1842-1914는 정치를 "범죄 계급 중에서도 특히 저급한 족속들이 즐기는 생계 수단"이라고 했는데, 비어스의 후예들이 우리 사회 각 분야에 포진한 가운데 정치와 정치인에 대한 독설을 폭포수처럼 퍼붓고 있다.

왜 진보의 이름으로 '정치 죽이기'를 하는가?

모두 다 국민과 사회를 아끼고 사랑하는 충정에서 비롯된 분노라 믿어 의심치 않지만, 이거 하나는 짚고 넘어갈 필요가 있겠다. 지금 우리가 정치를 보면서 평가하는 방식은 '관중 스포츠 모델'이라는 점이다. 우리는 입장료를 낸 구경꾼들이다. 따라서 영 시원치 않은 경기에 대해 비난할 권리가 있다.

그런데 우리가 정치를 단지 구경거리로 소비하고자 한다면, 한국 정치인들은 탁월한 능력을 가진 선수들이라는 점을 인정해야 한다. 구경꾼의 분노와 저주를 유발하는 것은 결코 쉬운 일이 아니다. 분노와 저주는 관심의 산물이다. 욕하면서 보는 막장 드라마처럼, 우리는 욕할 만반의 준비를 갖춘 채 다음에 나올 정치 뉴스를 기다린다. 배설 욕구에 굶주린 구경꾼들에게 이렇게 일관되게 분노와 저주의 대상이 될 수 있는 먹잇감을 제공해주는 고급 엔터테인먼트가 이 세상 어디에 있단 말인가.

그렇다고 정치인들에게 감사를 해야 마땅하다는 이야기를 하려는 건 아니다. 우리가 정치를 대하는 기본 틀을 성찰의 대상으로 삼아보자는 뜻이다. 유권자가 구경꾼으로만 머무르는 '구경꾼 민주주의'라는 틀을 그대로 두고선 달라질 건 아무것도 없다는 점을 인정하자는 이야기다. 우리는 일상적 삶에선 정치와 정당을 근접해선 안 될 '시궁창'처럼 대하면서, 그 시궁창이 시궁창답지 않기를 바라는 모순을 저지르고 있다.

우리의 '구경꾼 민주주의'는 구경꾼들에 대한 아첨을 일삼는 민주주의다. 사회적으로 무슨 일이 생기건 구경꾼들은 면책 대상일 뿐만 아니라 피해자라고 하는 담론이 우리 사회를 지배하고 있다. 정치인이 구경꾼의 문제를 지적하긴 어렵겠지만, 왜 표를 얻는 일에서 자유로운 언론과 시민사회까지 그래야만 하는가. 소비자를 황제처럼 떠받드는 '소비자 민주주의'의 포로가 되었기 때문이다. 겨우 소비자의 윤리와 책임을 묻는 일마저 엘리트주의로 여기는 이상한 미신이 횡행한 탓도 크다.

언론은 그런 '소비자 민주주의'의 선봉에 있다. 정치인들의 뒤만 좇는 기존 보도 관행을 의심해보는 것도 필요하겠건만 그걸 움직일 수 없는 자연의 법칙처럼 여긴다. 우리가 원하는 민주주의가 시민의 능동적인 참여를 전제로 하는 것이라면, 정치 보도와 논평의 절반은 구경꾼으로 전락한 시민들을 대상으로 삼는 게 옳지 않은가? 그렇게 하다 보면, 구경꾼들의 문제가 정치꾼들의 문제 이상으로 심각하다는 것이 밝혀질 것이다. 유권자의 대다수가 구경꾼 노릇을 하는 가운데 전체 유권자의 1퍼센트도 안 되는 과격파 또는 '순수주의자들'이 타협을 적대시하는 열성적 참여를 하면서 정치인들에게 큰 영향을 미치고 있는 현실도 눈에 들어올 것이다.

대중문화학 분야에서 '스타 연구'는 '팬덤 연구'와 균형을 이룬 지 오래다. 스타 현상은 '공급'뿐만 아니라 '수요' 측면도 살펴봐야 온전히 규명될 수 있기 때문이다. 우리는 공급에만 매달리는 공급 중심 경제학의 보수성을 규탄하면서 어인 이유로 정치만큼은 여전히 공급 분야에만 집착하는가? 공급과 수요의 균형을 중시하면서 유권자가 책임을 분담할 때에 한국 정치의 살길이 열린다고 말하는 분이 많아지길 소망한다.

왜 진보의 이름으로 '정치 죽이기'를 하는가?

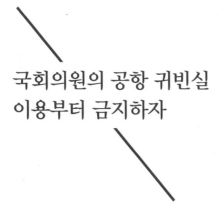

국회의원의 공항 귀빈실
이용부터 금지하자

이 칼럼엔 "강준만 씨는 이제 글쟁이로서의 영향력이 보통 이하로 떨어진 느낌입니다. 글이 새롭지도 날카롭지도 않아요. 그의 때가 지난 듯합니다." "강준만 이 사람 젊었을 때에는 괜찮은 말을 제법 쏟아냈는데 나이가 드니 김지하 씨 짝 나는 건 아닌지 걱정이 든다"는 댓글들이 달렸다.

과거의 나를 과대평가해준 것이 고맙거니와 이런 비판의 취지를 잘 알 것 같다. 생각해보자. 유권자는 물갈이 비율이 높을수록 박수를 보낼 것이다. 왜? 그들은 정치인을 국민 뜯어먹고 사는 기생충 집단 비슷하게 보고 있으며, 그런 인식엔 최소한의 그럴 만한 근거는 있기 때문이다. 이런 생각에 대한 이의 제기는 환영받기 어렵다. 어떻게 해야 그런 정치 혐오를 사라지게 할 수 있을 것인가? 지금과 같은 '구경꾼 민주주의'라는 틀을 그대로 두고선 달라질 건 아무것도 없다는 게 내 주장이다.

그럼에도 굳이 인위적인 현역 의원 물갈이가 필요하다고 한다면 그건 제도화되어야 한다. 선거 앞두고 정치 혐오 여론을 등에 업고 벼락치기로 규칙을 정하는 그 지긋지긋한 계파 간 음모·투쟁 행각에 비난을 퍼부어야 한다. 평소에 그 어떤 계파도 수긍할 수 있는 합리적이고 탄탄한 규칙을 만들어야 한다는 말이다. 조국처럼 당파적인 대학 교수가 나서서 물갈이 가이드라인을 정하고 정당이 그걸 따르는 미친 짓은 더는 하지 말아야 한다. 댓글을 달 정도로 정치에 관심과 열정이 있는 유권자들은 국회의원의 특권 폐지를 먼저 요구해야 한다. 저절로 물갈이되는 효과가 있기 때문이다.

국회의원 대다수가 깨끗하고 유능하게 헌신적으로 일만 잘한다면, 다선多選일수록 오히려 좋은 점도 있는 게 아닌가? 아니 좋은 점도 있는 수준이 아니다. 정치 혐오에 사로잡힌 사람들은 그저 자꾸 물갈이만 하면 좋은 줄 알지만, 국회가 관료에게 잡아먹히는 건 전혀 생각 못한다. 이건 나중에 이야기하기로 하자.

'구경꾼 민주주의'라는 틀을 바꾸는 게 하루아침에 될 일은 아니지만, 의원들이 당장 할 수 있는 일은 있다. 국회의원 업무에 지장을 초래하지 않는 선에서 모든 특권을 없애버리고 좀더 낮은 곳으로 임해 유권자들과 눈높이를 맞추면서 소통하는 것이다. 지나치게 혁신적인 게 아니냐고? 이는 보수의 아이콘인『조선일보』김대중 고문도 원하는 것이다. 그는 "우리 수준에서 이만큼 특권 덩어리인 '귀족 국회'는 전 세계에 유례가 없다"며 다음과 같이 말한다.

"우선 세비만 해도 1억 5,000만 원 선으로 미국·일본보다는 낮고 프랑스·독일·영국보다 약간 높다. 하지만 GDP 수준을 감안하면 우리가 주요 선진국의 2배 안팎 높다.……비가 올 때 대통령이 손수 우산을 펴 드는 장면에 감명 받는 우리 국민이라면 자기 차량을 손수 운전하고, 보좌관도 없이 손수 가방 들고 출장 가고, 비행기 이코노미석 타며, 명패 없는 나무 의자에 앉아 의정議政을 챙기는 국회의원의 모습에도 감동할 것이다."[31]

나는 이 주장에 지지를 보낸다. 이건 국회의원들이 마음만 먹으면 아주 쉽게 할 수 있는 일이 아닌가. 그런데 그들은 하지 않는다. 애초부터 봉사가 아니라 모든 면에서 갑질할 수 있는 특권을 누리기 위해 국회의원이 되었기 때문일까? 대다수 국회의원들은 유권자들의 정치 혐오를 무서워하지 않는다. 아니 그들은 오히려 정치 혐오를 증폭시키기 위해 애를 쓴다. 과거 국회에서 몸싸움이라든가 지금도 심심하면 터지는 '막말 파동'을 수반한 정치인들 사이의 이전투구泥田鬪狗와 계파 이익을 위한 권모술수權謀術數 등은 대중의 정치 혐오를 키움으로써 그들의 기득권을 보호해준다. 과거 과자가 귀하던 시절 어린애들이 과자에 침을 퉤퉤 뱉어놓음으로써 자기 소유권임을 분명히 해놓는 것과 비슷한 이치다.

운동권 체질을 가진 정치인들에게도 그런 소유욕이 없진 않겠지만, 그들은 진영 논리와 투쟁을 중요하게 여기기 때문에 특권 내려놓기를 사소하게 생각한다. 2014년 2월 당시 민주당 대표 김한길의 '국회의원 특권 내려놓기 혁신안'을 보자. 김한길은 기자회견에서 "국회의원의 시각이 아니라 국민의 시선으로 국회의원을 바라본 결과를 온전히 수렴했다"며 가칭 국회의원 특권방지법 제정안을 공개했다. 여기엔 정치자금 편법 모금 창구로 전락했다는 비판을 들어온 출판기념회 비용과 수익을 정치자금법에 준해 선관위에 신고하도록 해 '검은 돈' 논란을 종식시키고, 5만 원을 초과하는 선물·축의금·부의금 등을 주고받을 수 없도록 하는 내용이 들어 있었다. 또 직무 연관성이 없더라도 금품을 받은 공무원은 형사 처벌하는 이른바 '김영란법' 제정과 부정부패에 연루된 국회의원을 유권자가 직접 심판할 수 있는 국민소환제 도입도 제안했다. 국회의원의 공항 귀빈실 이용도 금지키로 했다. 김한길은 "특권방지법의 철저한 집행·징계를 위해 국회에 의원 윤리감독위를 설치할 것"이라며 "국회의원 세비 심사위도 설치해 국민 눈높이에 맞는 세비 책정을 추진하겠다"고 설명했다.

당시 이 혁신안에 대해 정청래 의원은 트위터에 "축의금·부의금이 어떻고가 아니라 지금 국민이 듣고 싶어 하는 것은 부정선거 특검을 어떻게 할 것인지, 안철수 의원의 신당과는 뭐가 다르고 앞으로 야당성을 어떻게 회복할 것인지이다"며 "이에 대한 명확한 답이 필요하다"고 비판했다. 김광진 의원은 의총에서 "진정한 새정치는 국회의 권한을 강화하는 데 있다"는 반론을 내놓았다.[32] 특권 내려놓기도 하면서 동시에 '야당성 회복'과 '국회 권한 강화'를 하면 안 되는 걸까?

왜 진보의 이름으로 '정치 죽이기'를 하는가?

"도둑놈들 사이에서도
분배의 정의가 필요하다"

　"나는 무조건 야당만 찍는다. 이회창이 잘나서도 노무현이 못나서도 아니다. 정권교체를 해야 권력으로 해먹지 못하게 된다. 이런 정권교체를 열 번쯤 해야 깨끗해진다."[33] 보수 논객 조갑제가 2002년 12월 19일 오전 10시 투표를 하고 회사로 가는 택시를 탔는데 경기도 평택이 고향이라는 50대 초반의 기사가 한 말이라고 한다.

　지금 한국 정치는 유권자가 볼 때엔 좌우左右의 싸움도 아니고, 진보-보수의 싸움도 아니다. 출세한 사람과 출세하지 못한 사람들 사이의 싸움일 뿐이다. 선거철에 유권자들에게 물어보라. 어디에서건 "그만 하면 많이 해먹었잖아!"라는 말을 쉽게 들을 수 있다. 고위 공직을 출세로 간주하는 유권자들은 돌아가면서 나눠 먹으라는 '분배의 정의'에 투철하다. 선거 때마다 '물갈이'가 대폭 이루어지면 언론과 지식인들은 그럴듯한 분석을 내놓지만, 물갈이의 주요 원인은 정치인과 고위 공직자는 자신의 출세욕 충족을 위해 국민을 뜯어먹고 사는 사람들이라고 보는 유권자들의 시각이다.

요컨대, 유권자들이 현역 의원 물갈이를 원하는 것은 그렇게 해서 정치가 바뀔 것이라고 믿기보다는 "도둑놈들 사이에서도 분배의 정의가 필요하다"고 보는 투철한 분배 정의 차원에서 그러는 것임을 알아야 한다. 한 네티즌의 다음과 같은 주장은 전적으로 동의할 순 없을망정, 선거 때마다 외치는 '물갈이'와 '인재 영입'이 유권자들도 동참한 집단 사기 극에 가까운 쇼라는 걸 말해주는 데엔 부족함이 없다 하겠다.

"영입 인사! 참 우스운 말이다. 낙하산과 비교해보라. 정치를 전혀 모르는 신인이 무슨 영입 인사인가? 이제 초년생이 뭐 대단하다고 난리 인가? 그러다 보니 신인 정치인 문재인과 안철수가 이 나라를 얼마나 정치 후진국으로 만들어놨는가? 도덕적 흠집이 없는 오랜 경험의 정치 전문가가 오히려 우리 정치에는 필요하다. 그저 언론에서 요란하게 떠들어대니 국민들은 별 생각 없이 사람 몇 명 바꾸는 것을 보고 감동까지 한다. 참 희한한 나라다. 모두 정신들 차리자. 인물이 없어서 우리 정치가 이렇게 후진성을 갖고 있는 것은 아니다. 지역정치, 동창정치, 안면정치에서 국민들이 헤어나지 못하기 때문이다."[34]

성공회대학교 사회과학부 교수 김동춘도 "인재 영입 이벤트로 지지율은 올릴 수 있지만, 지역이나 중앙에서 당에 헌신해온 많은 당 간부들은 또다시 좌절감을 느낄 것이다"고 말한다. "그리고 영입 인재의 대부분은 이미 성공한 엘리트들이므로, 성공하지 못한 대다수 국민들은 정치의 주역이 아닌 또다시 구경꾼으로 전락한다. 게다가 성공하고 유명해진 사람은 정치로 간다는 공식을 또다시 반복하여 전문가 집단의 자존심을

왜 진보의 이름으로 '정치 죽이기'를 하는가?

뭉개고, 자신의 직업 세계에 충실하면서 정치와 사회를 변화시켜야 한다는 현대사회의 대명제를 묵살하는 나쁜 관행을 확인하는 절차다."[35]

덕성여자대학교 정치외교학과 교수 조진만도 "정당이 인재 영입에 정치적 사활이 걸려 있다고 생각했다면 지금까지 그 긴 시간 동안 무엇을 한 것인가. 정당은 항상 선거를 코앞에 두고야 인재 영입에 열을 올리고, 또 그때가 돼서야 정치권을 기웃거리는 선수들이 나타난다. 인재 영입을 위한 정당의 공식 기구와 절차들이 분명 존재하는데, 이를 통해 영입된 인사들이 누군지 알 수 없다. 오히려 정치인 누구와 친분이 있는지가 더 강조된다. 이러한 이유로 정당 지도자가 삼고초려三顧草廬해 모셔왔다고 해도, 방송을 통해 대중적 인지도를 쌓은 인사들이 자발적으로 정치에 도전하겠다고 나서도 많은 국민이 감동을 받지 못한다"며 다음과 같이 말한다.

"갑자기 외부에서 영입된 인사들이 정당 내부의 인사들보다 더 대접을 받는다면 누가 정당에서 일을 하겠는가. 정치에 꿈을 갖고 있는 우수한 젊은 인재들이 정당에서 헌신적으로 일을 하고 실제로 정치인이 돼야 한다. 그래야 한국의 민주주의가 좀더 나아지고 희망이 생긴다.…… 정당이 큰 인물을 모셔오면 그동안 해온 일들에 많은 변화가 생긴다는 점도 문제다. 즉 정당의 지도자가 바뀌면 자기 입맛대로 정당에 근본적인 변화를 도모하려고 한다. 한국의 정당들이 제대로 시스템을 갖춰 운영되지 못했고, 비전이나 정책 등에 있어서 국민적 공감대를 이끌어내지도 못했기 때문이다. 정당이 스스로 제 역할을 하지 못해 당하는 일종의 수치이자 자승자박自繩自縛적 상황이다."[36]

"모바일 투표는 민주주의의 적, 현역 물갈이는 기만 행위"

참여정부 시절 대통령 정책실장을 지낸 김병준 교수도 나와 비슷한 생각을 갖고 있어서 반갑다. 그는 2015년 12월 29일 국회 헌정기념관에서 '의제와 전략그룹 더모아'와 공공경영연구원이 공동 주최한 '2016 한국의 의제' 토론회 발제에서 시민의 정치 참여 제고를 제안하면서 모바일 투표에 대해 "정서적·감정적 참여, 파편적 의견이 주도하는 참여는 오히려 민주주의의 적이 될 수 있다"고 비판했다. 또 그는 "(국회의 기득권을 비판할 때는) 급하면 동료 의원들에게까지 십자가를 씌워 도마뱀 꼬리 자르듯 목을 친다. 현역 물갈이라는 게 바로 그런 것 아닌가. 심각한 기만 행위"라고 했다. 그는 "기존 정치권 내 세력은 그 세력이 그 세력"이라며 아래로부터의 개혁, 지방자치 차원부터의 개혁을 강조했다.

이에 대해 『국민일보』 김영석 기자는 "더불어민주당 내 비노(비노무현)계가 모바일 투표와 현역 물갈이 작업과 관련해 친노(친노무현)계를 비판하는 점을 감안하면 이 같은 지적은 일부 친노계를 향한 것이라는 해

왜 진보의 이름으로 '정치 죽이기'를 하는가?

석이 나온다"고 했는데,[37] 친노 지지자들은 '모바일 투표와 현역 물갈이 작업'을 대단한 혁신 작업이라 되는 양 추켜세우며, 그에 대한 문제 제기를 수구적 저항으로 몰아붙이는 이상한 종교적 열정에 사로잡혀 있는 게 현실이다.

김병준은 정치인 개개인의 의지가 좋은 방향으로 살아나지 못하게 하는 구조적 요인들, 즉 우리 특유의 지역 구도, 기득권에 안주한 양당 구조, 잘못된 선거제도와 문화, 수명을 다한 의회주의, 대통령과 국회에 모든 결정권이 집중되어 있는 시대착오적 국가 운영체계 등에 주목해야 한다고 말한다. 그는 "그럼에도 이 문제에 대한 정치권의 인식은 천박하기 짝이 없다. 기껏 생각한다는 개혁이 모바일 투표에 오픈 프라이머리 등이다. 주로 당내 경쟁을 정리하기 위한 것으로 그나마 정치 개혁을 위해서가 아니라 당내 헤게모니를 장악하기 위한 수단으로 제기된 것들이다"며 다음과 같이 말한다.

"이런 가운데 '인재 영입'을 한단다. 병든 땅에 새로운 씨앗과 묘목, 심지어 잘생긴 고목까지 심겠다는 말이다. 청년 사업가에 교수, 의사, 그리고 잘 알려진 원로까지 줄줄이 끌어들인다. 그러면서 말한다. '이들이 당을 바꾸고 정치를 바꿀 것이다.' 속임수다. 뭐가 달라지겠는가? 사람 변수를 무시하는 것은 아니다. 사람에 따라 잘못된 환경과 구조를 조금은 바꾸어놓을 수도 있다. 그러나 병든 땅은 넓고 이들의 힘은 미약하다. 무엇을 크게 기대하겠는가.……영입 인사에 주목할 이유가 없다. 어느 당이 되었건 그렇다. 많은 경우 그들은 정당의 못난 얼굴을 감추는, 말하자면 분식粉飾의 수단일 뿐이다. 그들의 인물됨이나 그들이 던지는 메시지에도 눈길을 줄 이유가 없다."[38]

그러나 인재 영입에 대한 이런 비판적 시각은 아직 주류 의견이 아니다. 아니 이단적인 생각에 속한다. 야당에선 호남 몰표는 즐기면서도 어떻게 해서건 호남 색깔을 지우기 위한 '정당 죽이기'가 개혁과 진보의 상징처럼 통용된다. 이와 관련, 김욱은 "공직 후보 선출권을 주도하는 주체는 당원인가 국민인가? 만약 그 주체가 국민이라면 비례대표 공천 및 선거제도를 포함해 모든 것을 처음부터 재검토해야 한다. 아예 정당의 존재와 역할에 대한 근원적 고민이 필요할 것으로 본다. 그게 망설여진다면 새정치민주연합 친노가 왜 정당 혐오적 휴대폰 프라이머리 경향을 보이는지 다른 측면에서 의심을 한 번 해보는 것도 효과적이다"며 다음과 같이 말한다.

"새정치민주연합의 호남 권리당원 비율은 55.5%인 데 비해 대의원은 15.7%다. 반면 영남 권리당원 비율은 3.3%인 데 비해 대의원은 18.5%다. 새정치민주연합은 지금까지 줄곧 이런 식의 지역별 보정제를 강조해왔다. 요컨대 새정치민주연합의 권리당원에서 호남이 차지하는 비중이 절대적이므로 영남 당원의 투표 등가성을 높여줘야 한다는 논리다. 영남은 복도 많다. 새누리당은 당 차원이든 정권 차원이든 호남을 위해 이런 배려를 꿈도 꾸지 않는데 새정치민주연합은 당 차원이든 정권 차원이든 얼마나 영남에 우호적인 정당인가? 그런데 이제는 이것도 부족해 당원을 아예 무시하고 '국민공천단 100%'를 개혁이라며 제시한 것이다. 호남은 이런 은폐된 투항적 영남패권주의 정당의 인질이 돼 일편단심 목을 매고 있다."[39]

"호남인들의 상실감을 교묘히 악용하는 난닝구들의 술책"인가?

　참으로 코미디 같은 이야기 아닌가? 호남 권리당원 비율은 55.5퍼센트인 데 비해 대의원은 15.7퍼센트인 반면 영남 권리당원 비율은 3.3퍼센트인 데 비해 대의원은 18.5퍼센트라는 게 말이다. 박근혜가 '영남정권'이라는 말에 어울리게끔 국가적 차원에서 호남 차별을 일삼고, 많은 사람에게 전라도당이라고 손가락질을 받는 야당 안에선 또 한 번 그런 차별이 저질러지고, 이게 도대체 무슨 짓인지 모르겠다.

　그렇게 인질 노릇을 해줘도 좋은 소리 하나도 못 듣는다. 호남의 물갈이 비율은 다다익선多多益善이라는 얄팍한 포퓰리즘이 기승을 부리는 판에 대고 '호남의 지역 이익' 하면 거친 욕을 먹는 게 현실이다. 나는 앞서 "마땅히 챙겨야 할 것도 못 챙기는 무능의 극치" 운운했는데, 이는 더러운 호남 지역 이기주의로 매도당하기 십상이다. 호남은 진보의 이름으로 그런 세속적 욕망이 없어야 한다는 전제, 이게 바로 김욱이 『아주 낯선 상식』에서 고발한 핵심 주장 중의 하나다.

아니 김욱 이전에 『오마이뉴스』 이주빈 기자가 2012년 대선 직후에 쓴 「"흩어진 꽃잎이 뺨을 때린다, 울지 마라 광주!"」라는 글이 바로 그 문제를 지적한 바 있다. 그는 "1980년 오월 이후 광주는 욕망의 도시가 되어선 안 되는 암묵적 강제를 받아왔다. '민주성지', '평화인권 도시' 따위의 슬로건은 광주의 저항이 '파괴된 일상'과 '억압받은 욕망'에 대한 분노였다는 것을 간과하게 만들었다"며 다음과 같이 말했다.

"광주에 대한 기득권을 쥐고 있는 세력은 다름 아닌 광주를 슬로건 속에 박제시킨 세력들이다. 이들은 그 슬로건 실행의 개념으로 '광주의 전략적 선택'이라는 용어를 만들어냈다. 나를 포함한 아둔한 지식인들은 그 용어가 전제하는 치명적 덫을 옳게 분별해내지 못했다. '광주의 전략적 선택'이란 용어엔 이미 욕망 배제, 가치 우선의 선택이 강제되어 있다. 거칠게 얘기해서 자신들은 줄곧 욕망의 선택을 해왔으면서 광주에게는 늘 가치 우선의 선택을 강요해온 것이다. 그리고 나 같은 언론인을 비롯한 지식인들은 그 강제에 부역했다. 광주가 욕망을 거세당한 죽은 도시가 되는 데 부역한 것이다. 부끄럽고, 죄스럽다."[40]

'전략적 선택'이란 무엇인가? 『오마이뉴스』에 「거세당한 호남에게, "욕망해도 괜찮아"」라는 제목으로 『아주 낯선 상식』에 대한 서평을 쓴 김병현은 "호남이 인구 열세를 극복하기 위해 전략적으로 영남 정치인을 후보로 내세워 목표로 지지한다는 의미다. 호남은 '광주학살'의 가해 정당이 정권을 잡지 못하도록 '분열 없는 반새누리당 전선'을 운명처럼 받아들여왔다. 이는 가혹한 조롱의 빌미가 되기도 했다"며 다음과 같이 말한다.

"'짠하디 짠한' 호남은 볼모로 잡힌 '전략적 선택'으로 치른 선거조차 새정치민주연합의 패배에 '오메, 으째야 쓰까'란 탄식을 내뱉어야만 한다. '반민주 세력을 집권시킬 수는 없다'란 겁박 앞에 '신성 호남'은 언제까지 이런 일을 반복해야 하는가. 이런 경향성에만 기대는 건 너무 비겁한 일이지 않은가. 야권 분열을 우려하면서도 호남에 대한 배려가 없다. 5·18 묘역을 찾아 참배하면서도 호남 정치인들에게 박하다. 몰표를 받아도 선거가 끝나면 전국당을 위해 호남색을 지워야 한다는 명분으로 등을 돌린다."[41]

　일부 독자들은 전혀 동의할 수 없다며 사나운 댓글을 올린다. "무식한 수준에 맞게 지역감정을 당연시하면서 조장하는군", "호남인들의 상실감을 교묘히 악용하는 난닝구들의 술책", "글 쓰는 자가 저런 사고방식이니 지역주의가 타파 안 되고 계속 여와 야가 아니라 영남과 호남이 이간질 당해 결국 국민이 패망하는 거야. 생각 있는 사람이라면 잘 분석해라. 밥그릇 지키려고 호남 팔이 하는 저 천정배 반드시 밟아버려야 한다."

　진중권이 "바지 까고", "엽기적 구태", "한심", "인두겁", "지랄", "배 째라" 등의 자극적 표현으로 이미 천정배와 안철수를 실컷 밟아주었으니, 이와 같은 생각을 가진 네티즌들이 진중권의 독설에 열광하는 건 당연하다. 이게 이 바닥의 시장 논리다.

'호남의 세속화'에 대한
홍익표의 오해

'호남의 세속화'니 '세속적 욕망'이니 하는 말에 대한 오해의 수준이 심각하다. 지난 2013년 박근혜 대통령을 '귀태鬼胎(태어나지 않아야 할 사람)의 후손'으로 표현해 파문을 일으켰던 홍익표 의원(서울 성동을·초선)이 2016년 1월 12일 페이스북에 올린 글이 그걸 잘 말해준다. 우선 지역주의나 지역감정에 대한 그의 이해 수준은 비교적 높은 편이라는 건 지적할 필요가 있겠다.

홍익표는 "나는 지난 시기 참여정부에 대해 상당히 비판적 입장을 취했다. 아마도 애정과 아쉬움의 또 다른 표현이라 생각한다. 여러 가지 요인으로 비판을 했지만 그중에서 중요한 요인 중의 하나가 참여정부의 지역감정에 대한 역사적 관점의 부재와 가치 판단의 오류 때문이었다. 우선 영호남의 지역주의의 태동과 전개 과정 그리고 현실에서의 영향력 등에 대한 역사적 맥락을 참여정부가 차별화해서 이해하지 못한 채 현실에서의 부정적 측면만을 갖고 동일시했다는 점이다"며 다음과 같이 말

왜 진보의 이름으로 '정치 죽이기'를 하는가?

한다.

"영호남의 지역주의는 사실상 박정희 독재정권의 정치적 이해로 인해 확대 강화되었다. 특히 정치적 라이벌인 김대중 전 대통령과 지지자들을 고립시키고 다수의 특정 지역을 적극적인 정권의 지지 기반으로 만들고자 한 것이다. 이러한 박정희의 시도는 일정 부분 성공했고 그의 장녀인 박근혜 대통령도 그 수혜를 받았다. 이러한 과정에서 영남의 지역주의는 우리 사회의 독재정권에 대한 지지 기반으로 보수, 기득권, 냉전과 반공 등의 가치를 내재하게 되었다. 반면 호남의 지역주의는 이에 맞서 야당의 지지 기반으로 상대적 진보성, 민주화, 저항, 남북화해와 평화 등의 가치를 대변하였다. 그러나 민주화 이후 특히 김대중 정부 이후 집권 세력으로서 일부 호남 정치인들의 폐해나 과오를 확대해석하여 영호남의 지역주의에 대해 동일시하는 우를 범했다. 특히 김대중 정부하에서 부패하거나 기득권화된 야당 정치인들의 경우 상대적으로 호남 출신들이 많을 수밖에 없었던 것도 이런 주장을 확산시킨 요인 중의 하나라 할 수 있다."

정확하진 않더라도 여기까진 아주 좋은데, 그다음 이야기가 문제다. 그는 "최근 들어 영남패권주의에 맞서 호남의 지역주의도 세속화해야 한다는 주장이 확산되고 있다. 일정 부분 타당성이 있는 것 같지만 이는 영호남 지역주의를 결국 동일시하는 우를 반복하고 있다는 점에서 큰 문제점을 야기시키고 있다. 이미 지적한 것처럼 역사적 맥락에 대한 고려가 결여되어 있다. 또한 이는 영남 중심의 패권주의를 정당화시키고 더욱 강화시키는 부작용을 초래할 것이다. 세속화되고 현실에서 차별 없는 양측의 지역주의 강화가 현실적 이해의 반영 또는 기득권 확대라는 관점으로 당연시될 것이다. 이 경우 이미 압도적인 위치에서 기득권을 장악하고 있고 인구 수도 배 이상인 영남(특히 대구경북) 중심의 기득권은 더욱 강화될 수밖에 없다"며 다음과 같이 말한다.

"결국 호남의 세속화는 정의롭지도 않고 실리적이지도 않다. 아니 어쩌면 호남도 충분히 세속화되었다는 점을 고려할 때, 이를 더 확대재생산하는 것은 영남패권주의를 정당화시키는 명분만 제공하게 된다. 조선 후기부터 한국의 근현대사에 걸쳐 호남의 변화나 움직임은 우리 사회 전체를 바꾸는 도화선이 되어왔다. 나는 근거도 거의 없는 호남 홀대론으로 민심을 어지럽게 하기보다는 호남 역할론으로 새로운 변화를 만들어야 한다고 생각한다. 더민주나 국민의당이 호남 잘 모시겠다고 머리 조아리기 경쟁하는 것이 그다지 보기에 좋지도 않다. 우리 사회와 대한민국을 바꾸려고 하는데 호남이 중심적 역할을 해달라고 요청하는 것이 역사적 흐름 속에서 호남 지역주의의 상징성과 의미를 되살릴 뿐만 아니라 호남 정치를 부활시키는 첫걸음이 될 것으로 생각한다."[42]

왜 진보의 이름으로 '정치 죽이기'를 하는가?

"호남과 광주는 땅속으로 들어가야 한다"고?

　　호남의 세속화니 세속적 욕망이니 하는 말은 홍익표가 생각하는 그런 뜻이 아니다. 그는 "우리 사회와 대한민국을 바꾸려고 하는데 호남이 중심적 역할을 해달라고 요청하는 것"이라고 말은 멋있게 했지만, 결국 기존 '호남 인질화'를 계속하자는 이야기를 하고 있다. 언론의 분류가 정확한지는 모르겠지만, 친문(친문재인) 주류 인사로 분류되는 그가 '호남의 중심적 역할'이 무얼 의미하는지 모를 리 없다. 아니 글에서 그것이 '근거도 거의 없는 호남 홀대론'의 극복 방안이라는 뜻을 분명히 했으니, 잘 알 것이다.

　　홍익표는 김욱의 책을 읽지 않은 것 같다. 읽었다면 이와 같은 주장에서 한 걸음 더 나아간 반론을 폈을 텐데 김욱이 내내 격파하고자 했던 호남 인질화 논리를 반복해대고 있으니 말이다. 홍익표는 "아니 어쩌면 호남도 충분히 세속화되었다는 점을 고려할 때, 이를 더 확대재생산하는 것은 영남패권주의를 정당화시키는 명분만 제공하게 된다"고 했는데,

이는 번지수를 전혀 잘못 짚은 거다. "호남도 충분히 세속화되었다"는 건 '어쩌면'이 아니라 분명한 사실이다. '세속적 욕망'이라는 말은 '호남 역할론', 즉 '주머니 속의 공깃돌'을 거부하겠다는 것인데, 그게 어찌 영남패권주의를 정당화시키는 명분만 제공한단 말인가? 정반대되는 말씀을 하시지 말고, 책부터 사서 읽으면 좋겠다. 홍익표의 이와 같은 주장이 그의 페이스북 글이 실린 『인터넷한겨레』 기사에 달린 다음과 같은 댓글들과 본질에서 무엇이 다른가?

"호남도 계속 소외받으니까 이제 지친 거 같다. 군부독재도 끝나니까 서서히 배고픔이 밀려오면서 지역 이기주의 유혹에 빠지게 되는 거 충분히 이해된다. 이제 영남과 손잡아서라도 성공하고 싶을 거다. 내가 볼 때는 이번 선거가 중대 분수령이 될 듯. 아마 호남도 보수랑 진보랑 나뉘면서 보수 세력은 새누리로 갈 거 같음. 경제가 어려울수록 대의보다는 성공이지. 안철수는 제2의 YS가 될 가능성도 있음."

"광주는 똑똑히 명심해야 한다. 정치는 선거로 승부가 난다. 광주, 호남의 선택이 아무리 의롭고 선하다 해도 선거 패배하면 모든 것이 악이다. 현재 광주 호남 일부 정치 패거리들은 다시 정치 생명을 이어가겠지만, 수도권 야당 인사들은 멸종하고 다시 반목이 깊어져 2017년 대선에서도 오합지졸 되어 다시 제2의 박근혜를 불러들이는 선거 패배를 가져온다면 호남과 광주는 땅속으로 들어가야 한다. 니들만의 정의로 모든 것이 될 수 없는 것을 명심해야 한다."

이상하지 않은가? 야당이 4·13 총선과 대선에서 이기는 것을 그리도 오매불망 원한다면서, 여당을 지지하는 유권자들은 땅 위에 살아도

왜 진보의 이름으로 '정치 죽이기'를 하는가?

괜찮지만, 호남인은 땅속으로 다 들어가야 한다는 게 말이다. 이거야말로 정치를 종교화한 신도들의 사고법이 아닐까? 다른 종교엔 너그러울 수 있지만, 같은 종교 내의 이단엔 목숨 걸고 대처하는 모습과 너무 비슷하지 않은가?

이걸 설명하기 위해 약 100년 전 지그문트 프로이트Sigmund Freud, 1856-1939는 '사소한 차이에 대한 나르시시즘narcissism of small differences'이란 답을 내놓았다지만,[43] 이것 역시 일종의 '이익 투쟁'으로 보아야 하는 건 아닐까? 물질적이거나 상징적인 자원의 분배를 둘러싼 갈등과 투쟁은 서로 가까운 사이에서 벌어지기 마련이다. 유산 분배, 승진, 권력 장악은 가족, 같은 조직, 민족 내부에서 벌어지는 것이 아닌가 말이다. 그런 '이익 투쟁'에 따라붙는 것이 바로 '증오의 배설'이다.[44]

"초선 의원과 다선 의원은 애와 어른 수준의 차이"

이른바 '권력총량의 법칙'이라는 게 있다. 권력이 어느 한쪽으로 쏠리면 다른 권력이 그만큼 줄어드는 걸 말한다. 이에 대해 박성민은 이렇게 말한다. "국회의원 같은 선출 권력이 제 힘을 못 쓰면 자연스럽게 다른 곳의 힘이 세지기 마련입니다. 바로 검찰, 법원, 그리고 관료 같은 비선출 권력으로 힘이 이전된 거예요. 그리고 안타깝게도 그런 상황을 자초한 게 바로 정치인들이에요. 걸핏하면 정치적 문제를 법원으로 가져가잖아요."[45]

민형배는 "현재의 정부 여당은 정치권력이라기보다는 아주 오래된 기득권 연합체라고 볼 수 있다. 결국 주권자권력이 제도화된 형태라고 할 수 있는 야권의 정치권력이 크게 줄어들고, 사법권력과 시장권력은 아주 강해졌다. 정치권력이 줄어들었다는 것은 시민권력, 곧 주권자의 권력이 줄어들었다는 의미이다"며 다음과 같이 말한다.

"정치권력은 스스로, 저절로 줄어들었을까. 그렇지 않다. 정치권력

왜 진보의 이름으로 '정치 죽이기'를 하는가?

의 힘을 줄이려는 시도는 언제나 있었고, 지금도 진행 중이다. 보수 언론은 끊임없이 정치의 무능과 부패를 확대하고 강조하고, 없는 이야기까지 만들면서 보도한다. 주권자들도 '정치인은 정말 문제가 많다.' 그러면서 동조한다.……이런 과정을 통해 정치권력을 끊임없이 약화시켜온 게 나머지 권력들의 작업이었다."[46]

미국에선 작은 정부를 원하는 신자유주의자들은 '국가의 실패'를 주장하기 위해 정치 혐오의 생산과 유포에 심혈을 기울인다. 정치인들을 쓰레기, 고름, 기생충 등과 같은 극단적 언어로 공격함으로써 민중의 귀를 솔깃하게 만드는 동시에 그렇게 해서 형성된 정치 혐오와 저주를 모든 걸 기업들에게 맡기는 '기업 사회'로 가게끔 하는 동력으로 사용한다.[47]

그런데 한국에선 보수보다는 오히려 당파성에 눈이 먼 일부 진보 좌파들이 정치 혐오를 악용하는 포퓰리즘 공세를 통해 사실상 진보의 이름으로 '정치 죽이기'를 하는 짓을 더 극성스럽게 저지르고 있다. 이들은 그게 개혁이요 진보인 줄 알고 있으며, 그런 생각에 이의를 제기하면 수구 기득권 세력의 앞잡이라고 공격해대는 패턴을 수십 년째 반복해오고 있다.

왜 그럴까? 당파성에 눈이 멀어 그런 점도 있겠지만, 아무래도 자신의 경험 혹은 자주 들어서 익숙하고 쉽게 떠올릴 수 있는 것들을 갖고 세계에 대한 이미지를 만드는 '가용성 편향availability bias' 때문이기도 하다.[48] 즉, 우리 주변에 홍수 사태를 빚고 있는 정치 뉴스의 영향이 크다는 것이다. 그런 뉴스만 보고 재미도 있는데다 배설의 적절한 대상인지라

정치만 죽어라 하고 공격하면서 그게 개혁이요 진보라고 굳게 믿고 있는 것이다.

반면 정치보다 큰 힘을 갖고 있는 실세라 할 '관료'는 법을 어긴 비리만 저지르지 않으면 뉴스가 되는 법이 없다. 무슨 정책 발표야 자주 뉴스가 되지만, 정치인처럼 관료 자체가 열정을 쏟을 만한 관심의 대상이 되긴 어렵다는 것이다. 한국이 명실상부한 '관료 공화국'임을 망각한 채 정치를 공격해서 얻을 수 있는 게 무얼까? 이와 관련, 박성민은 2012년 다음과 같이 말했다.

"이명박 정부를 놓고 '독재' 운운합니다만, 사실 그런 수사는 관료들한테 어울립니다. 대통령, 국회의원 같은 선출 권력이 제구실을 못하면서 사실상 대한민국은 관료들이 지배해요. 미국에서 로비스트는 의회를 상대로 로비를 합니다. 그런데 한국에서는 관료를 상대로 로비를 해요. 대형 로펌들이 거액의 연봉을 주고 전직 국회의원을 데려갈까요, 전직 관료를 데려갈까요? 바로 전직 관료에요."[49]

김동춘도 그런 문제를 다음과 같이 잘 지적했다.

"노무현 정부 때 과거사위원회에 들어가서 국회 출석을 해보면, 초선 의원과 다선 의원이 애와 어른 수준이었어요. 3선 의원 정도만 되면 그냥 예산 흐름을 훤히 봐요. 관료들이 와서 한마디만 해도 금방 지적을 하죠. 그래서 다선 의원이 필요한 겁니다. 개혁 공천이라고 초선 의원들로 갈아치우는 게 마냥 좋은 게 아니죠.……3선, 4선 정도 되는 관록 있는 의원이 있으면 관료들이 장난을 못 쳐요."[50]

앞서 내가 전북 지역에선 아무것도 모르는 초선 의원이 너무 많아

전북이 엉망이 되었다는 비판의 목소리가 높다고 말한 것도 바로 그런 사정에서 비롯된 것이다. 그런데 일부 진보는 죽어라 하고 그것도 호남을 향해서만 모든 의원을 초선으로 바꿔버리면 호남이 잘되고 이 나라가 잘되는 것처럼 주장해대고 있으니, 이 어찌 사기가 아니랴. '깨끗함'이 우선적인 가치라면 전국을 향해서 그래야 할 텐데, 호남에 대해서만 그러니 "제발 호남에 대한 애정을 거둬달라"고 하소연해야 하는 건가? 이제 정치 혐오를 악용하는 포퓰리즘을 통해 진보의 이름으로 '정치 죽이기'를 하는 작태는 그만둘 때가 되지 않았는가?

제3장

왜 친노는 '친노패권주의'를 한사코 부정할까?

'친노'의 정체성

"우리는 노사모와
노란 목도리를 매고 한강을 건넜다"

친노! 참으로 말도 많고 탈도 많은 말이다. 과거에도 '친DJ'니 '친YS'니 하는 말들이 쓰이긴 했지만, '친노'만큼 뜨거운 논란의 대상이 되진 않았다. 오늘날의 이른바 '친박' 논란도 '친노' 논란만큼 뜨겁거나 거칠지는 않다. 왜 유독 '친노'만이 그러는 걸까? 수많은 방식의 설명이 가능하겠지만, 나는 2003년 12월 2일 안희정의 기자간담회에 그 답이 있다고 생각한다.

안희정은 기자간담회에서 "젊은 세대가 정권의 주역이 된 것은 5·16 군사쿠데타 이후 40년만"이라며 "그때는 군인들이 총칼 들고 한강을 건너 정권을 장악했지만 우리는 노사모와 노란 목도리를 매고 한강을 건넜다"고 주장했다. 안희정이 "대통령을 뵙고 싶으면 일요일 저녁 같은 때 (청와대 관저에 가) 식사하고 온다"고 한 데 대해 논란이 일었다.

민주당 대변인 유종필은 "그런 식으로 386 안방정치가 이뤄지니 국정에 큰 혼란이 생긴다. 노 대통령은 안방정치를 중단하라"고 비판했다.

유종필은 "측근을 불러 관저에서 국정을 논의하면 그다음 아침 비서실과 국무회의는 무용지물"이라며 "열린우리당 김원기 의장은 (대통령과) 잠깐 만나고 전화한다는데, 386 실세는 일요일마다 밥 먹고 맞담배 피운다면 누가 실세냐'고 말했다.

『경향신문』 논설위원 이대근은 「노사모와 한강다리」라는 칼럼에서 "밉고 예쁘다는 것은 실체라기보다 자기의 안에 있는 관념이다. 그러므로 누구에게는 '못난 며느리'이지만, 다른 사람에게는 춘향이일 수가 있는 것이다. 노무현 대통령이 바로 그런 인물이다. 어떤 사람에게는 그의 미운 짓이, 그의 측근과 '노사모'에게는 예쁜 짓이 되는 경우가 너무 많다. 노 대통령과 측근, 노사모는 정말 서로 입속이라도 들여다보고 싶어 하는 '이도령-춘향'의 관계 같다"고 논평했다.[1]

노무현은 대통령 당선 1주년인 2003년 12월 19일 밤 친노 지지 그룹 앞에서 "시민혁명은 지금도 계속되고 있으며 앞으로도 계속될 것"이라고 선언했다. 이 말은 "우리는 노사모와 노란 목도리를 매고 한강을 건넜다"는 안희정의 말과 더불어 친노 논란의 핵심을 꿰뚫고 있다.

즉, 노사모로 대변되는 친노는 '시민혁명'의 주체였다. 역대 대통령들 모두 갖고 있던 열성 지지층과는 차원을 달리할 정도로 친노에겐 "이건 우리가 만든 정권"이라고 하는 자의식이 있었던 것이다. 노무현의 말마따나 "시민혁명은 앞으로도 계속될 것"인바, 그의 사후에도 친노는 그 혁명 사업에 계속 임하고 있다. 그래서 친노는 모든 정치적 논쟁에 적극 참여한 건 물론 매우 전투적인 자세를 보여왔으니, 어찌 뜨거운 논란이 일어나지 않겠는가 말이다.

왜 친노는 '친노패권주의'를 한사코 부정할까?

이와 관련, 전남대학교 철학과 교수 박구용은 "해나 아렌트는 미래의 권력은 거리에 있고, 거리에서 형성된다고 말합니다. 좋은 정치인이라면 거리에서 형성된 권력을 현실 정치에 수용하고 실현해야 합니다. 그런데 문제는 권력자들이 거리에서 형성된 권력을 가져다가 실체화시킨다는 거예요. 실체화시켜서 자기가 소유하려 한다는 것이 문제입니다. 권력이 폭력으로 둔갑하는 과정입니다"라면서 다음과 같이 말한다.

"제가 노무현 정부 때 당시 『한겨레』에 칼럼을 썼단 말이에요. 그때 저는 '왜 당신은 거리에서 형성된 권력을 청와대에서 실체화시키냐?' 이렇게 비판했습니다. 거리에서 형성된 권력을 사유화시킨 것이 노무현 정부, 친노 그룹의 가장 큰 실수라고 봅니다. 거리의 권력을 시스템으로 옮기는 자, 매개자의 역할을 해야 하는데 그것의 소유자가 됐다는 거예요. 처음엔 대변자였죠. 어느 순간 그것의 소유자가 된 거죠. 친노 그룹의 정신적 강박증으로 발전했고, 그것이 노무현 정부의 실패다. 저는 그렇게 봤어요. 저는 그게 지금도 기본적으로 386 이하의 그룹들이 갖고 있는 문제라고 봅니다."[2]

"열린우리당 의원 146명이
친노 네티즌 12인에 끌려다닌다"

어떤 개념이자 작명을 정확히 이해하기 위해선 그 역사를 알아야 한다. 이후 벌어진 친노 관련 발언이나 사건 등에 관한 주요 일지들을 살펴보기로 하자. 이 모든 내용을 다 알아야만 친노에 대한 그림이 정확하게 그려질 것이다.

2003년 10월 20일 유시민은 『딴지일보』 김어준과의 인터뷰에서 자신을 반 우스갯소리로 '노빠주식회사 대표이사'이자 '비공식 청와대 대변인'이라고 부르면서 자신과 노무현의 오랜 관계를 털어놓았다. 김어준은 유시민의 "노무현에 대한 신뢰는 정말이지 종교적이라고까지 하지 않을 수 없다"고 했다.

2004년 11월 19일 보건복지부 장관 김근태는 보건복지부 홈페이지에 올린 '국민 여러분께 드리는 글'에서 "'콩 볶아 먹다가 가마솥 깨뜨린다'는 말이 있다"면서 '한국형 뉴딜'에 국민연금을 동원하겠다는 재정경제부 방침을 비판했다. 그는 "애초 취지에 맞지 않게 국민연금 기금을 잘

못 사용하면 제도의 근간이 흔들릴 수 있다"면서 '하늘이 두 쪽 나도' 연금의 안전성을 지키겠다고 주장했다.

김근태의 발언이 알려진 19일 오후부터 22일 오후 5시까지 김근태의 홈페이지엔 900건이 넘는 글이 쏟아졌다. 『서울신문』은 "지금 인터넷에서는 노무현 대통령 지지자와 김근태 장관 지지자들 사이에 '전쟁'이 한창이다. 속된 표현으로, '노빠(노무현 오빠부대) 대 김빠(김근태 오빠부대)'의 '사이버 대전大戰'으로도 불린다"고 보도했다.[3]

11월 20일 노사모 전 회장 명계남은 김근태의 개인 홈페이지에 올린 글에서 "대권을 염두에 두고 있는 정치인의 이해타산과 과욕을 읽었다면 제가 지나친 것일까요?"라면서 "홈페이지에 올려 언론을 타기 전에, 국무회의 석상에서 먼저 재경부의 재벌 마인드와 독주를 비판하고 주무부처 장관으로서 온전히 그 책임을 져야 할 사람으로서 위엄과 단호함을 보여줄 수는 없었을까"라고 주장했다.

친노 진영의 대표적 논객인 김동렬도 『서프라이즈』에 올린 글에서 "유교의 원리를 거스른 정치인치고 성공한 지도자가 없다. 이회창은 하극상을 저질렀고, 이인제는 김영삼의 뒤통수를 친 사람"이라며 "고건 따라 배우거나, 이회창 전철을 밟지 말기 바란다. 노무현 한 사람을 못 섬기는 사람이 어찌 8,000만 겨레를 섬길 수 있겠는가"라고 주장했다.[4]

2005년 5월 열린우리당에선 당원 게시판에 시도 때도 없이 글을 올리는 친노 열성 당원을 '당게파' 혹은 '당게낭인浪人'이라고 불렀는데, 당 관계자는 "140여 명에 불과한 당게파가 사실상 당 분위기를 주도한다"고 했다. 한 중진 의원은 "여당 의원 146명이 네티즌 당원 140여 명을 당하지 못하고 끌려가는 꼴"이라고 했고, 수도권 초선 의원은 "당게파들 눈치를 보며 약삭빠르게 노는 의원들이 먼저 망할 것"이라고 했다.[5]

2005년 6월 열린우리당 홈페이지 당원 게시판에 공개된 한 기간당 원의 분석에 따르면 6월 1일부터 15일까지 보름간의 게시판 게시물 2,201건 중 30퍼센트에 달하는 485건이 '당게낭인' 12인의 글이었다. 한 당게낭인은 15일 동안 90건의 글을 올린 것으로 조사되었다. 당게낭 인이 쓴 글들은 이른바 실용파들에 대한 비판이 주였다. 당 핵심 관계자 는 "우리 당 의원 146명이 당게낭인 12인을 이기지 못하고 끌려다닌다 는 것은 부끄러운 일"이라며 "당 차원에서 대책을 검토할 것"이라고 말 했다.[6]

2005년 7월 28일 노무현이 당원 동지에게 보내는 서신을 통해 한나 라당에 정권을 넘겨주는 대연정을 제안하면서 여권 내엔 큰 분란이 일어 났다. 그날 자정 무렵, 재야 운동권 출신의 한 여당 의원은 기자에게 "국 민의 고통에 귀를 닫고, 대통령의 한마디면 무조건 밀어붙이는 사람들을 날려버려야 한다"며 "당·정·청의 '노빠' 그룹을 걷어내야 한다"고 목 청을 높였다. 그는 "(민주화) 운동이란 게 그렇게 얼치기로 해온 것이 아 니다"며 "지금 얼치기들이 정권을 잡은 것인데, 국민들 보기엔 정통 민 주화운동 세력과 구분이 잘 안 된다. 이러다가 (운동권이) 한꺼번에 버림 받을 수 있다"고 주장했다.[7]

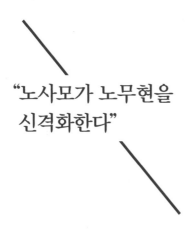

"노사모가 노무현을
신격화한다"

2005년 11월 3일 열린우리당 의원 송영길은 자신의 홈페이지 '의정일기'에 "노사모를 중심으로 한 지지자들이 노무현 대통령을 신격화시키고 정치를 타락, 부패시켰다"고 주장한 한 네티즌의 글을 올려놓았다. 이 네티즌은 "독선적 아집에 사로잡혀 국민들을 교정해 나가려던 노무현 정부의 정치 부패상이 결국 지지율의 급격한 붕괴를 불러오며 재보궐 선거에서 계속 참패하는 정권적 파탄 상황을 보여주고 있다"고 주장했다. 그는 특히 "노사모를 중심으로 한 노 대통령의 지지자들은 노 대통령을 신격화시켰고, 이것이 결국 노 대통령의 개혁 정치를 부패시키며 몰락의 길로 내몰았다"면서 "노무현이라는 한 인간이 신이나 그와 비슷한 무오류의 절대적 존재가 될 수 없음에도 불구하고 정치적으로 그를 신격화시키며 정치를 타락시키고 부패시켰다"고 덧붙였다.

이에 '국민참여 1219'는 11월 2일 공개 질의서를 통해 "정말 '노빠'들이 노 대통령을 신격화하고 정치 부패를 초래해 현재 반개혁, 반민주정치를 하고 있다'는 주장에 대해서 동의하느냐'며 송영길의 공식적인 입장 표명을 요구했다. 이에 송영길은 "우리가 국민의 입장이 아닌, 우리만의 시각으로 대통령을 보고 있는 것은 아닌지 반성해보자는 취지로 글을 올린 것"이라고 답변했다. 송영길은 "우리 모두는 노 대통령을 사랑하는 지지자들이며 동지의 손을 놓는다는 것은 나와 동지 모두의 죽음을 의미할 뿐"이라며 이해를 구했다.[8]

2005년 11월 8일 『경향신문』 논설위원 양권모는 "레임덕의 바로미터라는 40% 아래의 지지도 속에서 노 대통령이 국정 수행력을 발휘할 수 있던 것은 어쩌면 '노랑 스카프를 매고 한강을 건넜다'는 친노세력의 강고한 사랑이 있었기 때문일 터다. 그건 노 대통령을 욕하려는 사람들을 쭈뼛거리게 하는 '보이지 않는 손'이었다. 10·26 재선거 이후 여권의 사태는 이 최후의 보루마저 힘을 잃고 있음을 증거한다는 점에서 범상찮다. 이번에도 친노세력은 '말 같지 않은 개소리' 같은 댓글로 반노의 목소리를 압박했지만, 그 메아리는 희미했다. 예전처럼 기죽은 의원들은 찾기 힘들었다"고 말했다.[9]

2005년 11월 16일 386세대 재선 의원으로 열린우리당 창당에 적극 나섰던 인물 중 한 명인 A 의원은 "의원총회 비공개 토론에서조차 대통령에 대해 무슨 얘기라도 할라치면 완전히 '죽일 X' 취급을 당한다. '노빠'들의 공격으로 인터넷 홈페이지가 다운될 정도"라고 말했다. 그는 대통령 후원회장 출신의 이기명이 여당 의원들을 향해 '대통령 덕에 배지 주운 사람들'이라고까지 말했던 것을 지적하면서 "대통령의 이미지를 좋게 만들기 위해서라도 측근들은 오히려 자세를 낮춰야 하는데, 이건

왜 친노는 '친노패권주의'를 한사코 부정할까?

해도 너무 한 일"이라고 비판했다.[10]

2006년 11월 2일 『오마이뉴스』는 노무현 대통령이 지난 8월 노사모 핵심 회원들을 청와대로 초청한 자리에서 한 발언록을 입수했다며 주요 발언을 보도했다. 이 발언록에 따르면, 노무현은 "내가 대통령을 하는 동안에도 386세대와 노사모가 박해를 받고 있다. 우리가 힘이 없고 미디어를 가지고 있지 않기 때문이다. 우리나라에서 국민들을 분열시켜 기득권을 유지해온 사람들에게 눈엣가시 같은 존재가 바로 '386'이다. 386이 주류가 되는 한 그 사회는 건강하고 도덕적으로 유지될 수 있다"며 다음과 같이 말했다.

"내가 386을 기용해 요직에서 일을 하게 하는데 폭탄 같은 비난을 받듯이 노사모 여러분을 만나 청와대에서 삼겹살에 소주 한 잔 먹는 것이 어렵고 두려워서 아직도 못하고 있다. 조금 여유가 생기면 이 안에서 먹기로 하고, 임기 끝날 때까지 그런 기회가 생기지 않으면 제 고향에 넓은 마당을 만들어놓겠다. 퇴임 후 고향에 집을 크게 지어야겠다고 생각했는데, 그곳에는 노무현 대통령 기념관이 만들어질 것이다. 이름이 '노무현 기념관'이 될지, '노사모 기념관'이 될지는 아직 결정되지 않았지만, 알맹이는 3분의 2 이상이 노사모 기록으로 채워질 것이다. 제 임기 중 이뤄진 좋은 일이 있으면 그것은 노사모 혁명의 결과다."[11]

이와 관련, 이광일 『한국일보』 논설위원은 「그는 정말 왜 그럴까?」라는 칼럼에서 "노사모만 바보 노무현을 대통령으로 뽑은 게 아니다. 그런데 노 대통령은 나름의 억하심정을 국민이 아닌 노사모를 불러다 놓고 하소연하고 있는 것이다"며 다음과 같이 말했다. "딱하다. 대한민국

4,500만 중에서 그들은 과연 몇 명일까? 노 대통령의 문제는 국민이 아니라 일부 언론과 반대 세력만을 상대로 정치를 하는 데 있다고 본다. 국민에게 호소할 시간에 '애들'과 멱살잡이를 하다 이 지경이 된 것이다. 과학적으로 말하면 사람은 매일 변한다. 그러나 인간적으로 보면 사람은 참 안 변한다. 노 대통령이 안 변하는 것이야 노빠들의 환영을 받을 일이로되 국민으로서는 남은 1년 반이 갑갑하기만 하다." [12]

왜 친노는 '친노패권주의'를 한사코 부정할까?

친노패권주의를 탄생시킨
2012년 민주당 공천

　이 정도면 좋은 의미에서건 나쁜 의미에서건 친노가 다른 정치 지도자를 지지하는 정치인이나 유권자와는 전혀 다른 유형의 사람들이라는 데에 흔쾌히 수긍할 것이다. 유시민은 "유독 노무현, 유시민 지지자들에게만 왜 그렇게 가혹하죠? 왜 우리만 손가락질하느냐고요"라고 항변하지만,[13] 그건 아마도 그 지지자들이 다른 정치 지도자들의 지지자들과는 확연히 구분되는 적극성 또는 전투성을 보이기 때문일 것이다. 세상에 공짜가 어디에 있으며, 명암 없는 일이 어디에 있겠는가. 이제부터는 이른바 '친노패권주의'에 관한 주요 발언과 사건들을 시간의 흐름대로 정리해보자.

　지금 이 글에서 다루려고 하는 친노패권주의가 불거지게 된 건 2012년부터다. 이재진은 "친노패권주의는 실체가 없는데도 문재인 대표 체제를 무작정 흔들기 위해 반대파가 만들어낸 말일까. 비노계 인사들의 주장과 호남 민심을 들여다보면 친노패권주의에 대한 심리적인 저항선이 존재한다. '친노세력이 민주당을 장악'하면서 선거에 패배했고, 향후 총선과 대선에서도 승리를 장담할 수 없다는 것이 이들의 한결같은 목소리다. 문재인 대표를 중심으로 한 친노세력이 민주당을 장악하고 19대 공천권을 휘두르면서 그에 따른 폐해가 나타나고 있다는 것이다"며 다음과 같이 말했다.

"지난 19대 국회의원 총선거에서 민주당의 공천권은 한명숙 전 대표가 가지고 있었지만 대통령 선거를 앞두고 문재인 대표를 대선주자로 만들기 위해 한 전 대표가 문 대표의 '오더'를 받고 공천권을 휘둘렀다는 것이 비노계의 주장이다. 총선 당시 경상도와 부산에서 단수 공천이 이뤄지고 호남에서 손학규계 등으로 분류된 의원들을 의도적으로 배제시키는 편향된 공천이 이뤄지는 등 공천 부작용이 나타나 선거 패배로 이어졌다는 주장이다."[14]

이와 관련, 주동식 지역평등시민연대 대표도 친노패권주의의 시발점으로 지난 2012년 공천 문제를 꼽았다. 당시 한명숙 전 대표가 일명 노이사(노무현, 이화여대, 486 중심) 공천을 하면서 친노세력이 주류로 떠올랐고 헤게모니를 장악해 당의 의사를 일방적으로 결정하고 있다는 것이다.[15]

실체가 있건 없건 친노패권주의에 대한 반감 형성엔 외부 친노 인사들이 큰 기여를 했다. 예컨대, 2013년 5월 10일 김해 봉하마을의 노무현 전 대통령 묘역을 찾은 김한길 대표 등 새 지도부에 대표적 친노 인사인 배우 명계남은 "노무현 대통령을 부관참시剖棺斬屍하지 말라"고 항의하며 욕설을 내뱉었다. 5월 19일 서울광장에서 열린 '노무현 전 대통령 4주기

추모문화제'에선 한 참석자가 김한길을 몸으로 밀친 사건이 일어났다. 그는 다음 날 오전 서울 영등포 당사에서 열린 최고위원 회의에서 "한 남자 분이 팔꿈치를 세우고 제게 갑자기 돌진해 가슴팍이 아팠는데 가슴속은 더 아팠다"며 "노무현 대통령을 더 많이 사랑한다고 주장하는 그분들 역시 우리 편의 일부인데 그분들의 이런 행태가 민주당을 얼마나 깎아내리고 있는지 생각하면 안타까울 뿐"이라고 했다.[16]

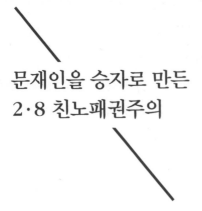

문재인을 승자로 만든
2·8 친노패권주의

2014년 3월 16일 지방선거를 앞두고 안철수는 민주당과 합당해 '새정치민주연합'을 창당해 김한길과 같이 공동대표에 올랐지만, 7·30 재보궐 선거 참패 책임을 지고 물러났다. 안철수에 대한 친노의 반감은 정청래 의원이 4월 12일 안철수를 겨냥해 트위터에 올린 다음과 같은 글에서 잘 드러났다. "점령군처럼 행세하지 맙시다. 민주당의 모든 것은 구태고 바꿔야 할 대상처럼 여기는 것은 아닌가. 선한 눈빛의 당신에게서 옹고집의 인상을 느낀다. 내 마음에 안 들면 구태고 악이라는 주장은 어린아이 같다."[17]

2014년 12월 29일 『중앙일보』 이철호 논설실장은 "여의도 정치판에 두 가지 불가사의가 있다. 우선 죽을 쑤는 박근혜 대통령(이하 경칭 생략)의 지지율이 40%에서 버티는 괴력이다. 또 다른 수수께끼는 그런 반사이익에도 야당의 지지율이 여전히 20%대 초반에서 헤매는 것이다. 새정치민주연합은 2월 8일 전당대회를 연다. 빅3(문재인·박지원·정세균)의

왜 친노는 '친노패권주의'를 한사코 부정할까?

불출마를 요구해온 서명파 의원들의 내재적 분석을 통해 야당의 속살을 엿보자"고 했다. 그가 서명파 의원들에게 "전당대회에 국민 반응이 시큰둥하다"고 묻자 이런 답이 돌아왔다고 한다.

"딜레마다. 야당의 시대적 가치는 '혁신과 통합'이다. 하지만 문재인이 이기면 '친노패권주의'가 도드라지고, 박지원이 되면 시계추가 12년 전으로 돌아간다. 우리가 제3지대의 당 대표를 물색한 이유도 야당의 외연 확장과 새 피 수혈 때문이다. 지난 10년간 계파 챙기기로 야당의 물갈이는 새누리당에도 못 미쳤다."[18]

전당대회를 6일 앞둔 2015년 2월 2일 마지막 TV토론에서는 막말 사태까지 벌어졌다. 당이 일반당원·국민 여론조사에서 '지지 후보 없음' 응답을 유효표로 처리하기로 했던 규칙을 문재인 의원 측이 반발하자 뒤집은 게 문제였다. 박지원 의원은 토론에서 "친노의 반칙"이라며 '무능', '비열'이란 단어로 문 의원을 공격했고, 문 의원은 '저질'이라고 맞받았다. 이에 대해 『경향신문』은 다음과 같이 말했다.

"선거 막판 여론조사 규칙 변경 논란은 당의 부실한 경선 관리와 최대 계파인 친노패권주의의 문제를 그대로 보여줬다는 게 당 안팎 다수의 평가다. 한 당직자는 '여론조사 시작 하루 전에 규칙을 바꾼 것 아니냐. 문 의원 측이 무리수를 둔 것'이라고 말했다. 윤평중 한신대 교수(정치철학)는 '수단과 방법을 가리지 않고 당권을 장악하겠다는 것'이라며 '국민의 눈에 문 의원의 그릇을 보여주는 것'이라고 지적했다."[19]

2015년 2월 8일 전당대회에서 문재인 후보는 45.30퍼센트(대의원 45.05퍼센트, 권리당원 39.98퍼센트, 일반국민 58.05퍼센트, 일반당원 43.29퍼센트)

를 얻어 41.78퍼센트(대의원 42.66퍼센트, 권리당원 45.76퍼센트, 일반국민 29.45퍼센트, 일반당원 44.41퍼센트)를 득표한 박지원 후보를 3.52퍼센트포인트 차로 눌렀다. 경선 막판 규칙 변경이 적잖은 영향을 미친 것으로 분석되었다.[20]

이 사건에 대해 훗날(2015년 6월) 교육평론가이자 새정치민주연합 산하 연구소인 민주정책연구원 부원장인 이범은 "2·8 전당대회를 며칠 앞두고, 당대표 경선에서 여론조사 규칙을 어떻게 적용하느냐를 놓고 당내에서 논란이 벌어졌습니다. 경선 규칙은 진즉 정해져 있었으므로, 통상적인 경우라면 당 선거관리위원회가 그 규칙(문구)에 대한 합리적 해석에 집중하여 유권해석을 내리면 될 것입니다. 그런데 누가 결론을 내릴 것이냐를 놓고 당 선거관리위원회는 당 지도부(비상대책위원회)로 공을 넘겼고, 당 지도부는 이를 또 전당대회준비위원회로 넘기는 등 핑퐁을 거칩니다"라면서 다음과 같이 말했다.

"결국 문재인 후보를 맹추격하던 박지원 후보에게 불리하다고 여겨지는 방향으로 결론이 내려집니다. 최종 경선 결과 문재인−박지원 후보 간 지지율 차이는 3.5%에 불과했습니다.……당대표 경선 규칙과 관련된 핑퐁 과정을 지켜본 비노 의원들은 매우 깊은 공포를 느꼈던 것 같습니다. 제가 직접 이야기를 나눠본 비노 의원들 중에, 누가 봐도 신망 있고 합리적인 분이 이런 표현을 하더군요. '친노가 저런 일까지 벌이는 걸 보니 내년 총선에서 나도 공천 탈락할 수 있겠다는 생각이 든다.'"[21]

이범은 "당대표 경선 규칙의 귀결이 친노의 작용이었다고 볼 수 있는 '증거'는 저에게 없습니다"라면서 이렇게 말한다. "하지만 여태까지 친노패권주의의 증거라고 주장되어온 여러 사건들, 특히 최근의 일례로 김경협 수석사무부총장이 비노계 의원들을 새누리당의 세작(스파이)이라고 지목한 발언 등을 고려해보면 친노에 실체가 없다는 주장이 무색해집니다. 물론 비노 측의 반응에는 엄살과 과장이 섞여 있을 수 있습니다. 하지만 총선 공천과 관련하여 나타나는 그들의 우려와 공포심에는 적어도 최소한의 합리적 근거가 있다고 보입니다."[22]

친노패권주의
공방전

2015년 4·29 재보궐 선거에서 새정치민주연합은 참패를 당했다. 5월 12일 『동아일보』 정연욱 정치부장은 "지금 야당은 친노패권주의 공방이 한창이다. 그럴수록 문재인의 이름 석 자 앞에 '노무현의 그늘'은 짙게 드리워지고 있다. 문재인 정치가 사실상 노무현의 '아류亞流 정치'로 전락한 것이다. '친노' 브랜드는 지금도 야권 지지자들을 강하게 결집시키는 핵심 고리다. 문재인 주변은 그 외피 속에 둥지를 튼다. 그럴수록 '노무현 정치'는 불가침의 성역이 된다"며 다음과 같이 말했다.

"문재인은 재·보선 책임론이 제기됐을 때 몇 마디 말만으로 넘어가려 했다. 자신은 사퇴하지 않더라도 최소한 측근들을 정리하면서 책임지는 모습을 보여주지 못했다. 그래서 친노패권주의가 힘을 얻었고, 사퇴론의 불길이 되살아난 것이다. 실제 행동을 주저하는 아류 정치의 한계를 보여준 것이다. 노무현의 그림자는 문재인에게 기회이자 위기다. 노무현의 자산과 부채를 승계하는 치밀한 전략을 세워야 한다. 전략 없는 노무현 정신은 공허할 뿐이다. 문재인은 문재인 정치를 고민해야 한다."[23]

그러나 문재인은 사실상 내용이 널리 알려진 '미발표 성명'에서 "친노패권주의는 없다"고 단언했다. 5월 13일 '젠틀재인' 등 문 대표의 팬카페 4곳은 비노 진영을 겨냥해 "있지도 않은 친노패권주의를 팔지 마라"는 내용의 공동 성명서를 발표했다. 이 중 일부 회원은 '공갈' 발언으로 문제를 일으킨 정청래 최고위원에 대한 구명 활동도 벌였다. '젠틀재인'의 한 회원은 5월 15일 카페 게시판에 "능욕당하는 당대표 곁에서 '몸빵(몸으로 막는 것)'해 준 정청래를 내치면 앞으로 누가 문 대표를 위해 뜁니까"라고 했다. 다른 팬 카페인 '문풍지대' 일부 회원은 한 인터넷 포털사이트에서 진행되고 있던 정 최고위원 징계 반대 청원 참여를 독려했다. 5월 14일부터 시작된 이 청원에는 19일 현재 1만 7,000여 명이 참여했다. 또 5월 18일엔 박지원, 김한길, 주승용, 박주선, 조경태 의원의 출당을 요구하는 인터넷 청원도 포털사이트에서 시작되었다.[24]

친노계 인사들은 "분당 소리 해대는 것을 해당 행위로 징계하고 기강을 잡아야 한다"거나 "근거 없이 친노패권주의, 비선 운운하는 건 맞지 않다. 증거를 대라"고 문 대표를 옹호하고 나섰다. 반면 '민주당 집권을 위한 모임' 소속 의원들은 "문 대표가 통합의 정치를 할 의지가 있는지 의심스럽다"며 "오히려 패권주의의 민낯을 고스란히 보여준 것"이라고 문 대표를 비난했다.[25]

2015년 5월 20일 『미디어오늘』은 "친노패권주의라는 말 속에는 친노세력이 주도하는 여론조사와 권리당원 투표 등을 믿지 못하겠다는 정서도 반영돼 있다. 천정배 전 장관이 무소속으로 광주 서구을에 출마한 것도 공정한 경선이 진행되지 않을 것이라는 판단이 독자 출마를 결심하게 된 계기로 작용했다는 것이다"고 했다.

이와 관련, 주동식 지역평등시민연대 대표는 "2·8 전당대회 하루 전에 경선 룰을 바꾼 것처럼 친노가 이기게끔 구조를 바꾸고 있다"며 "친노세력이 좋아하는 모바일 투표나 네트워크 정당, 오픈 프라이머리, 여론조사 역시 당원 의사결정권을 제약하고자 하는 의도가 담겨 있다"고 주장했다. 이 같은 제도는 일반 국민의 뜻을 반영해 개혁에 가깝고 외연이 확장되는 결과를 가져올 수 있다는 주장에 대해 주 대표는 "난닝구 냄새 나는 50대 남성 자영업자 호남 구닥다리 당원이라고 무시하지만 이처럼 당원을 무시하는 제도를 도입하니까 젊은 사람들도 권리당원으로 입당할 필요성을 못 느끼는 것"이라고 반박했다.[26]

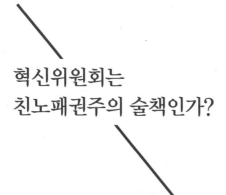

혁신위원회는
친노패권주의 술책인가?

　　2015년 5월 22일 조대엽 고려대학교 사회학과 교수는 『경향신문』 칼럼에서 "친노패권주의는 적어도 친노와 비노의 경계를 도무지 알 수 없고 그 면면들이 제대로 알려진 적이 한 번도 없다는 점에서 선동을 위한 기획의 혐의가 짙다"며 다음과 같이 주장했다.

　　"게다가 국민들은 친노가 새정치연합 내에서 무슨 '짓'을 했는지 어떤 패권놀음을 했는지 도대체 알 수 없다. 날만 새면 친노패권주의를 지탄하는 종편 TV의 어디에서도 구체적인 친노패권주의의 '실태'는 찾을 수 없다. 호남 민심의 경우도 재·보선의 패배가 호남 홀대에서 비롯되었고 그에 따라 문재인 대표와 친노패권주의를 심판했다는 건데 이 또한 기획된 것일 수 있다. 실질적 호남 민심은 제대로 된 정치 혁신을 요구하는 호남 정신이 여전히 주류다."[27]

　　2015년 5월 23일 박지원은 『중앙일보』 인터뷰에서 "비주류 측에선 친노패권주의 청산을 들고 나왔다. 무엇이 친노패권주의인가"라는 질문에 대해 "국민이 알고 당원이 아는 걸 나만 모른다고 하면 안 된다"며 이렇게 말했다. "지금 우리는 야당답지도 못하고 밤낮 파벌싸움만 하고 있다.······서로 자기가 먹으려고 하는 거다. 당이 정상화되면 대통령 후보는 그냥 생긴다. 당이 망가지면 아무도 안 된다. 내가 전당대회 때 문재인 대표 되면 절대 비노 세력으로부터 협조를 못 받는다. 쩍쩍 갈라지는 소리가 들린다, 분당된다고 했는데 그 현상이 나오고 있다."[28]

2015년 5월 26일 『한겨레』 성한용 선임기자는 "(참패를 당한) 4·29 재보궐 선거 이후 주승용 최고위원과 박지원 의원이 던진 '문재인 책임론'이 '친노패권주의' 공방으로 번져 가라앉지 않고 있다"며 이렇게 말했다. "친노-비노, 또는 친노-호남 갈등 프레임은 2004년 총선을 앞두고 민주당에서 열린우리당이 갈라져 나올 때 잉태되었다. 눈이 매서운 한나라당과 보수 성향 논객들이 야권 분열의 그 씨앗을 놓치지 않았다. '친노'는 '종북', '386', '강경' 등의 단어와 차례차례 결합되어 갔다. 10년 이상 시간이 지났다. 노무현은 가고 없다. 그런데도 보수 성향 언론들은 여전히 '친노'라는 단어를 서슴없이 제목으로 뽑아 쓰고 있다.······희한한 것은 야당이 아직도 그 친노 프레임에서 벗어나지 못하고 있다는 것이다."[29]

2015년 6월 3일 김상곤 새정치민주연합 혁신위원장은 『한겨레』 인터뷰에서 "재보선 참패 뒤 '친노패권주의'에 대한 비판이 제기됐다. 문 대표는 '실체가 없다'고 했는데"라는 질문에 대해 이렇게 답했다. "혁신 대상에는 성역이 없다. 친노패권주의와 관련된 것이 하나의 (혁신) 이슈로 제기된 상황이다. 노무현 전 대통령이 추구한 가치나 비전을 따를 수

왜 친노는 '친노패권주의'를 한사코 부정할까?

도 있고, 비판적으로 볼 수 있다고 생각한다. 하지만 이러한 것들을 (정파가 아닌) 계파주의로 활용해 기득권을 유지하려 든다면 '해당 행위'라고 얘기하고 싶다. 실체가 있다면 해소돼야 한다. 아울러 이 문제를 계파주의적으로 접근해 '친노패권' 논란을 키우는 것도 바람직하지 않다."[30]

2015년 7월 8일 발표된 '김상곤 혁신위'의 2차 혁신안에 대해 비노 중진들 중심으로 "친노패권주의를 더욱 강화 유지하기 위한 술책"이라는 비난이 나왔다. 이에 대해 『한국일보』는 "2차 혁신안은 계파 정치의 근본적 청산을 목표로 한 현행 최고위원제와 사무총장직의 폐지가 핵심이다. 최고위원회의가 계파 정치의 온상이고, 사무총장직 또한 계파 갈등의 핵심 포스트였으니 아예 없애버리자는 파격적 발상이다"며 다음과 같이 말했다.

"그러나 최고위원회의 대체 기구 구성이 쉽지 않은 데다 과거 당 총재 시절처럼 당대표의 권한만 강화되는 게 아니냐는 반론도 크다. 사무총장직 폐지 대신 총무·조직·전략 홍보 등 5개 본부장 체제로 개편하고 본부장들을 공천 기구에서 배제키로 한 것은 권한을 분산한다는 취지다. 하지만 본부장 인사권을 당대표가 가지면 이 역시 권한 집중 논란을 부를 수 있다. 공정한 공천을 위해 선출직 공직자평가위원회를 설치하고 위원 전원을 외부 인사로 구성하는 방안도 위원장을 당대표가 임명하도록 돼 있어 공정성 논란을 피하기 어렵다."[31]

'친노 프레임'은
선동을 위한 음모인가?

앞서 성한용 기자는 '친노 프레임'이라는 말을 썼는데, 이 말이 나온 김에 여기서 잠시 그 정체를 짚고 넘어갈 필요가 있겠다. '친노 프레임'은 보수 진영에서 만든 것으로 실체가 없으며 정치적 음모가 도사리고 있다는 게 친노의 한결같은 주장이다. 보수 진영에서 '친노 프레임'을 오남용하는 것은 사실이지만, 그렇기 때문에 인정할 수 없다는 것은 내가 앞서 말한 '분노→증오→숭배'의 법칙에 굴복하는 게 아닐까? 단순화하자면, "보수가 떠드는 것의 반대로만 하면 된다"는 그 버릇 때문에 그간 진보가 얼마나 자해自害를 일삼아왔는지 전혀 이해하지 못하겠는가?

'머리말'에서도 이야기했지만, 보수는 그렇게 머리가 나쁜 사람들이 아니다. 그들은 과장은 할망정 전혀 근거가 없는 걸 조작해 떠들진 않는다. 독재정권 시절의 보수가 아니다. 그들은 그동안 진화했다. 반면 진보는 전혀 진화하지 않은 채 고색창연古色蒼然한 일관성의 미덕만을 고수하고 있다. 영국 작가 오스카 와일드Oscar Wilde, 1854-1900는 "일관성은 상상력이 없는 사람의 마지막 도피처다"라고 했는데, 바로 이런 경우에 딱 들어맞는 말이다.

예컨대, 보수 언론이 노동 문제와 관련해 입만 열면 떠들어대는 '노동 귀족'이라는 프레임을 보자. 진보는 이 표현에 펄펄 뛰지만, 택시 타고 기사들에게 물어보라. 내가 장담하지만, 거의 대부분은 그 말에 수긍할 뿐만 아니라 대기업 노조에 대해 더 강도 높은 욕을 퍼부어댄다. 내가 여러 차례 직접 확인한 사실이다. 진보는 그간 '노동 귀족'이라는 표현이 모함이요 음모라며 '노동 귀족'을 옹호하는 노동정책을 펴왔다. 그 결과는 무엇인가? 2012년 대선에서 비정규직은 문재인보다는 박근혜에게 훨씬 더 많은 표를 던졌다.

'노동 귀족'은 보수 프레임인가? 그렇게 믿어 의심치 않는 사람들은 지난 2014년 12월 타계한 '한국 진보학계의 대표적 경제학자'였던 김기원의 『개혁적 진보의 메아리: 경제학자 김기원 유고집』(창비, 2015)을 꼭 읽어볼 걸 권하고 싶다. '노동 귀족'이라는 표현의 저작권자인 프리드리히 엥겔스Friedrich Engels, 1820-1895가 이 표현을 처음 사용했을 때, 그는 중세 귀족을 염두에 둔 게 아니라, 노동자계급 내부의 특권층을 지적한 것이다. 엥겔스의 용법을 지지한 김기원은 진보가 그간 얼마나 어리석은 반反진보적 노동정책을 고집해왔는지를 실감나게 고발하고 있다.

보수가 만든 표현은 절대 쓸 수도 없으며 인정할 수 없다고 한다면, 일관성이라도 지켜야 한다. 그 어떤 친노도 '호남 지역주의'는 박정희 정권과 보수 세력이 만든 프레임이라는 걸 흔쾌히 인정할 것이다. 그런데 왜 그 프레임에 자꾸 매달리는가? 나에게 유리하면 보수가 만든 프레임을 가져다 쓰고 나에게 불리하면 보수가 만든 프레임이기 때문에 안 된다고 하는 건 억지일 뿐만 아니라 파렴치하다.

그런 점에서 앞서 소개한 조대엽의 주장도 듣기에 딱하다. 그는 친노패권주의에 '선동을 위한 기획의 혐의'를 제기하는데, 그 어떤 근거도 제시하지 않는다. 친노패권주의에 증거가 없기 때문에 '선동을 위한 기획'이라는 이야긴데, 아니 당내에 있는 사람들도 그 증거를 찾기가 쉽지 않다는 데 왜 당 밖에 있는 사람이 그런 말씀을 하시는가? 날만 새면 친노패권주의를 지탄하는 종편 TV의 어디에서도 구체적인 친노패권주의의 증거는 없다는 게 무슨 근거라도 된단 말인가? 게다가 친노패권주의와 '실질적 호남 민심'을 분리해서 말하는 것도 영 이상하다. 친노패권주의와 '정치 혁신'을 분리해 말하는 이런 뜬구름 잡는 이야기가 논의를 더 어렵게 만드는 게 아닌가?

2015년 7월 12일 비공개 최고위원회에서 이종걸 원내대표는 "(혁신위가) 친노 계파 패권주의 해소 위원회가 됐어야 했다"고 지적했지만, 이에 대해 조국 혁신위원은 "친노패권주의 청산을 목표로 하는 것이 과연 정치적으로 현명한가"라고 반문했다.[32] 차라리 조국처럼 이렇게 솔직하게 말하는 게 논쟁의 생산성을 높일 수 있는 게 아닐까? 물론 이 발언만으론 조국이 친노패권주의를 인정했다고 볼 수는 없지만, 답이 안 나오는 문제를 갖고 자꾸 싸우는 게 정치적으로 현명한가 하는 문제 제기에 수긍할 수 있는 점도 있지 않느냐는 것이다.

왜 친노는 '친노패권주의'를 한사코 부정할까?

"거듭된 실패에도
권력을 계속 쥐는 게 친노패권주의"

2015년 7월 24일 『경향신문』 이대근 논설주간은 "계파 구조를 해체하고자 한다면 먼저 친노를 해체해야 한다. 친노의 역할은 이미 끝났다. 노무현 정권은 성공한 정권으로 평가받지 못하고 있다. 그런데 그 정권의 실세가 계승자를 자처하며 대선에 도전했고 실패했다. 그러고도 다시 친노 보스로 당권을 쥐고 또 대선 준비를 한다. 거듭된 실패에도 권력을 계속 쥐는 이 현상이 바로 친노패권주의다"며 다음과 같이 말했다.

"요즘 '나는 친노'라고 당당히 내세우는 이도 없다. 혁신위 활동이 마음에 들지 않는다고 혁신위 전체를 친노라고 딱지 붙일 만큼 친노는 혐오 표현으로 전락했다. 친노의 정치적 생명이 다했다는 뜻이다. 문재인이 굳이 이런 친노의 굴레를 쓰고 비노 측의 쉬운 표적으로 남아 있을 이유가 없다. 비노의 공격을 피하려면 당대표 권한을 분산하고 계속 자리 나눠 먹기를 해야 한다.……계파 구조를 놔둔 채 제도 개선으로는 위기를 헤쳐나갈 수 없다. 혁신위를 믿지 않는 게 좋다. 문재인이 못하면 혁신위도 못한다. 가장 우세한 계파의 보스이자 당대표이며 야당의 가장 유력한 대선주자인 문재인이 못하면 누구도 할 수 없다.……친노 해체, 불행하게도 이게 우리의 삶을 결정한다."[33]

2015년 8월 31일 문재인 대표는 당 소속 서울 기초의원 연수 간담회에서 박지원·박영선 의원 등의 당직 임명을 거론하며 "다들 함께하고 있다. 계파 패권주의라는 말도 사라졌다"고 했다. 이에 박주선 의원은 9월 1일 "당의 상황을 아전인수我田引水식으로 호도하는 친노親盧 수장다운 착각과 오만"이라며 "친노패권주의 청산은 포기한 채 혁신위 뒤에 숨어 시간 끌기로 책임을 회피하고 있다"고 했다. "당직 나누기로 계파 문제가 해소되었다거나 다수의 침묵을 굴종이라고 착각하지 말라"고도 했다.[34]

2015년 9월 14일 『동아일보』는 "새정치연합 내분의 핵심은 친노 주류와 비노 비주류 간의 내년 총선 공천권을 둘러싼 싸움이다. 문 대표 중심의 친노 주류가 혁신이라는 미명하에 친노 공천권을 강화해 결국 친노패권주의를 고수하려 한다는 비노 측 주장은 일리가 있다"며 다음과 같이 말했다.

"2012년 19대 총선 공천 당시 한명숙 대표의 친노 지도부는 '정체성'을 공천 기준으로 내세워 전략 공천, 비례대표 공천, 모바일과 당원 투표를 결합한 경선 방식 등으로 공천 물갈이를 단행했다. 그 결과 폐족을 자처하던 친노가 부활하고, 새정치연합은 사실상 친노의 수중으로 떨어진 것이다. 이번 혁신위의 공천안도 20% 전략 공천, 현역 의원 교체 지수 평가, 국민공천단에 의한 경선 등 19대 총선 때와 유사한 점이 많다.

비노 비주류, 특히 물갈이 대상으로 점쳐지는 호남권 의원들은 물론이고 범친노로 분류되는 정세균 의원계까지 거부감을 보이는 것도 무리가 아니다."[35]

2015년 11월 24일 『중앙일보』 이철호 논설실장은 「안철수가 친노를 못 믿는 까닭은」이라는 칼럼에서 "안철수는 '배타성, 과도한 이념, 정책 실종(무능), 무無비전이 낡은 진보'라 했다. 에둘러 표현했지만 친노와 운동권 출신을 지목한 셈이다"며 "얼마 전 사석에서 안철수 의원을 만났다. 친노와의 사이에 깊은 균열이 느껴졌다"고 했다. 안철수는 "정치권에 들어와 언제 가장 힘들었나"라는 질문에 이렇게 답했다고 한다.

"대선 때다. 대선 후보를 양보한 직후 그쪽 캠프에서 '우리가 다 알아서 하겠다'며 선거판에 얼씬 말라는 분위기였다. 그래서 가만히 있었다. 대선에 임박해 지지율이 떨어지자 합동유세를 압박했다. 내가 사무실에 나가 아파트가 비었음을 알고도 문재인 후보가 집 앞으로 찾아왔다. 그는 '삼고초려'한 셈이고, 나는 '문전박대'한 괘씸한 사람이 됐다."

이철호는 안철수의 미래에 대해 이렇게 말했다. "안철수의 실험이 성공할지는 의문이다. 그가 내세운 '혁신'의 알맹이는 '친노의 패권 포기'나 다름없다. 그 '물갈이' 공간에 합리적 중도의 전문가들과 젊은 피를 수혈하는 게 핵심이다. 하지만 상대방은 진영 논리와 싸움 기술의 달인들이다. 이미 안철수의 실험은 씨도 안 먹히는 분위기다. 오히려 야당은 청년 기준을 청년고용법의 29세를 뛰어넘어, 기존 당헌 당규상 43세도 45세로 슬쩍 높였다. 청년비례대표를 의식한 것이다.……이번에는 안철수도 쉽게 친노의 들러리를 서줄 것 같지 않다."[36]

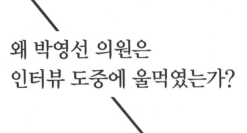

왜 박영선 의원은
인터뷰 도중에 울먹였는가?

2015년 12월 13일 안철수 전 새정치민주연합 공동대표가 2014년 3월 지방선거를 앞두고 민주당과 합당해 '새정치민주연합'을 창당한 지 1년 9개월 만에 탈당을 공식 선언했다. 이에 대해 『한겨레』 이유주현 기자는 "문 대표는 지난 9월 말 한 언론과의 인터뷰에서 '새누리당 프레임'이라는 말로 안 의원의 가슴에 못을 박았다. 안 의원이 친노·486을 겨냥해 '낡은 진보'를 비판했다는 이유였다. 안 의원은 12일 밤 탈당을 만류하기 위해 찾아온 박병석·원혜영·노웅래 의원을 만난 자리에서 '어떻게 나한테 새누리당 운운할 수 있냐'며 격한 반응을 보인 것으로 전해졌다"며 다음과 같이 말했다.

"문 대표가 '상황 관리'를 제대로 못한 책임도 크다. 문 대표는 전당대회 때 '친노패권주의'가 문제라는 말을 들을 때면 '우리 당에 친노가 어디 있느냐. 그렇게 몰고 가는 언론 탓이 크다'며 안일한 인식을 보였다. 자신들을 쳐낼까 불안해하는 비주류들을 어르고 달래며 함께 가는 정치력을 발휘하지 못한 채 '끊임없이 흔들어댄다'며 노여워했다. 안 의원이 제안한 10대 혁신안도 한참 지나 상황이 꼬일 대로 꼬인 뒤늦게야 수용할 뜻을 비쳤다. 측근 총선 불출마 등 이른바 '읍참마속' 조처들도 빛이 바랬다."[37]

2015년 12월 15일 『중앙일보』 이철호 논설실장은 "친노파가 그의 탈당 신호를 '엄포'로 보고 '나갈 자신 있으면 나가라'고 압박한 것은 상대방 패를 잘못 읽은 것이다. 안철수 입장에선 굳이 새정치민주연합을 고집할 이유가 없다. 오히려 머뭇거리다 친노패권주의가 굳어지면 대선 때 기회의 문이 닫힌다. 안철수는 정치인이다. 매번 후보 양보만 하는 자선사업가가 아니다. 언제까지 정치적 기부나 불쏘시개 노릇만 할 수 없다"며 다음과 같이 말했다.

"진보 언론들은 일제히 그를 야권 분열의 원흉으로 몰아붙인다. '어떠한 이유로도 탈당은 정당화될 수 없다. 자멸적 선택이자 배신'이라거나 '이제 새정치·정권교체를 말할 자격이 없다'고 퍼붓는다. 탈당 충격을 흡수하려면 한시바삐 그를 고립시켜야 한다는 고민이 깔려 있다. 그러나 안철수 쪽에선 분열이 아니라 '창조적 파괴'라는 입장이다.…… '낡은 진보 청산'은 공감을 얻었지만 그의 '새정치' 구호는 여전히 모호하다. 그럼에도 안철수는 일단 '못 먹어도 스리고!'를 불렀다. 혼자 독박을 쓰든, 새정치연합에 피박을 씌우든 운명의 시간이 흘러가고 있다."[38]

2016년 1월 15일 더불어민주당의 선거대책위원장으로 영입된 김종인 전 의원은 기자회견에서 "친노패권주의는 어렵지 않게 해결할 수 있다"고 장담했다.[39] 그는 전날 문재인의 측근 인사인 손혜원 홍보위원장을 불러 "친노패권주의의 실체가 무엇이냐"고 물었고, 이에 손 위원장은 "들었다는 사람은 있는데 봤다는 사람은 없다"고 답했다.[40]

2016년 1월 16일 박영선 더불어민주당 의원은 『조선일보』 인터뷰에서 "문재인 대표가 친노패권주의를 바꿀 의지가 있는지 며칠 더 지켜본 뒤 거취를 최종 결정하겠다"고 밝혔다. "지난 8일 문 대표를 만났다. 나는 '사람들이 친노·운동권당이라고 하는데 이걸 바꿀 의지의 표현이 있어야 한다'고 얘기했다. 그러면서 2014년 내가 원내대표 때 세월호 법이 나도 모르게 친노 핵심들에 의해 제출됐던 황당하고 창피했던 상황을 말했다. 당이 소수에 의해 움직인다는 증거다. '우리만 정보를 장악해야 하고 우리만 할 수 있다'는 친노패권주의 이야기를 했더니 문 대표가 아무 말도 하지 못했다(그는 이 대목에서 울먹였다)."[41]

2016년 1월 17일 김종인은 『연합뉴스』 인터뷰에서 "내가 무슨 친노의 압력에 의해 일할 것이라는 생각은 안 하는 게 좋을 것"이라며 "친노패권주의가 당에 얼마만큼 깊이 뿌리박고 있는지를 보겠다. 이것을 수습할 능력이 없다고 생각했으면 여기에 오지도 않았다"고 말했다.[42]

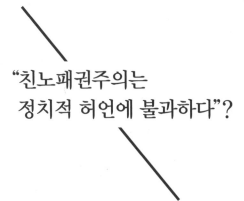

"친노패권주의는
정치적 허언에 불과하다"?

2016년 1월 20일 『중앙일보』는 「문재인 사퇴, 친노패권주의 청산 계기 돼야」라는 사설에서 이렇게 주장했다. "문 대표는 본인의 의도와는 관계없이 이른바 친노패권주의 세력의 중심에 있었다. 친노패권세력은 정치를 끝없이 선과 악, 아군과 적군으로 나누는 이분법적 사고, 진영 논리를 바탕으로 국가적 정의보다 분파적 이익을 추구하는 집단으로 국민에게 투영돼왔다. 이들이 제1야당의 주류로 등장한 지난 5년간의 적폐가 결국 안철수의 탈당과 야권 분열이라는 최악의 상황으로 이어졌다. 문 대표가 자신의 임기 마지막 작업으로 친노패권 문화를 수술하겠다는 김종인 선대위원장을 영입한 것도 이 문제를 해결해야 변화의 돌파구가 가능하다는 인식에 도달했기 때문일 것이다."⁴³

2016년 1월 20일 한 네티즌은 "친노패권주의란 구동교동 퇴물들이 권력 유지를 위해서 지속적으로 호남과 수도권 지분을 요구하기 위한 명분으로 만들어놓은 프레임인데 새누리서도 야당을 공격할 때 쓰고 호남 현역 혁신 대상들은 입에 달고 다니고 궁물당에서도 할 말이 없으면 이 말을 쓴다. 그런데 정작 그 말의 의미는 설명도 못한다"고 주장했다. [44]

2016년 1월 21일 더불어민주당 문재인 대표의 측근 진성준 의원은 YTN라디오에 출연해 "친노(친노무현) 일소"를 주장하는 김종인 선거대책위원장에 대해 "친노패권주의는 정치적 허언에 불과하다"고 주장했다. [45]

2016년 1월 22일 김종인은 더불어민주당의 선대위 출범 관련 기자간담회에서 '김종인 선대위'가 사실상 '문文의, 문文에 의한, 문文을 위한 선대위'라는 비판이 제기된 것과 관련, "솔직히 (나는) 누가 친노이고 친노가 아닌지 개념이 없는 사람"이라면서 "(선대위를) 어떻게 짜야 화합하는 데 도움이 되느냐가 커다란 기준이었다"는 말로 친노패권주의 청산 목표가 당내 화합으로 바뀌었음을 인정했다. [46]

2016년 1월 22일 『중앙일보』 전영기 논설위원은 원희룡 제주지사, 남경필 경기지사, 안희정 충남지사, 김부겸 전 의원이 참석한 제주 토론회 내용을 소개한 「'문제 해결형 민주주의' 선언문」이라는 기사에서 다음과 같이 말했다.

"나는 올 4월, 20대 총선의 시대정신이 '운동권 정치의 종말, 문제 해결형 민주주의의 등장'이라고 생각한다. 독재와 싸우면서 내면에 증오를 축적했던 운동권식 민주주의는 30년 만에 수명을 다했다. 지금의 운동권 정치는 그때의 희생과 헌신을 잊어버렸다. 적대敵對와 극단, 분파 이익을 추구하는 권력으로 변색됐다. 오늘날 야권을 망친 친노패권 문화는 운동권 정치의 최종 단계다. 시대는 문제 해결형 민주주의를 요구하고

왜 친노는 '친노패권주의'를 한사코 부정할까?

있다. 책임과 이해理解, 공동선의 추구가 문제 풀이 민주주의의 정신이다.”

이 토론회에서 원희룡 지사는 “친노패권주의라는 이름으로 운동권 출신이 공격받을 때 변호해주고 싶은 마음도 있다. 그러나 그들은 두 가지 공통적인 문제가 있다”고 말했다. 첫째는 너는 죽고 나만 살자는 태도다. 내가 아니면 안 된다는 독점욕이 너무 강하다. 둘째는 공부를 참 안 한다. 옛날에 보았던 이념 서적으로 오늘의 모든 것들을 판단하려 한다. 과도한 이기심과 지적 게으름이 운동권 문화의 멸종 원인이다.[47]

2016년 1월 25일 김종인은 YTN 인터뷰에서 안철수 의원의 국민의당과 천정배 의원의 국민회의의 전격 통합에 대해 서로의 이해관계에 따른 ‘궁여지책’으로 평가절하하면서 “그러면 안철수 대표나 다른 의원들이, 다른 비노계에서 본 친노패권주의라고 보는 것은 다 허상이라고 보시는 겁니까?’라는 앵커의 질문에 대해 다음과 같이 답했다.

“그러니까 친노패권주의라고 패배 의식을 가졌기 때문에 그런 현상이 생겨난 거죠. 정당 내에서 계파 간에 경쟁을 해서 서로 누가 이기느냐는 꾸준히 추진되는 거 아니겠어요. 그런데 사실 수권을 할 수 있는 정당이라고 할 것 같으면 그런 그룹이 많으면 많을수록 좋은 거란 말이에요. 왜 각기 자기가 내 입장이 약화되고 이렇다고 하는 것을 이유로 내세워서 지금 현재의 지도부가 얼마나 막강한지 모르지만 그것을 견디지 못해서 당을 버린다고 하는 것은 소위 민주주의 정당에서 그와 같은 행위가 과연 옳으냐 하는 것은 한 번 재고해볼 필요가 있다고 생각을 해요.”[48]

2016년 1월 28일 김종인은 『조선일보』 인터뷰에서 “친노패권주의 청산할 자신이 있나"라는 질문에 이렇게 답했다. "솔직히 뭘 가지고 친노패권주의 이야기를 하는지 납득이 잘 안 된다. 밖에서 가장 의심하는 것이 내가 문재인 대표의 꼭두각시처럼 움직이지 않을까 하는 건데, 그런 우려는 하지 않아도 된다. 내가 관장할 능력이 없으면 하지도 않았다."[49]

왜 친노는 '친노패권주의'를 한사코 부정할까?

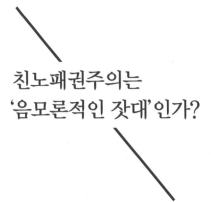

친노패권주의는
'음모론적인 잣대'인가?

친노패권주의와 관련해선 여러 논쟁이 있었지만, 가장 대표적인 것으로 2015년 5월 『오마이뉴스』에서 벌어진 논쟁을 빼놓을 순 없을 것 같다. 5월 9일 정균영 전 민주통합당 수석사무부총장은 「호남 정치 복원론, 그것은 '대선 패배'다」라는 글에서 친노패권주의는 허구라고 단언했다. 그는 "세력으로서의 친노는 당에 없다. 의원들이나 문재인 대표 측근들은 진짜 친노의 실체가 아니다. 진짜 친노가 있다면 당 밖에 있는 수많은, 노무현 정신을 기억하고 그리워하는 국민들일 것이다"라면서 다음과 같이 말했다.

"이들이 차지하고 있는 비율이 선거 시에 최소한 새정치민주연합 지지율의 10% 정도는 좌우할 것으로 본다. 이들은 새정치연합이 총선에 승리하고 정권을 창출하기 위해 잘 관리해야 할 소중한 자산이다. 당밖 이들의 정치적 지향성을 친노패권주의라는 음모론적인 잣대로 재단하려 든다면 새정치민주연합은 2% 부족한 정당이 아니라 무엇을 해도

질 수밖에 없는 10% 부족한 정당으로 전락할 수 있다."

이에 대해 노무현 대통령 비서관 출신인 민형배 광주 광산구청장은 "노무현 정신을 기억하고 그리워하는 당 밖 10%가 친노패권주의라고 생각하지 않습니다. 그 10%가 소중한 자산이라는 점에 저는 진심으로 동의합니다. 문제는 이 주장이 여전히 '호남표(지역이든 가치든, 혹은 이 둘의 혼합이든)'를 확고부동한 상수로 여긴다는 사실입니다. 이는 옳지 않습니다"라면서 다음과 같이 반박했다.

"2012 대선에서 안철수 현상의 최대 근거지가 호남이었습니다. 그렇다고 해서 호남은 문재인 단일 후보를 비토하지는 않았습니다. 몰표로 화답했습니다. 2014 지방선거에서 전북 기초단체장의 50%, 전남 기초단체장의 36.3%가 무소속 당선이었습니다. 이후 치른 두 번의 재보궐 선거에서 이정현(새누리), 천정배(무소속) 의원이 당선됐습니다. 호남표는 선거를 통해 새정치연합의 각성을 끊임없이 요구했습니다. 그러나 새정치연합은 답하지 않았습니다. 호남표가 어디 가겠느냐는 안이한 생각 때문입니다. 호남표는 '당 안쪽'에 있는 당 소유의 자산이 아닙니다. 호남표도 당 밖 10%처럼 똑같이 소중합니다. 호남표는 당이 갚아야 할 부채입니다. 이 부채를 갚는 길로 호남표는 호남만의 특혜를 요구하지 않습니다. '야당' 역할 똑바로 해라', '수권 능력 제대로 갖춰라', '호남 주권자는 언제나 준비되어 있다', '문제는 새정치연합 너희들이다'라고 이야기합니다. '가치 지향적' 요구입니다. 하지만 여전히 새정치연합은 화답하지 못하고 있습니다. 마침내 호남표의 인내는 한계에 도달했습니다. 그래서 지금 호남표는 심하게 흔들리고 있고, 그것을 수습하는 방도 중 하나로 '호남 정치 복원'이 나오기까지 한 것입니다."[50]

정균영은 이른바 '호남 홀대론'도 부정하고 나섰다.

"과연 호남은 새정치연합 내에서 홀대받고 있는 것일까. 절대 그렇지 않다. 새정치연합 국회의원 130명 중 52명이 호남 출신이다. 이는 호남 지역구 30석 중 28석을 제외하고도 24석이 수도권과 비례대표에 진출했다는 이야기다. 전체 당내 의석수 대비 40%다. 새정치연합은 호남 중심의 정당이라고 할 수 있다. 정당에서 가장 큰 자리는 현역 국회의원이다. 이런 현역 국회의원이 40%를 점하고 있는데 어떻게 호남이 홀대받고 있다고 할 수 있는가."

이에 대해 민형배는 다음과 같이 반박했다.

"국회의원이 많고, 당대표도 여럿이었음에도 '불구하고' 호남 민심이 반영되지 않고 있다는 문제의식이 '호남 홀대론'의 요지입니다. 호남 홀대론은 새정치연합을 지탱하는 최대 주권자의 의지가 새정치연합의 정치 행위에 반영되지 않고 있다는 주장입니다. 이 주장의 옳고 그름은 다른 논의 공간이 필요합니다. 수요자 중심, 주권자 중심으로 호남 홀대론을 이해했을 때 의미 있는 논의가 가능합니다."[51]

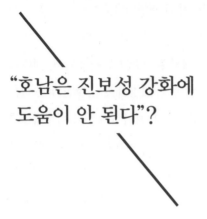

"호남은 진보성 강화에 도움이 안 된다"?

정균영은 "호남이 특별히 이념적 좌표 측면에서 새정치연합의 중도 개혁노선 이상의 진보성 강화 요인을 가지고 있지 않다"고 주장했다. 이에 대해 민형배는 다음과 같이 반박했다.

"이는 사실과 다를 뿐 아니라 호남 유권자에 대한 예의도 아닙니다. 야권 연대 틀이 강력히 작동한 2012 총선에서 호남은 통합진보당에 가장 많은 정당 투표를 했습니다. '광주〉울산〉전남〉전북' 순입니다. 지금 호남 유권자의 이념적 지향이 왼쪽이라는 주장을 하는 게 아닙니다. 호남 유권자의 전략 투표가 '몰표'만은 아니며, 호남 유권자를 단순하게 함부로 규정해서는 곤란하다는 이야기를 하는 겁니다."[52]

구체적 통계를 살펴보자. 2012년 총선에서 통합진보당 지역별 정당 득표율은 광주 18.6퍼센트, 울산 16.3퍼센트, 전남 14.77퍼센트, 전북 14.15퍼센트, 제주 12.4퍼센트, 경기 11.01퍼센트, 서울 10.56퍼센트, 경남 10.53퍼센트, 인천 9.71퍼센트, 대전 9.04퍼센트, 부산 8.42퍼

왜 친노는 '친노패권주의'를 한사코 부정할까?

센트, 충북 7.7퍼센트, 대구 7.04퍼센트, 충남 6.83퍼센트, 강원 6.59퍼센트, 경북 6.22퍼센트였다. 도대체 얼마나 표를 더 줘야 저런 엉뚱한 말이 안 나오게 할 수 있는 걸까? 아니다. 아무리 진보 정당에 표를 줘도 호남은 무조건 욕먹게 되어 있다. 이는 앞서 소개한 「야당 내분이 이종격투기인가?」라는 칼럼에 달린 다음과 같은 두 개의 댓글을 보면 알 수 있다.

(1) "강준만 씨는, '호남은 개혁 · 진보 세력의 집권을 위해 몰표를 주고서도 지역주의적 투표 행태를 보인다고 매도의 대상이 된다'고 했습니다. 과연 그럴까요? 미안하지만 나는 호남의 민심은 개혁과 진보가 아니라고 생각합니다. 그건 명분일 뿐입니다. 실질은 반새누리당에 기초한 지역주의입니다. 한때 정몽준 씨가 호남에서 대선 후보 지지율 1위를 기록한 것은 뭘 의미할까요? 지역주의를 개혁과 진보로 위장하는 행태부터 고치지 않으면 호남도 희망은 없다고 봅니다." [53]

(2) "보면 알겠지만 강준만의 윗글은 논리가 엉크러지고 산만합니다. 왜일까요? 억지를 부리기 때문입니다. 논리적 타당성이 없는 주장을 애써 그럴듯하게 하려다 보니 글이 졸렬하게 된 것이지요. 그 중심에는 호남의 지역주의를 숨기려는 은폐 의도가 자리하고 있습니다. 호남이 영남에 비해 개혁적이다? 진보적이다? 천만에요. 호남이 지지한 것은 늘상 그 지역 출신이거나(김대중), 싫어하는 정당에 대항하거나(노무현/정몽준) 한 인물입니다. 사실을 부인하지 맙시다." [54]

보라. 앞서도 말했지만, 이래도 욕먹고 저래도 욕먹는 호남의 운명을! 이 두 네티즌은 무식하기보다는 '불감不感' 상태에 빠져 있다. 지금 우리 사회에서 "나는 불의를 고발했다. 그러나 정작 싸움의 상대는 불감사회였다"는 절규가 외쳐지고 있는 것과 맥을 같이하는 현상이다.

참여연대 공익제보지원단이 기획하고 이 지원단의 실행위원 신광식이 지은 『불감사회: 9인의 공익제보자가 겪은 사회적 스트레스』라는 책은 읽기에 고통스럽다. 공익제보자들이 겪은 고통이 가슴 아파 고통스러운 점도 있지만, 더욱 고통스러운 건 대다수 선량한 사람들이 그 공익제보자들이 겪은 고통의 가해자일 수 있다는, 아니 가해자라는 사실 때문이다. '추천의 글'을 쓴 공익제보단당 김창준이 지적한 "한국 사회 특유의 이중 잣대와 위선, 조직문화의 폭력성, 저급한 의리의식, 절대 권력에 굴종하는 비열한 인간군상 등 한국 사회의 모순"에서 자유로운 사람이 과연 얼마나 있을까?[55]

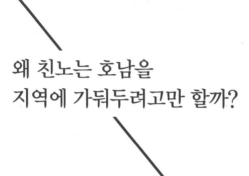

왜 친노는 호남을
지역에 가둬두려고만 할까?

이 두 네티즌은 한국 사회를 이해하는 데에 큰 기여를 했다. 자칭 진보라는 사람들이 호남을 차별하고 모멸하는 또 다른 이유를 이해하게 해주었다는 말이다. 앞서 살펴본, 진보의 이름으로 '정치 죽이기'를 하는, 즉 정치 혐오를 악용하는 포퓰리즘의 구조와 매우 비슷하다. 일단 자기편은 순진무구한 가상의 존재로 설정한 뒤 미워하는 상대편의 흠을 잡는 데에 혈안이 된다. 그런 흠 잡기용 비판은 순진무구를 전제로 하면 다 맞기 때문에 반박하기가 쉽지 않지만, 역지사지易地思之가 전혀 없다는 점에서 그건 사기 행위다.

이 두 네티즌은 자신들은 자신의 이념과 노선과 원칙을 의인화해서 반대편 정치인에 대한 혐오나 증오를 갖고 있고 그걸 마음껏 표현하면서도 왜 호남인은 그런 의인화를 하면 안 된다고 주장하는 걸까? 왜 자신이 하는 반反새누리당 투표 행위는 진보고 남이 하는 반反새누리당 투표는 지역주의라고 주장하는 걸까? 왜 또 그러면서도 호남이 분열해서 새누리당에 유리해지자 호남인들에게 온갖 욕과 저주를 퍼부어대는 걸까?

두 네티즌의 발언은 "호남 사람들이 나 예뻐서 찍어줬습니까? 이회창 싫어서 찍어줬지"라는 노무현 논리의 연장선상에 놓여 있다. 좋다. 그랬다고 치자. 그 논리대로 한 번 말해보자. 호남을 모멸하는 이들도 5·18 광주민주항쟁에 대해선 함부로 말하지 않는데, 5·18은 전두환 싫어서 일어난 건가? 4·19 혁명은 이승만 싫어서 일어난 건가? 재벌 개혁은 재벌이 싫어서 외치는 건가? 모든 계급 문제도 상층계급이 싫은 마음에서 비롯된 건가? 그렇다면, 거기에 무슨 민주·개혁·진보가 있는가?

이런 반문에 대해 두 네티즌은 그런 싫음은 동전의 양면처럼 대의大義의 이면으로 분리할 수 없는 거라고 답할 게다. 내 말이 바로 그 말이다. 왜 자신들한테 적용하는 그런 분리 불가능성을 호남인들에게만 적용해 호남인들의 모든 행동을 지역주의로 환원시키는가? 이건 앞서 말한 '불감不感'의 수준을 넘어 사악한 게 아닐까?

'사악'은 지나친 표현이 아니냐고? 맞다. 지나치다. 흔쾌히 인정한다. 나는 내 글쓰기 특강을 듣는 전북대학교 학생 최별이가 쓴 「나는 호남 사람이다」는 글을 읽으면서 '사악'을 떠올렸다. 호남 차별의 한恨을 이야기한, 워낙 눈물겨운 이야기였기 때문이다. 눈물겨운 이야기는 빼고, 2002년 대선 때의 한 장면만 소개하겠다.

전남 순천 출신인 최별이는 "부모님은 노무현을 지지했다. 김대중 때와 유사한 지지는 아니었다. '무조건 김대중'이 1997년의 심리였다면 2002년엔 같은 노무현 지지자라도 지지의 이유가 조금씩 달랐다. 어머니는 노무현이 '고졸'이라는 것과 '민주당을 달고 부산에 계속해서 출

　　　　　　　　　　왜 친노는 '친노패권주의'를 한사코 부정할까?

마' 했다는 점을 높게 평가했다. 몇몇 학교 교사들은 '노동조합 변호하던 인권변호사'라는 점을 이야기했다. 아버지는 조금 특이했다. 호남 기반 민주당의 영남 후보라야 민주당에서 대통령이 나온다고 했다. 어차피 호남 사람들은 민주당을 뽑을 것이기에, 호남에 비해 월등히 인구가 많은 영남 사람들도 좋아할 만한 사람이어야 그들의 표를 가져와 선거에서 승리한다는 것이다"라며 다음과 같이 말한다.

"아버지는 전에도 비슷한 맥락의 이야기를 한 적이 있다. 아버지는 광주 연고의 야구 구단 '타이거즈'의 광팬이었다. 타이거즈는 20세기 후반 '왕조'라 불릴 정도로 KBO를 지배했던 강팀이었다. 타이거즈 야구를 중계할 때면 밥숟갈도 놓고 응원에 매달리셨다. 그런데 아버지는 그토록 응원하던 '타이거즈'가 서울 연고의 'LG'와 대구 연고의 '라이온스'에게는 가끔씩 '져줘야' 한다고 말하곤 했다. 그래야 '서울 사람들'과 '대구 사람들'이 잘나가는(?) '호남 사람들'에게 거부감을 갖는 걸 막을 수 있다는 논리(?)였다. 궤변처럼 들릴 수 있지만 아버지 외에도 그런 말을 하는 어른들이 적지는 않았다. 큰 맥락에서 보면 '남을 의식한 응원 혹은 지지'라는 점에서 놀랍도록 아버지의 노무현 지지 이유와 닮은 발상이다."

생각해보자. 더는 억울하게 차별당하고 싶지 않다는 열망, 그리고 그 열망의 실현을 어렵게 만드는 사람이나 세력에 대한 거부감, 이게 개혁이나 진보와 무관하단 말인가? 도대체 어디서 배운 '개혁'과 '진보'이길래 그런 생각을 할 수 있단 말인가? 특정 집단의 사람에 대한 차별을 전제로 하거나 그걸 외면하는 개혁이나 진보가 가능하단 말인가? 차라리 "호남 차별은 새빨간 거짓말"이라고 주장하는 게 논쟁엔 더 도움이 되는 게 아닐까? 막말로, 일베가 더 나은 논쟁 파트너가 아니겠느냐 이 말이다.

이상하게 친노는 자주 아전인수我田引水의 극치를 보인다. 정균영의 이 말씀을 들어보시라. "17대 이후 소위 친노라 불리는 세력이 단순한 영남 정치 세력의 의미를 벗어나 있다는 데 주목해야 한다. 2002년 대선 정국을 통해 노무현이라는 아이콘을 중심으로 새정치에 대한 열망을 가지고 응집된 일반 국민 세력이라는 점에서 그들을 단순히 영남 정치 세력으로 규정하는 건 커다란 오류를 범하는 일이다."[56]

이에 대해 민형배는 정균영이 호남은 '지역'으로만 간주하고 친노에 대한 해석은 적극적이라면서 왜 친노에 대한 생각의 틀을 호남에 적용하지 않는지 의문이라고 했다. 민형배는 정균영의 문장 구조에서 친노를 호남으로 바꾸면 다음과 같다고 했다.

"한국 현대사 전체에서 소위 호남 민심이라 불리는 세력이 단순한 호남 정치 세력의 의미를 벗어나 있다는 데 주목해야 한다. 수많은 선거를 통해 민주주의에 대한 열망을 가지고 응집된 일반 국민 세력이라는 점에서 그들을 단순히 호남 정치 세력으로 규정하는 건 커다란 오류를 범하는 일이다."[57]

왜 친노는 '친노패권주의'를 한사코 부정할까?

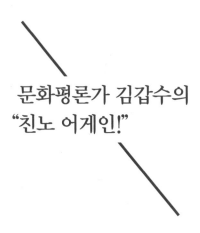

문화평론가 김갑수의
"친노 어게인!"

정균영식의 일방적인 친노 예찬은 좀 교묘한 형태로 시인이자 문화평론가인 김갑수의 글에서도 발견된다. 그는 2015년 2월 『국제신문』에 기고한 「친노 어게인!」이라는 글에서 "친노가 누구지? 아니, 친노라는 계파가 실제로 있기는 한 건가? 대뜸 노무현의 친구 문재인을 떠올릴지 모른다. 그렇다면 그가 이끈다는 계파 조직원을 떠올려보라. 이해찬, 한명숙이 그의 조직원인가. 정청래, 진선미가 그의 수하인가. 혹시 봉하마을 묘역 주변에 쥐도 새도 모르게 숨어 암약하고 있는 것인가"라면서 다음과 같이 말한다.

"집권 세력과 보수 언론의 온갖 신묘한 공략에도, 야권 내부의 어떠한 총질에도 친노는 사멸하지 않을 것 같다. 친노는 유령이니까. 유령은 하드웨어가 없으나 소프트파워로서 실체를 드러낸다. 마르크스가 공산당 선언에서 말한 '유럽을 휩쓰는 유령'이 프롤레타리아 계급의식이었다면 친노라는 유령은 한국 사회 저변에 깔려 있는 광범위한 반기득권

의식을 뜻한다. 그것이 친노의 원죄이자 힘이다. 범야권의 모든 정파가 기득권 극복을 외치지만 리더의 죽음으로 결집한 친노만큼 선명한 의지를 지닌 세력은 없다. 여의도 정치 정파로서는 대단히 모호하지만 시민사회 전반에 친노는 모세혈관처럼 뻗어 있다."

이건 수긍할 수도 있는 말씀인데, 문제는 이런 주장을 펴기 위해 그가 동원한 '범주화된 지각의 오류fallacy of categorical perception' 또는 '착각적 상관의 오류fallacy of illusory correlation'는 매우 고약하다.[58] 종편 'TV조선'에 출연해 외롭게 진보의 가치를 역설하는 모습을 많이 봐온 터였기에 그 고약성이 더하게 느껴지는 건지도 모르겠다. 그는 이와 같은 주장의 앞부분에서 다음과 같이 말한다.

"친노, 그 자식들 정말 나쁜 놈들이야. 나하고는 소주잔 건네면서 건성건성 대하더니 자기들끼리 따로 모여 양주 마시는 거 있지. 에이 나쁜 놈들!" 방송 출연으로 친숙해진 한 인사의 증언이다. 그는 참여정부 시절 청와대 출입기자를 했던 언론인이다. 대학 시절 학생운동을 열심히 했고 호남 출신이며 나름 진보 성향을 자처하기도 한다. 그는 틈만 나면 친노 성토에 열을 올린다.……소주 따로, 양주 따로 대접한다는 친노들의 위선적 행태가 아무래도 이상했다. 마침 그 시절 청와대 내에서 언론을 담당했던 소위 '친노 인사'를 알기에 전화로 확인까지 했다. 그의 반응은 "푸하하"였다. 별 소소한 트집을 다 잡는다는 듯이 어이없어 하며 그가 했던 반응을 정리하면 '그 출입기자가 싫었다'였다. 소주, 양주 차별은 전혀 기억에 없지만 매사 연고 따지며 형님 동생 운운하는 그 기자의 행동이 전형적인 구태로 보여 함부로 대했다는 증언이다. 상황이 짐

작되어 한참 웃었다."⁵⁹

김욱은 "김갑수의 이 글은 사람들에게, 호남 사람은 소주/양주 차별 따위로 친노를 성토하고, 친노는 연고를 따지는 등 전형적인 구태를 보이는 호남 사람들의 행태를 싫어하며, 친노의 본질은 '반기득권 의식'이라는 오도된 인상을 심어주고 있다"며 다음과 같이 말한다.

"그 호남 사람은 특정인이지만 이미지는 그냥 호남 사람이 될 것이다. 프로파간다의 전형이다. 그 친노는 '소주, 양주 차별은 전혀 기억에 없'댄다. 그 호남 사람이 정말 양주가 먹고 싶었는데 못 마셔 그 때문에 틈만 나면 성토를 하는 걸까? 참고로 '우리가 남이가'는 영남인들의 전매특허로 널리 알려져 있다. 양주든 소주든 그들끼리만 함께 마시며 서로 북돋는 '패거리 의식'에 관해 궁금한 것이 있으면 노무현 캠프에서 헌신적으로 활약했던 호남 사람인 현 관악구청장 유종필을 찾아가 한 번 물어볼 것을 권한다. 그가 그들에게 무슨 일을 당했는지."⁶⁰

왜 김갑수는 전형적인 구태를 보인 기자가 '호남 출신'이라는 걸 굳이 밝혀야 했을까? 『국제신문』이 부산 신문이기 때문에? 비노가 주로 호남 출신이기 때문에? 아니면 별생각 없이 밝힌 건가? 그걸 따지는 건 과민반응인가? 그래 내 과민 반응으로 돌리기로 하자. 사소하지만, 앞으론 김갑수가 그런 식으로 글을 쓰지 않기를 바랄 뿐이다. 김갑수 스스로 '한국 사회 저변에 깔려 있는 광범위한 반기득권 의식'의 실천에 가담하면서 그걸 자랑스럽게 여기고자 한다면, "나의 기득권은 선善이요, 너의 기득권은 악惡"이라는 이중성을 갖지 않도록 노력하는 것도 좋을 것 같다.

나는 김찬호가 『모멸감: 굴욕과 존엄의 감정사회학』(2014)에서 제안한 '모욕 감수성'이라는 개념이 널리 쓰이면 좋겠다. 김갑수가 읽으면 아주 좋을 책이다. 김찬호는 젠더 감수성, 인권 감수성처럼 사람들의 성찰을 이끌어내는 개념을 만들자며, "내가 무심코 던진 말 한마디, 습관적으로 짓는 표정이나 눈빛에 대해 민감해지도록 분위기를 조성하고 담론을 만들어가야 한다"고 말한다. 역지사지易地思之로는 부족하고 역지감지易地感之, 즉 상대방의 입장에서 '느끼는' 단계까지 나아가야 한다는 것이다.[61]

왜 친노는 '친노패권주의'를 한사코 부정할까?

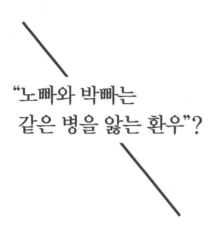

"노빠와 박빠는
같은 병을 앓는 환우"?

　김갑수의 글은 비노 호남인을 등장시켰지만, 호남에도 친노는 많다. 이걸 제대로 알아야 친노의 정체성 규명이 가능해진다. 이와 관련, 김욱은 "호남 유권자는 A그룹: 신념에 찬 정통 호남 친노(극소수), B그룹: 강요된 사이비 호남 친노(대다수), C그룹: 신념에 찬 정통 호남 비노·반노(소수)로 분류할 수 있다. 물론 호남 유권자를 이런 식으로 분류하는 건 미디어에서 일반적으로 행하는 방식은 아니다. 『한겨레』의 사설이 우려 속에서 관찰한 '친노의 반대말이 호남이 되는 상황'이라는 건 B+C그룹의 비노 상황을 말하는 것이다"며 다음과 같이 말한다.

　"그런데 B그룹을 어떻게 부르든 그들의 불만 자체를 일상적인 것으로 안이하게 평가하는 관전자들도 많다. 그들 관전자들이 보기에 B그룹은 상황을 타개할 방법을 알지 못한다. 극단적으로 표현해 친노의 인질로 사는 것이 새누리당의 지배를 받고 사는 것보다는 낫다고 생각하는 것으로 비춰진다. 그래서 그런 정도의 하찮은 불만은 선거가 닥치면 그

때그때 이른바 '회초리'론이나 '미워도 다시 한 번'론으로 적당히 넘어가면 되는 것으로 평가한다. 설령 그들 호남 친노의 불만이 높다 한들 새정치민주연합의 하늘 아래 불만 아니겠는가? 그래서 그들 관전자들은 예컨대 선택의 여지없는 대선 상황 등에 직면할 때는 언제라도 A+B그룹이 될 수밖에 없다고 보는 것이다. 호남 유권자를 인질로 간주하는 노무현 집권 이후의 오래된 관행이다. 그리고 이 준비된 인질 전략은 다음 대선을 꿈꾸는 문재인의 결정적 자산이기도 하다."[62]

일리 있는 분석이긴 하지만, 나는 우선 친노의 유형을 5가지로 분류해야 호남 친노에 대한 이해도 쉬워지리라고 본다. 그런데 이런 분류에 앞서 짚고 넘어가야 할 점은 '친노'와 이른바 '노빠'의 구분이 쉽지 않다는 점이다. 사실 웬만큼 독하지 않고선 빠의 정체성에 대해 글을 쓰기 어려운데, 이런 문제에 관한 한 거침이 없는 김규항이 총대를 메고 나섰다. 그는 2015년 6월 「사랑의 결핍」이라는 『경향신문』 칼럼에서 "빠는 '열렬한 지지자'와 전혀 다르다.……빠는 대상을 열렬히 사랑하는 사람도 아니다"며 세간의 상식을 뒤엎는다.

"빠는 단지 자기애를 대상에 투사하는 사람이다. 그것은 대상에 대한 비판에 보이는 태도로 쉽게 드러난다. 대상을 사랑하는 사람은 대상에 대한 비판을 가급적 받아들이려 노력한다. 많이 불편하더라도, 그렇게 하는 게 대상을 위한 길이며 대상을 욕되게 하지 않는 태도라는 걸 알기 때문이다. 그러나 빠는 대상에 대한 비판에 무작정 반발하며 증오감을 드러낸다. '나에 대한 모욕이자 공격'으로 느끼기 때문이다. 빠는 대상을 목숨처럼 사랑하는 듯하지만, 대상이 어떻게 되든 상관하지 않는

왜 친노는 '친노패권주의'를 한사코 부정할까?

다. 자기애의 실체는 자기 존중의 부족, 열등감이다. 빠는 대상을 무작정 옹호하는 행동을 통해 제 열등감을 해소한다. 그래서 '빠'는 또한 '까'이기도 하다. 자신이 집착하는 대상은 무조건 옹호(빠)하고 그 이상화를 방해하는 대상은 무조건 폄훼(까)하는 '분리 행동기제'는 경계성 인격장애 등에서 나타나는 전형적인 병증이기도 하다."

이어 김규항의 화살은 노빠를 향한다. 그는 "인간 노무현과 대통령 노무현을 나누어 보길 거부하는, 대통령 노무현의 공과에 대한 어떤 비판과 토론도 거부한 채 무작정 '노짱'을 추앙하고 '그런 대통령은 또 없다' 말하는 사람들이다. 노무현의 인간적 매력이 각별했던 만큼 인간 노무현을 사랑하는 사람들도 많았다. 노무현의 비극적 죽음과 기억 앞에서 그들의 감정도 극단에 이를 수밖에 없었을 것이다"며 다음과 같이 말한다.

"일반적인 의미에서, 노무현 지지자는 박근혜 지지자보다 나은 사회의식을 가진 사람들일 가능성이 높다. 그러나 노빠와 박빠는 같은 병을 앓는 환우일 뿐이다. 그들에게 필요한 건 비판이나 토론이 아닌 치료다. 지난 몇 해 동안 노빠가 한국 정치를 얼마나 퇴행시켜왔으며, 그래서 애꿎은 수많은 사람들의 삶에 얼마나 해악을 끼쳤는가에 대해 굳이 더 반복할 건 없을 것이다. 물론 노빠라고 다 같진 않다. 어떤 사회적 존중도 필요 없어 보이는 중증 노빠도 있지만, 지지자이되 여린 성정 탓에 노빠의 영역을 맴도는 사람들도 있다. 노빠를 이용해 제 이해를 도모하는 노빠도 있다. 그러나 그들에겐 공통점이 있다. 사랑의 결핍이다. 누군가를 사랑하는 건 '그의 처지에서 생각하는 것'이라는 점에서 말이다."[63]

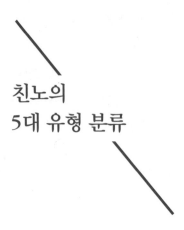

친노의
5대 유형 분류

김규항의 글은 노빠나 친노로선 펄펄 뛸 이야기겠지만, 노빠에 대한 반감이나 염증이 진보 좌파 진영 일각에도 그만큼 진하게 자리 잡고 있다는 걸로 이해하면 되겠다. 김규항이 '여린 성정 탓에 노빠의 영역을 맴도는 사람들'을 지적했듯이, 노빠건 친노건 모두 다 똑같은 속성을 가진 사람들로 보는 건 그들의 이해에 전혀 도움이 되지 않는다. 좀더 정교하게 분류할 필요가 있다. 내가 생각하는 5가지 유형은 다음과 같다.

첫째, 노무현도 갖고 있던 '영남 민주화 세력의 한恨'을 공유하는 친노다. 이는 '호남 보수 세력의 한'과도 통하는 말인데, 진보나 보수의 소신을 지역주의 때문에 펼칠 수 없는 사람들이 갖고 있는 한을 말한다. 바로 이들이 친노 주류다. 영남에서 진보나 호남에서 보수는 고향에선 그야말로 가시밭길을 걸을 수밖에 없는 이단자 취급을 받는지라, 이들은 지역 구도를 깨는 걸 정치의 최우선 순위로 삼는다. '호남의 인질화'도 바로 그 우선순위의 실천 과정에서 발생한 것이다.

왜 친노는 '친노패권주의'를 한사코 부정할까?

나는 '영남 민주화 세력의 한'에 십분 공감한다. '호남 보수 세력의 한'에도 공감하기에, 나는 전북에서 새누리당 활동을 하는 분들을 만날 때마다 '화이팅'을 외치는 격려를 해준다. 김욱은 "나는 이제 호남의 욕망을 위해 전략적 사고를 하며 새누리당에 투표하는 호남인들에 더이상 크게 소원함이 느껴지지 않는다"고 했지만,[64] 나는 좀더 적극적이다. 전남의 이정현처럼 전북에 새누리당 의원이 나오길 간절히 바란다. 아니 더 많은 새누리당 의원이 나오길 바란다. 내가 '영남 민주화 세력의 한'에 대해 갖고 있는 문제의식은 그 한을 풀기 위해 호남을 인질로 써선 안된다는 것이다. 즉, 수단과 방법의 정당성도 소중하다는 이야기다.

둘째, 노무현을 좋아하는 친노다. 노무현을 좋아하는 이유는 다양하지만, 나는 유시민의 다음 말이 가장 가슴에 와 닿는다. "노무현 대통령이 사람의 연민을 참 자극하는 사람이란 말이에요. 보고 있으면 참 속이 상해. 저 사람을 위해서 뭐라도 해줘야 한다는 마음을 자꾸 일으키는 분이지."[65] 그 이유가 무엇이건 노무현을 좋아하거나 사랑하는 친노들은 노무현을 계승한 것으로 보이는 정치인이나 정치 세력을 노무현을 대하듯 적극 지지한다. 내가 직접 겪어본 경험에 따르면, 이들은 선량하고 양심적이며 헌신적인데, 선악 이분법이 강한 편이다. 노빠는 이 두 번째 유형에서 많이 나오지만, 다른 유형의 속성을 공유하고 있기도 하다.

셋째, 운동권 친노다. 주로 운동권 출신을 말하지만, 운동권 경험이 없더라도 운동을 하지 못한 자신의 과거에 대한 죄책감이나 콤플렉스로 인해 운동권 체질과 정서를 그대로 갖고 있는 사람들이다. 이들은 정의당과 같은 진보 정당에 들어가서 활동하는 것이 자신의 이념과 부합하지만, 진보 정당이 성장하기 어려운 한국적 현실을 감안해 더불어민주당에 둥지를 튼 경우인데, 앞의 두 유형의 친노와 친화성이 매우 높다.

넷째, 기회주의 친노다. 정관계 진출이나 출세의 꿈을 갖고 있던 이들은 자신이 처한 상황에 따라 친노가 되는 것이 유리해서 친노 코스프레를 했거나 지금도 하고 있는데, 이들의 수가 의외로 많다. 이들은 코스프레에 충실하기 위해 친노 대중을 열광시킬 수 있는 '노이즈 마케팅'에 매우 능하다.

다섯째, 기득권 친노다. 노무현 정부 시절에 정관계 진출을 했거나 그 어떤 식으로든 여러 분야에서 개인적 수혜를 본 사람들은 자신의 인적 네트워크가 친노 중심인데다 자신에 대한 사회적 평가가 친노에 대한 평가와 상당 부분 겹치므로 자신의 현실적 또는 정서적 기득권 보호를 위해 계속 친노인 사람들이다. 물론 예외는 있으며, 대체적으로 보아 그렇다는 것이다.

왜 친노는 '친노패권주의'를 한사코 부정할까?

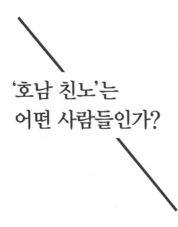

'호남 친노'는
어떤 사람들인가?

　이 5가지 유형 중 어느 하나에만 속하는 사람들도 있지만, 2가지 이상의 유형에 동시에 속하는 사람도 많다. 호남 친노는 둘째, 셋째, 넷째, 다섯째 유형 중 하나에 속하거나 2가지 이상의 유형에 동시에 속한 사람들이다. 호남 친노는 첫째 유형의 친노에 대해 무관심하거나 별문제 아니라고 생각한다. 일베에도 호남 일베가 있는데, 이들이 일베의 호남 비하를 자신이 일베에서 충족시키는 다른 가치에 비해 열등하거나 사소하게 보는 심리와 비슷하다.

　김욱은 '신념에 찬 정통 호남 친노'는 극소수이고, '강요된 사이비 호남 친노'가 대다수라고 했는데, 내 생각은 좀 다르다. 김욱이 말하는 '신념에 찬 정통 호남 친노'는 아마도 첫 번째 유형을 말하는 것 같은데, 이런 유형의 호남 친노가 극소수라는 건 맞다. 문제는 '강요된 사이비 호남 친노'에서 '강요'의 성격이다. 이에 대해 김욱은 다음과 같이 말한다.

　"지난 대선에서 역시 90% 이상의 몰표로 문재인을 지지했던, 그리고 앞으로도 문재인 주위를 맴돌 호남인들이나 호남 정치인들을 어떻게 봐야 할까? 그들은 대다수가 순도 높은 정통 친노가 아니라 '노무현 이데올로기를 아전인수로 변형시켜 자기 식대로 받아들이고 있는 강요된 사이비 친노'라고 봐야 한다. 여기서 '자기 식의 아전인수'란 '설마 또 그러지는 않겠지'라고 애써 자위하며 현실을 외면하거나 자포자기하는 태도를 말한다. 그래서 그들은 문재인이 대선에 출마하면 별다른 선택의 여지가 없을 경우 약간의 망설임 끝에 여전히 그를 찍을 가능성이 높은 호남인들이다. 나는 이들을 넓은 의미의 호남 친노라고 생각한다."[66]

범위가 너무 넓어지지 않았나 싶다. 비노이면서도 문재인이 야권 후보가 되면 문재인을 찍는 사람까지 '호남 친노'로 보는 건 좀 이상하지 않느냐는 것이다. 호남인이 내가 말한 둘째, 셋째, 넷째, 다섯째 유형에 속한다 하더라도 그걸 '강요'로 보긴 어려우며, 이런 사람의 수가 매우 많다는 게 내 생각이다.

나는 이 4가지 유형 중 다섯째 유형의 호남 친노가 가장 많다고 본다. 기득권이 그만큼 무섭다는 뜻이기도 하다. 박정희를 좋아하는 국민이 많은데, 가장 큰 이유는 박정희 집권 18년의 기득권에 있다고 본다. 그 18년간 잘나간 사람들은 박정희 체제의 수혜자인 셈인데, 이들은 자신의 정서적 기득권, 쉽게 말해 "나는 부끄럽게 살지 않았다"는 자기정당화를 위해서라도 박정희가 괜찮은 대통령으로 평가받아야만 한다.

노무현 집권 5년은 18년에 비할 바는 아니지만, 그 시절에 수혜를 본 호남인이 많았던 것도 분명한 사실인바, 이들이 정서적 기득권을 지키기 위해 친노가 되는 것을 '강요'로 보기는 어렵지 않겠느냐는 게 내 생각이

왜 친노는 '친노패권주의'를 한사코 부정할까?

다. 웃자고 하는 이야기지만, 나는 노무현 정부 시절에 정말 보잘것없는 무슨 위원회의 위원 노릇을 좀 했다는 이유만으로 친노로 돌변하고 좀 약화되었을망정 지금도 일관성을 지키려는 사람들을 적잖이 보았다.

그렇다면, 모든 친노가 다 문제란 말인가? 천만의 말씀이다. 그런 이야기가 아니다. 매번 '일부 친노'라고 표현하기가 어려워서 그냥 '친노'라고 쓰는 것일 뿐, 친노 비판은 모든 친노에 대한 비판이 아니다. 친노가 된 동기가 무엇이건 사적 영역에서건 공적 영역에서건 내가 좋아하는 친노도 많다. 문제는 여러 면에서 바람직한 모습을 보여주는 친노에겐 좀처럼 발언권이 주어지질 않으며, 발언을 한다 해도 아무런 힘이 없다는 점이다. 그 이유야 이른바 '집단 극화group polarization'로 얼마든지 설명할 수 있는 것이기에,[67] 현재 야권에서 논란이 되고 있는 친노에 대해서만 계속 이야기해보기로 하자.

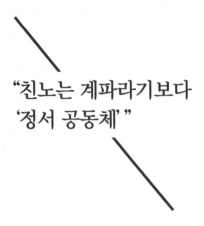

"친노는 계파라기보다 '정서 공동체'"

앞서 보았듯이, 친노로 분류되는 사람들은 이구동성으로 한결같이 "친노라는 계파는 없다"고 주장한다. 친노/비노 구도 자체가 보수 진영에 의해 덧씌워진 허구적 프레임이라며, 그런 프레임에 놀아나지 말라는 질책까지 곁들인다. 친노라는 계파가 없다면 친노패권주의도 없는 게 되는 셈인데, 과연 친노라는 계파는 없는 걸까? 이와 관련된 글 중 내가 여태까지 본 것 가운데 앞서도 인용했던 이범의 분석이 가장 탁월했다.

이범은 "저는 친노가 계파라기보다 '정서 공동체'라고 봅니다. 노무현 전 대통령 및 참여정부의 노선과 업적에 대한 높은 공감에 기초한 정서적 공동체라는 거죠. 상당한 수준의 소명의식, 도덕적 우월감, 정당성에 대한 확신을 공유하고 있기는 하지만 엄밀히 말해 계파라고 볼 수는 없을 것 같습니다. 그래야 친노의 행태와 성격이 온전하게 이해됩니다"라면서 다음과 같이 말한다.

"하지만 친노라는 정서 공동체는 몇몇 중요한 순간에 당과 문재인

왜 친노는 '친노패권주의'를 한사코 부정할까?

대표의 행보에 작용하는 것 같습니다. 특히 비공식적이고 비체계적인 방식으로 말입니다. 이것은 보통 심각한 문제가 아닙니다. 대한민국의 제2정당에서 가장 큰 상징적 자산을 가진 집단이 나름의 일관적인 라인과 논의 체계를 가지고 있지 않은 것입니다. 지난 4 · 29 재보선도 친노 때문에 패배했다고 보는 분들이 계시던데, 저는 오히려 친노가 정상적인 계파로서 구실했다면 지난 4 · 29 재보선을 적어도 그토록 그르치지는 않았을 거라고 봅니다."[68]

날카로운 지적이다. 친노가 차라리 계파라면 다행일 텐데, 계파라고 볼 만한 실체가 잡히질 않으니 소통 자체가 불가능하다. 이범은 '정서 공동체'라고 했지만, 고위 당직을 가진 사람이 비노계 의원들을 새누리당의 세작(스파이)이라고 지목할 정도고, 이런 수준의 발언이 수시로 나오는 걸 보면 '정서'의 수준을 뛰어넘는 게 아닐까? 그런 몹쓸 발언에 대해 상당수 친노 네티즌들이 열광하는 걸 보면 더욱 그런 의문이 든다.

친노가 계파로서 실체가 잘 잡히지 않는 것 중의 하나도 바로 친노 네티즌들 때문이다. 친노는 정당 밖의 지지자들이 큰 힘을 쓰는 유일한 '계파'인지라 기존 '계파 프레임'으론 이해하기가 어렵다. 이와 관련, 『경향신문』 구혜영 기자의 분석이 탁월하다. 구혜영은 "의원들보다 지지자 입김이 더 세다는 것도 친노세력의 특징이다"며 다음과 같이 말한다.

"'외곽' 친노 관계자는 '지지자라 해서 친노 의원들을 다 좋아하진 않는다. 그럼에도 지지자들은 친노 프레임이 거세지면 친노 의원들을 지키는 쪽으로 움직인다'고 말했다. 이 과정에서 친노 의원들의 일부 패권적 태도가 마치 친노세력 전체의 모습으로 오인되는 경우도 많다. 계파로서 친노도 차별성을 띤다. 친노는 노무현 이후 문재인이라는 대중 정치인을 배출했다. 반면 새누리당 친이·친박계, 야권 김대중·김영삼계는 보스 뒤를 잇는 대중 정치인을 양성하지 못했다. 여야를 통틀어 자생적으로 확대·재생산되는 계파는 친노 그룹이 유일하다. '강한' 친노는 '강한' 친노 프레임의 요인이다."[69]

비노 측 역시 "친노를 당내로만 한정하기 때문에 '친노는 없다, 친노 프레임은 허구다'라고 하는 거다. 정당 밖 친노 인사들까지 동원돼 당을 망쳐온 게 어디 한두 번이냐"고 말한다. 이와 관련, 구혜영은 "계파 갈등 핵심은 사실상 친노패권주의다. 한쪽에선 '당내 친노세력으로 분류할 만한 인사는 많아야 30명 정도다. 무슨 전횡을 행사한단 말이냐'고 항의한다. 정치적 낙인찍기라는 항변이다"며 다음과 같이 말한다.

"다른 한쪽에선 '안에서 골목대장만 하면 뭐하나. 주류 세력으로 당권과 대권을 다 거머쥐고, 당 얼굴로 나선 선거란 선거는 다 지고, 그러고도 아무 반성 없는 자체가 패권 아니냐'고 맞선다. 한명숙 대표가 주도한 2012년 총선 공천과 이어진 이(해찬)·문(재인)·박(지원) 담합, 전당대회 룰 번복 논란, 18대 대선 (선거운동 과정의) 의원 배제 등은 친노패권주의로 거론되는 대표적 사례. 최근 문재인 대표의 '당원에게 드리는 글'을 두고 '당대표 기득권이 가장 큰 기득권인데 누구를 향해 기득권 척결을 요구하나. 정파 대표임을 자인하는 꼴'이라는 탄식도 포함된다. 친노패권주의 논란은 친노세력의 범위(정치·사회·문화계 등 다층적 구성), '노무현'을 중심으로 한 응집성, 확대·재생산되는 유일한 정치 세력이라는 점에서 매듭짓기가 쉽지 않을 것으로 보인다."[70]

왜 친노는 '친노패권주의'를 한사코 부정할까?

그 어떤 논란에도 나는 친노의 선의를 믿는다. 그러나 선의만으론 안 되며 오히려 선의가 사람 잡을 수도 있다는 걸 깨닫자는 게 내 주장이다. 그래야 자신과 생각이 다른 정당이나 정파에 대해 너그러워질 수 있다. 아니 너그러울 필요 없다. 선악 이분법 구도만 작동시키지 않아도 된다. 이걸 이철희가 아주 멋지게 표현한 게 있어 소개한다.

"선의만 가지고 정치하겠다고 하는 사람, 나는 굉장히 위험하다고 보거든요. 그건 종교죠. 우리가 신념 윤리와 책임 윤리를 나누잖아요. 막스 베버처럼. 근데 신념 윤리만 가지고 정치하는 사람은 되게 위험하다고 봐요. 책임 윤리를 가지고 있어야지. 정치는 기본적으로 타협이에요. 다수가 각자의 생각을 가지고 있는 걸 조율하기 위해서 정치가 필요한 거잖아요."[71]

친노는 친노 아니면 모두 적으로 돌리고, 그 적대감의 표출을 공격적으로 하는 경향이 있다. 그렇지 않은 친노도 많겠지만, 그게 그간 밖으로 불거진 친노의 대표적 이미지이자 실체라는 걸 어찌 부인할 수 있으랴. 13년 전인 2003년 7월 21일 한 네티즌(가난뱅이)이 친노 사이트인 『서프라이즈』에 올린 글에서 고발한 다음과 같은 모습에서 오늘날 친노는 얼마나 자유로울 수 있을까?

"자칭 개혁 세력의 모습을 보라. 사분오열하여 서로를 비난하고 증오한다. 서로를 수구 세력과 동일시하고 공격하고 모욕주기를 서슴지 않는다. 서로를 욕하고, 서로를 비난하며, 서로를 배척하고 있다. 적이어야 할, 극복 대상이어야 할 한나라당과 조중동보다도 더 서로를 혐오하고 멸시하고 있다. 진정한 적, 우리가 그토록 물리치고자 마음을 모았던 그

적들 앞에서 적보다 개혁의 동지여야 할 사람들에게, 한때 동지였던 사람들에게 더 강한 적의를 보이고 있다. 적들에 대한 승리를 탐욕스럽게 갈구하던 그 모습은 어디론가 사라져버린 채 아직 적이어서는 안 되는 사람들에게, 경쟁 상대일 뿐 극복의 대상이어서는 안 되는 사람들에게 강한 적의와 의심, 비웃음을 보내고 있다. 개혁 세력의 이름으로, 개혁의 이름으로 말이다. 개혁 세력 스스로 같은 개혁 세력에 수구의 탈을 씌워 가면서 말이다."

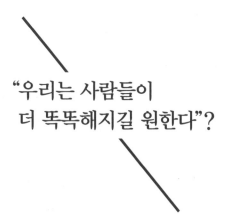

"우리는 사람들이
더 똑똑해지길 원한다"?

2015년 5월 23일 『한겨레』 3면의 헤드라인이 내 눈길을 사로잡았다. "우리는 사람들이 더 똑똑해지길 원한다." 정의당에서 만든 팟캐스트 '노유진의 정치카페'를 다룬 기사였다. '노유진'은 노회찬 전 정의당 대표와 유시민 작가, 진중권 동양대학교 교수의 성을 따 만든 이름이다. 헤드라인은 유시민의 말을 인용한 것이다. 그의 말을 더 들어보자. 그는 팟캐스트를 하는 이유에 대해 이렇게 말한다. "우리는 사람들이 더 똑똑해지길 원하거든. 국민이 똑똑해야 나라가 똑똑하지. 국민이 안 똑똑한데 어찌 나라가 똑똑하겠어."[72]

좋은 뜻으로 한 말에 괜한 시비를 거는 것 같아 미안하기도 하지만, 언어 선택에 좀더 신중해지자는 의미로 이해해주시면 좋겠다. 정말 그럴까? 나는 우리 국민이 충분히 똑똑하다고 생각한다. 아니 너무 똑똑해서 탈이라고 생각한다. 물론 진보적 팟캐스트를 듣고 똑똑한 사람이 더 똑똑해질 수 있다는 데엔 동의한다. 하지만 그 청취자가 아무리 똑똑해져도 그것이 나라가 똑똑해지는 길은 아니다. 그건 보수 성향의 팟캐스트나 웹사이트 애용자가 그쪽 논객들의 말을 듣고 더 똑똑해진다고 해서 나라가 똑똑해지지는 않는 것과 같은 이유에서다.

모든 사람이 개탄해마지 않는 야당 분열은 그 구성원들이 모두 똑똑치 못하기 때문에 일어난 일일까? 전혀 그렇지 않다. 다 똑똑하다. 어느 정도로 똑똑한가? 모두 다 자신이 정의의 편이라고 확신할 정도로 똑똑하다. 이철희는 새정치민주연합이 살려면 "내가 옳고 정의의 편이라는 생각을 버려야 한다"고 했는데,[73] 백번 동의하지만 이건 현실에선 기대하기 어려운 게 우리 현실이다. 그건 자신의 똑똑함을 포기해야 한다는 말과 다를 바 없기 때문이다.

문제는 똑똑함의 여부와 정도가 아니다. 진짜 문제는 자신의 똑똑함을 확신하는 독선이다. 똑똑함은 이성이겠지만, 독선도 이성일까? 아니다. 감성이다. 독선적인 사람의 똑똑함은 독약이 될 수 있다. 소통과 타협과 화합을 원초적으로 불가능하게 만들기 때문이다. 누군가는 "이성은 감성의 노예"라고 했는데, 이 말은 갈등이라는 밥을 먹고사는 정치에선 진리에 가깝다. 감성의 지배를 받는 이성의 용량을 아무리 키워봐야 나라가 똑똑해지는 데엔 도움이 되지 않는다.

우리는 인간관계에서 독선적인 사람을 좋아하지 않는다. 그 사람이 아무리 똑똑해도 '싸가지 없는 인간'이라며 상종하길 꺼린다. 그러나 우리는 정치를 대할 땐 특정 당파 집단의 일원이 되거나 익명성을 얻는 순간 전혀 다른 인간으로 태어난다. 자신이 갖고 있는 어떤 이념이나 당파성의 옹호자가 되면서 다른 생각을 가진 사람들에 대해 노골적으로 경멸

왜 친노는 '친노패권주의'를 한사코 부정할까?

감이나 적대감을 드러낸다.

그런 토양에서 정치인이나 논객의 인기는 반대편을 조롱하거나 아프게 만드는 언어를 잘 구사할 수 있는 능력에 의해 결정된다. 언론은 "이게 웬 떡이냐" 하는 자세로 그런 증오의 언어를 미주알고주알 열심히 보도하는 '증오 상업주의'에 탐닉한다. 지지자들의 환호와 언론의 관심을 실시간으로 확인할 수 있는 디지털 시대의 논쟁이란 상처를 주고받는 게임이라고 해도 과언이 아니다. 언젠가 고종석이 잘 지적했듯이, 그런 게임에선 아픔을 느끼는 능력이 가장 모자란 사람이 최후의 승자가 된다.[74]

정쟁을 종교전쟁으로
몰고 가는 순수주의자들

그런데 흥미로운 건 그런 사람들은 대부분 일상적 삶에선 더할 나위 없이 선량하고 순수하다는 점이다. 이에 관한 수많은 증언이 있어서 하는 말이다. 순수와 정치의 만남이 문제인 걸까? 그렇다면 그 이유는 무엇일까? 순수주의자들은 가능성을 추구하는 정치를 이상을 추구하는 종교처럼 대하기 때문에 타협을 거부하는 극단적 강경파로 활약하기 마련이다. 어느 집단에서건 이런 강경파는 소수임에도 지배력을 행사한다. 그들의 강점은 뜨거운 정열과 헌신이기 때문이다.[75]

순수는 독선과 동전의 양면 관계를 이룬다. 순수주의자들은 자신의 순수를 무기와 명분으로 삼아 정쟁을 종교전쟁으로 몰고 간다. 정치를 혐오하고 저주하는 유권자들은 그런 명쾌한 접근법에 환호한다. 대다수의 유권자들은 정치에 등을 돌린 가운데 그런 소수의 전사들은 정치에 큰 영향을 미치고, 정치권 역시 그런 '시장 논리'에 굴복한다. 그 결과 탄생한 것이 바로 '10대 0'의 정치다.

왜 친노는 '친노패권주의'를 한사코 부정할까?

여야 싸움에서건 같은 당내에서 싸움에서건, 정치인들은 자신의 정당성을 10, 상대편의 정당성을 0이라고 주장하는 고질병을 앓고 있다. 진실은 7대 3이거나 6대 4이거나 5대 5일 텐데도 언행은 '10대 0'에 근거한 과장과 과격과 극단을 치닫는다. 그래야 열성 지지자들의 피를 끓게 만들 수 있다는 생각 또는 그렇게 해온 체질 때문이겠지만, 이게 나중엔 부메랑이 되어 타협의 발목을 잡는다. 양쪽 진영 모두에서 타협을 야합이라고 욕해대니 죽으나 사나 출구가 없는 격돌의 길로 나아갈 수밖에 없다.

정도의 차이일 뿐 나를 포함한 대부분의 사람들이 다 독선적이다. 아니 대한민국은 '독선 사회'다. 해방정국에서부터 그랬고, 지금도 그런다. 1945년 10월 23일 서울 종로 중앙기독교청년회 대강당에서 열린 전조선 신문기자대회에서 채택된 다음과 같은 선언문 내용은 그로부터 약 70년이 지난 오늘날에도 한국 언론을 지배하는 행동 강령이 되고 있다.

"신문이 흔히 불편부당을 말하나 이것은 흑백을 흑백으로써 가리어 추호도 왜곡치 않는 것만이 진정한 불편부당인 것을 확신한다. 엄정중립이라는 기회주의적 이념이 적어도 이러한 전 민족적 격동기에 있어서 존재할 수 없음을 우리는 확인한다. 우리는 용감한 전투적 언론진을 구축하기에 분투함을 선언한다."[76]

보수와 진보를 막론하고, 날이 갈수록 우리 언론의 당파성은 심화되고 있다.[77] 날이 갈수록 분열로 온 사회가 찢어지는 '사이버발칸화cyber-balkanization'는 극단을 치닫고 있다.[78] 상대편을 향해 서로 독선적이라고 손가락질을 해대지만, 피차 역지사지를 하지 않는 독선 공방 속에서 모든 건 권력 쟁탈의 의지로 환원된다. 이런 상황은 보수에 유리하고 진보에 불리하건만, 진보는 그런 생각조차 없이 자신의 순수성을 전투적으로 표출하는 일에만 전념할 뿐이다.

이와 관련, 시사평론가 유창선은 「성찰 없는 괴물이 되어버린 진보」라는 칼럼에서 "인터넷 방송과 팟캐스트에서는 특정 계파나 정치인의 편에 서 있는 증오와 저주의 언어들이 쏟아지고 있고, 그 우물 안에 모인 마니아들은 열광하곤 한다. 그들의 '님'에 대한 비판의 글이라도 쓰려면 융단폭격을 각오해야 한다. 이 같은 광경 그 어디에도 인간의 고통을 끊어내기 위해 밀알이 되는 진보의 숭고함이나 품격 같은 것은 찾아볼 수 없다"며 다음과 같이 개탄한다.

"진보의 숭고한 가치가 자리하고 있어야 할 머릿속에는 자신이 지지하는 정치인에 대한 완고한 집착만이 가득 차 있다. 넓은 세상의 사람들은 고개를 가로저으며 그들의 곁을 떠나간다. 다른 사람들과는 소통하지도, 정서를 공유하지도 못한 채 자신들의 세계에 갇혀 지내는 '진보의 자폐증'이다. 일부의 문제일 뿐이라고 치부할 일이 아니다. 그런 유사 진보가 판을 쳐도 그 누구도 이를 질책하려 들지 않는 진영 내의 비겁한 침묵은 진보 내부의 자정 능력이 작동되지 못하고 있음을 고백하고 있다. 그러는 사이 세상 사람들은 그 거친 모습이 진보인 줄로 믿어가고 있다."[79]

왜 인권유린엔 눈을 감으면서
정쟁에만 몰두하는가?

'비겁한 침묵'이 대세가 된 이면엔 그 침묵을 깨는 데에 치러야 할 비용이 너무 크기 때문이다. 모처럼 옳은 말을 했다간 '증오와 저주의 융단폭격'이 날아드니 누가 입을 열겠는가. 그럼에도 그런 융단폭격에 굴하지 않고 할 말을 하는 이도 드물게나마 있으니 불행 중 다행이다. 이철희는 새정치민주연합에선 "미국의 티파티Tea party처럼 조직화된 당원들이 혁신을 주도하는 길도 난망하다"며 다음과 같이 말했다.

"이 당의 가장 활동적인 시끄러운 그룹은 인터넷과 SNS에서 활동하는 일부 누리꾼들이다. 그런데 이들은 싸가지 없음, 즉 '무싸' 정신만 북돋울 뿐 당의 건강한 활력을 제고하는 쪽으로 기능하지 못하고 있다. 심하게 말하면 이들은 천박한 진보, 막말로 존재감을 드러내는 깡통진보를 육성하고 있다. 요컨대 이들은 당의 역량을 키우기보다 약화시키고 있고, 대립과 분열을 조장하는 티어파티Tear party다."[80]

그런데 생각해보면 참으로 이상한 일이다. 우리 사회엔 진보가 증오하거나 저주해야 할 일이 너무 많다. 2015년 5월 대법원에서 무죄판결을 받은 강기훈 유서 대필 조작 사건을 비롯하여 악마의 소행으로 여길 만한 잔인한 인권유린 사건은 끊임없이 벌어지고 있다. 그럼에도 증오와 저주의 언어들이 그런 인권유린 사건의 주범들을 향하는 법은 없다. 그 주범들이 아무런 반성과 사과도 없이 큰소리 떵떵 치면서 잘 살고 있어도 '신상털기'는커녕 그들이 누구인지조차 모를 정도로 관심이 없다. 증오와 저주의 언어는 오직 자신이 지지하는 특정 계파나 정치인을 비판하는 사람들만을 향할 뿐이다.

순수의 타락, 그것도 타락인지조차 모르는 비극적인 타락이다. 인권유린 사건에 참여해 정의를 구현하는 데에 일조하는 일은 힘들 뿐만 아니라 위험할 수도 있다. 도덕적 우월감을 느끼면서 "나 이런 사람이야" 하고 존재 증명을 하기도 어렵고, 증오와 저주의 언어를 쏟아내는 배설의 쾌감도 만끽하기 어렵다. "저 권력을 내가 만들었어"라고 외칠 수 있는 권력 감정을 누릴 수도 없다. 오직 자폐적인 세계에서 권력 쟁탈전에만 소모되는 진보, 이게 한국 진보의 민낯이다.

배설을 통해 스트레스를 해소할 수 있다면, 수명 연장엔 도움이 될지도 모르겠다. 그렇게 본다면 진보 운동은 세상을 바꾸기 위한 이타적인 운동이라기보다는 자신을 수명을 연장하기 위한 이기적인 운동으로 재정의되어야 하지 않을까? 그러나 증오와 저주의 언어로 남에게 온갖 아픔과 상처를 주면서 자기 혼자만 오래 살겠다는 건 그 어떤 인권유린 못지않게 파렴치하고 잔인하지 않은가?

새정치민주연합은 혁신의 슬로건으로 '육참골단肉斬骨斷(자신의 살을 베어주고 상대의 뼈를 끊는다)'을 내걸었지만, 그런 발상부터가 잘못되었다. 그런 '죽임의 정치'로는 안 된다. 그런 발상이 바로 증오와 저주의 언어를 양산해내는 온상이 되고 있다. 비유일망정 독선의 독기가 서린 슬로건을 내걸어선 안 될 일이다. 이 슬로건에 대해 칭찬과 격려는 있어도 아무런 문제 제기가 없었던 걸 보면 한국 사회는 '독선 사회'인 게 분명하다. 우리는 선하고 정의로우니 그 어떤 희생을 감내해서라도 악하고 불의한 적을 이겨야 한다는 전제(즉, 선악 이분법과 승자 독식주의)가 한국 정치, 특히 진보를 골병들게 만드는 주범임을 왜 깨닫지 못하는가?

거시적으로 보자면, 이런 '독선 사회'는 '다름'을 인정하지 않았던 한국 특유의 사회문화적 동질성이 만든 것이다. 그런데 그게 나쁘기만 했던 건 아니라는 데에 우리의 고민이 있다. 한국 사회는 다양성을 박해하면서 획일성을 예찬해왔기 때문에 전 국민이 '전쟁 같은 삶'을 살면서 "잘살아보세"라는 한 가지 목표에 집중하게 만들 수 있었다. 그래서 '한강의 기적'이라는 말로 대변되는 압축 성장이 가능했다. 성공과 행복의 기준이 다양했다면, 우리가 그렇게 미친 듯이 일하고 공부할 수 있었을까?

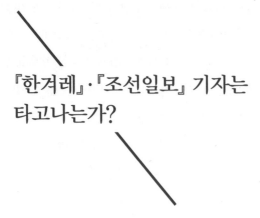

『한겨레』·『조선일보』기자는
타고나는가?

그러나 '다름'의 불인정은 물질이 아닌 정신 영역에선 재앙을 몰고 왔다. 우리는 각기 다른 생각을 소통하고 타협하면서 화합하는 삶을 살아오지 못했다. 물론 독재자들의 독선만이 독야청청했던 독재정권 때문이다. 폭력적 독선에 대항하는 길은 신념적 독선 이외엔 없었다. "싸우면서 닮아간다"는 말은 사실상 "일방적으로 당하면서 독선을 강요당했다"는 걸 표현한 것이지만, 한 번 형성된 체질은 세상이 바뀌어도 좀처럼 바뀌지 않는다.

민주화 이후의 민주주의가 온갖 갈등과 분란과 이전투구로 몸살을 앓고 있는 이유도 바로 그 후유증 때문이다. 궁극적으론 세월이 해결해주겠지만, 그렇게 넋 놓고 기다리다간 나라가 망할지도 모르니, 우리는 소통과 타협과 화합을 모색하기 위해 애를 써야만 한다. 우리의 진정한 적은 좌도 우도, 진보도 보수도 아닌, 독선이다.

진보주의자들은 재능의 우연성을 믿는다. 재능의 우연성을 믿는다면 이념의 우연성도 믿는 게 옳다. 재능의 우연성이란 무엇인가? 성공한 사람들이 혼자 잘나서 그렇게 된 건 아니라는 말이다. 부모를 잘 만난 우연이라거나 기회를 잘 만난 우연 등 우연적 요소가 재능 못지않게 또는 그 이상으로 그 사람의 성공에 영향을 미쳤다는 뜻이다. 따라서 가난의 책임을 가난한 사람들에게만 돌려선 안 된다.

이념 역시 다를 게 없다. 어떤 사람들은 특정 이념이나 당파성을 위해 태어난 것처럼 '독선의 전사'로 활약하면서 반대편의 사람들을 '악마화'하는 데에 여념이 없지만, 그 사람의 이념이나 당파성은 우연적인 것에 불과하다. 새누리당과 『조선일보』를 열성적으로 지지하는 사람은 그 당과 신문을 지지하기 위해 태어난 건 아니다. 새정치민주연합과 『한겨레』의 열성적 지지자도 마찬가지다.

언론사 입사를 원하는 언론고시생들 대다수에게 이념이나 당파성은 부차적인 것이다. 그들은 우연과 운에 따라 『조선일보』 기자도 될 수 있고 『한겨레』 기자도 될 수 있다. 어느 신문사 기자건 출발할 땐 거의 비슷하다. 그 조직에 몸담고 물이 들 때쯤에서야 '조선일보맨'이나 '한겨레맨'으로 다시 태어나는 것이다. 정치는 조직이고, 조직은 종교다. 이와 관련, 2012년 새누리당, 민주당, 안철수 캠프 등을 출입했던 『한겨레』 기자 송채경화는 다음과 같이 말한다.

"이 세 집단을 두루 경험하면서 신기했던 것은 어느 곳이든 각각의 캠프에 합류한 외부 인사들이 캠프의 논리에 너무 쉽게 물들어버린다는 점이었다. 평소에는 객관적이고 냉철한 사고의 소유자라고 알려졌던 이들도 어느 한 정치 집단에 들어가기만 하면 외부의 비판에 귀를 닫아버리고 자신들의 생각만 옳다고 주장하는 모습을 여러 번 목격했다. 어느 조직이나 이런 '물듦'의 원리는 비슷하겠지만 정치판에서는 더욱 심했다. 특히 후보를 지나치게 미화시킬 때는 이곳이 종교 집단이 아닌가 하는 생각마저 들었다. 캠프 사람들이 모두 집단 최면에 걸린 듯 진심으로 보이는 경우가 많았기 때문이다. 이런 현상은 비록 정도는 다를지라도 세 집단 모두에서 비슷한 방식으로 나타났다."[81]

정당 내부에서 선거 패배의 책임을 규명하는 게 가능하지 않은 이유도 바로 여기에 있다. 정당은 물론 정당 내의 각 계파 또는 패거리가 집단 최면에 걸린 듯 '종교 집단화'하는 상황에서 그 어떤 이성적 논의가 가능하겠는가 말이다.[82] 재능보다 우연적인 이념이나 당파성을 자신의 종교로 삼으면서 그것이 필연인 양 여기는 독선주의자들은 자신이 믿는 정의와 도덕과는 다른 종류의 정의와 도덕을 믿는 사람들이 있다는 것을 인정하는 동시에, 그것은 우열優劣의 개념으로 서열을 매길 수 있는 게 아니라는 것을 깨달아야 한다. 그래야 소통이 가능해지기 때문이다.[83]

왜 친노는 '친노패권주의'를 한사코 부정할까?

제4장

왜 친노와 비노는 엉뚱한 싸움에 힘을 탕진하는가?

지방의 '내부식민지화'

한국 정치가 앓고 있는
만병의 근원은 '내부식민지'

나는 앞서 제1장에서 '호남의 인질화'에 대한 해결 대안으로 지방의 '내부식민지화'를 깨는 것에 대해 자세히 말씀드리겠다고 말한 바 있다. 이제 그 이야기를 해보자. 나는 친노와 비노가 엉뚱한 싸움에 힘을 탕진 하고 있다고 보기 때문에, 양쪽 모두 '내부식민지화' 타도에 힘을 합쳐야 하며, 그 과정에서 양쪽의 차이는 전부는 아닐망정 상당 부분 해소될 수 있다고 믿는다.

나는 지방의 내부식민지화 문제가 한국 정치가 앓고 있는 만병의 근 원이라고 생각하며, 그간 이런 주장을 수없이 해왔음에도 이렇다 할 호 응을 얻지 못했다. 너무 장기적인 목표인지라, 눈앞의 선거에만 미쳐 돌 아가는 우리 특유의 속전속결速戰速決 문화에 그 원인이 있지 않나 하는 게 내 생각이다. 학자들의 호응이라도 좀 얻어 볼까 싶어, 나는 이 주제 로「지방의 '내부식민지화'를 고착시키는 일상적 기제: '대학-매체-예 산'의 트라이앵글」이라는 논문을 써서 학술지에 발표하기도 했다.[1]

논문을 쓰는 사람과 논문을 심사하는 사람만 읽는다는 논문이 무슨 영향력이 있겠는가 하는 생각을 하지 않은 건 아니지만, 너무 답답해서 해본 시도다. 그 논문을 쉽게 풀어쓰는 형식으로 새로운 사실들을 보완해가면서 말씀을 드려볼까 한다. 내가 예전에 이미 했던 말들과 중복되는 것이 많겠지만, 이해해주셔야지 어쩌겠는가. 아무리 말을 해도 알아먹질 못하니 했던 이야기 조금 바꿔 또 하고, 이런 일을 수없이 반복해야 하는 게 "세상이 좀 바뀌면 좋겠다"는 생각으로 글을 쓰는 글쟁이의 숙명이 아닌가 싶다. 물론 나처럼 '한 방'의 영향력이 없는 글쟁이에 국한되는 신세타령이겠지만 말이다.

대한민국 헌법을 보자. 헌법 제11조는 국민이 어디에 거주하든 지역 간 혹은 지역 내에서 평등한 정치적, 경제적, 사회적 삶의 기회를 향유할 권리를, 헌법 제119조와 제122조는 균형 있는 국민경제의 유지와 이의 공간적 과정으로 국토 균형의 형성에 관한 국가의 책무를 규정하고 있다. 그러나 이 조문들은 사문화死文化되었다고 해도 과언이 아닐 정도로 전혀 지켜지지 않고 있다. 전체 국토의 12퍼센트에 불과한 수도권에 전체 인구의 2분의 1, 경제력의 3분의 2, 국세 수입의 4분의 3 등이 집중되어 있으며, 이른바 '지방충', '지균충', '지잡대' 등과 같은 지방 모독의 단어들이 사이버 세계에 난무하는 현실이 그걸 잘 말해준다.

이미 1960년대의 서울에 대해 "서울은 단순히 한국의 최대 도시가 아니라 서울이 곧 한국이다"라는 진단이 나왔듯이,[2] 한국은 정치·경제·사회·문화 등 전 분야에 걸쳐 서울에 권력과 금력을 집중시킨 초일극 집중 국가다. 한국이 초일극 집중 국가가 된 데엔 여러 이유가 있겠지

왜 친노와 비노는 엉뚱한 싸움에 힘을 탕진하는가?

만, 경제개발 과정에서 집중과 집적의 효율성을 누리기 위해 '낙수 효과落水效果, trickle down effect' 모델을 극단적으로 추진한 것이 가장 큰 이유다.

서울 집중으로 인한 문제가 없을 리 없었으며, 이는 1960년대부터 주요 사회적 이슈로 등장했다. 박정희 정부는 1964년 9월 22일 최초로 '대도시 인구 집중 방지책'을 발표하는 등 이 문제에 관심을 기울이기 시작했지만, 극단적인 낙수 효과 모델 추진은 계속했기에 사실상 시늉에 불과한 정책이 되고 말았다. 반세기 넘게 오늘날까지도 지속되고 있는 수도권 규제 정책 역시 비슷한 처지에 놓여 있다. 시늉으로나마 존재하던 수도권 규제는 경제 위기가 닥칠 때마다 '투자 활성화'를 위한 제물로 바쳐졌으며, 특히 박근혜 정부에선 "수도권 규제를 단두대에 올려 과감하게 풀자"는 슬로건이 등장할 정도로 중단 없는 초일극 집중화의 길로 나아가고 있다.

이는 한국인이라면 누구나 다 알고 있는, 전혀 새로울 것이 없는 사실이다. 하지만 그런 초일극 집중화가 수많은 문제에도 왜 지속될 수 있었으며, 그런 문제에 대한 저항을 어떻게 통제했거나 전유했는가 하는 것은 거의 탐구되지 않은 주제다. 그래서 나는 이 글에서 지방의 '내부식민지화'를 고착시키는 일상적 기제routine mechanism를 살펴보고자 한다.

지방의 내부식민지화는 이젠 꼭 중앙에 의해 추진된다기보다는 그 단계를 넘어서 지방민들에 의해 받아들여지고 내면화되었으며, 더 나아가 지방에 의해 관철되고 있다. 김만흠의 표현을 빌리자면, "지방인은 잠재적인 중앙인인 셈이다".[3] 사정이 그러함에도 중앙-지방의 문제를 지적하는 사회적 담론은 늘 일관되게 중앙 탓만 하는 데에 머물러 있다.

'내부식민지'는 논란의 소지가 큰 개념이기에 내부식민지 이론의 재구성을 시도한 후, 지방의 '내부식민지화'를 고착시키는 일상적 기제를 구성하는 '대학-매체-예산'의 트라이앵글에 대해 이야기하고자 한다.

왜 친노와 비노는 엉뚱한 싸움에 힘을 탕진하는가?

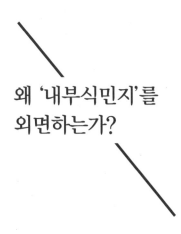

왜 '내부식민지'를
외면하는가?

'내부식민지'는 1970년대 남미에서 종속이론의 연장선상에서 나온 이론이다. 식민지는 국가들 사이에서만 존재하는 게 아니라 한 국가 내에서도 극심한 지역 간 불평등의 형식으로 존재한다는 게 주요 내용이다. '내부식민지' 개념의 기원은 블라디미르 레닌Vladimir Illich Lenin, 1870-1924과 안토니오 그람시Antonio Gramsci, 1891-1937까지 거슬러 올라가며 이후 지역 갈등이 있는 모든 나라에서 왕성하게 제기되었다. 즉, 한 국가 내에서 중심부의 주변부에 대한 착취는 중남미뿐만 아니라 영국, 일본, 이탈리아, 미국 등 세계 도처에서 나타나고 있는 현상이라는 것이다.[4]

미국의 흑인 인권운동가 마틴 루서 킹Martin Luther King, Jr., 1929-1968은 암살당하기 직전인 1968년 3월, 시카고에서 열린 자유 페스티벌의 청중을 향해 흑인 게토(슬럼가)는 '내부식민지 시스템'이라고 성토했다. "슬럼의 목적은 힘이 없고 영원히 권력을 갖지 못할 이들을 구분하기 위한 것입니다.……거주민들을 정치적으로 지배하고, 경제적으로 약탈하고,

매 순간 차별하고 모욕하는 슬럼은 내부식민지와 거의 다를 바 없습니다."[5]

1968년 4월 마틴 루서 킹의 암살 직후 UCLA에서 열린 '폭력과 사회변화'라는 주제의 세미나에서 밥 블라우너Bob Blauner는 「내부식민주의와 게토 폭동Internal Colonialism and Ghetto Revolt」라는 논문을 통해 미국의 흑인 문제를 내부식민지의 관점에서 다루었다.[6] 그간 내부식민지론은 국가 간 수준에서 나타나는 중심-주변 관계를 무리하게 한 국가 내의 지역 간 수준에 적용시켰다며 많은 비판을 받았다. 기존 좌우 성향의 이론적 틀을 넘어서 각 지역의 고유한 역사적·문화적 특성에 따른 지역적 차별성과 독특성을 강조하는 시각이 대두되기도 했다.[7] 그러나 내부식민지론은 종속이론의 아류가 아니라 독자적인 이론 체계로 이해되어야 한다는 반론도 만만치 않다.[8]

그간 한국, 아니 한국의 지방에선 '서울 공화국' 체제를 겨냥해 이 용어를 적잖이 써왔지만, '식민지'라는 말이 과격하다며 반발하는 이가 적지 않다. 그런 반발을 의식한 탓인지, 많은 필자가 사실상 내부식민지 문제를 거론하면서도 '내부식민지'라는 표현은 쓰지 않으려고 하는 경향이 있다. 아니면 하승우처럼 '좀 격하게 말하면'이라는 단서를 붙이기도 한다.[9] 내부식민지 상태의 판단 기준을 계량화하기 어렵다는 점을 감안하자면, 이런 경향은 앞으로도 지속될 가능성이 높아 보인다.

그러나 이는 사실상 유추類推의 문제이기도 하다. 미국의 흑인 문제와 관련해 내부식민지 이론을 주창했다가 1970년대 중기 이후 식민지 유추를 사용하지 않는 밥 블라우너는 전통적인 식민지에서는 점령자를

왜 친노와 비노는 엉뚱한 싸움에 힘을 탕진하는가?

추방하는 것이 식민지 모순의 해결책인데, 내부식민지에는 그런 해결책이 없다면서, 이제 추상적인 '이론적 옳음theoretical correctness'보다는 분석틀이 미치는 사회적 · 정치적 영향에 더 관심을 갖고 있다고 했다.[10]

비슷한 취지에서 미국의 중앙 애팔래치아 지역의 경제적 궁핍을 다룬 데이비드 월스David Walls는 '식민지colony' 대신에 '주변부periphery'라는 용어를 쓸 것을 제안한다.[11] 한국적 적용과 관련, 최장집은 '하나의 단일한 요인을 통하여 전체 문제를 풀려고 하는 도식화나 환원주의로 빠질 가능성'을 염려한다.[12] 다 그 나름의 타당성을 갖고 있는 지적이기에 우리는 '유추의 오류fallacy of analogy'를 경계해야겠지만, 동시에 오히려 유추가 불완전하고 부정확한 것이기 때문에 "기존의 지적 도구로 도달할 수 없는 새로운 이해의 세계로 도약하도록 우리를 도와준다"는 점에 주목해보는 게 좋지 않을까?[13]

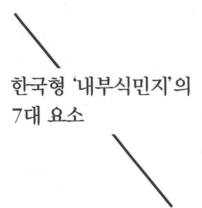

한국형 '내부식민지'의
7대 요소

한국에서 내부식민지론의 목표는 점령자 추방이나 분리 독립이 아
니다. 헌법 정신과 원칙에 충실하자는 국민의 합법적 요구가 필요하다는
여론의 환기와 지방의 종속적 지위가 지방민에 의해 관철되고 있다는 점
에 대한 성찰이다. "지방이 식민지와 다를 게 뭐가 있느냐"는 감성적 외
침에 대한 공감과 그 근거에 대한 검토를 위해 익숙한 것에 대한 '낯설게
하기defamiliarization'가 필요하며,[14] 이를 위해 내부식민지론은 진지하고 심
각한 논의의 대상이 될 수 있다는 것이다.

밥 블라우너의 입장 변화 이유와는 반대로, 추상적인 '이론적 옳음'
보다는 분석틀이 미치는 사회적·정치적 영향이 중요할 수 있기에 그 이
유만으로도 내부식민지론은 유효할 수 있다는 이야기다. 이런 문제의식
에서 나는 그간의 논의를 종합하는 동시에 재해석해 내부식민지의 7대
요소 또는 조건을 제시하고자 한다. 논의의 편의상, 내부식민지 상태에
처해 있는 지역을 A, 그런 상태를 유발하고 지속시키려는 패권 지역을 B

왜 친노와 비노는 엉뚱한 싸움에 힘을 탕진하는가?

로 부르기로 하자.

첫째, 경제적 종속이다. A와 B의 경제적 격차가 큰 것은 물론이고 구조적으로 A가 B에 종속되어 있는 상태를 말한다. 한국은 수도권에 전체 경제력의 3분의 2, 국세 수입의 4분의 3, 100대 기업 본사의 95퍼센트, 예금의 70퍼센트 등이 집중되어 있으며, 지방은 하청 공장의 기능을 수행하고 있다.[15] 지방의 빈곤율은 수도권의 빈곤율보다 2배 정도 높게 나타나며 지방-수도권의 삶의 격차는 날이 갈수록 커지고 있지만,[16] 그보다 중요한 것은 수도권의 빈곤층마저 대부분 지방에서 뿌리 뽑힌 채 생계유지를 위해 수도권에 진입한 사람들이라는 점이다. 이익단체 조직은커녕 그 어떤 결사도 할 수 없는 이들은 그 어떤 목소리조차 낼 수 없는 상태에 처해 있다.

둘째, 불평등 상태의 지속성이다. A와 B의 지역 간 불평등이 감소하기보다는 유지되거나 악화되는 상태다.[17] 한국의 수도권 집중은 반세기 넘게 계속 심화되어왔음에도, 5년 임기를 가진 정권은 단기적 성과를 얻기 위해 기존 경로를 수정하려 하기보다는 '경로 의존經路依存, path dependency'의 원리에 충실한 노선과 정책을 택하고 있다.[18] 불평등 상태의 악화는 지난 반세기에 걸쳐 그리고 지금도 지속적으로 이루어지고 있는 지방 인구 감소 추세, 지방 보건 의료의 악화,[19] 지방대의 위상 하향화 등에서도 단적으로 드러난다.

셋째, 정치적 종속이다. 모든 주요 정치적 행위와 결정이 B에서 이루어지며, A는 B의 주도권을 인정하며 따라가는 상태를 말한다. 한국에서 '지방=중앙 정치의 식민지'라는 도식은 보수 신문의 사설 제목으로 등장할 정도로 상식이 되었다.[20] "광역단체장에서 동네 기초의원까지 모두 여의도가 결정하는 무한 독점 구조" 하에서,[21] 지방선거는 '직전直前 대선의 연장전 또는 차기 대선의 전초전'으로만 간주되며, 지방의원은 국회의원의 '몸종'으로 전락했다는 것 또한 상식으로 통용되고 있다.[22]

넷째, 국가 엘리트의 독점이다. B는 국가 엘리트를 독점함으로써 권력 행사는 물론 국가의 운영 방식과 관련된 소통에서 절대적 발언권 우위를 점하고 있는 상태다. 한국에서 각 분야의 최고 엘리트는 지방 출신이라 하더라도 거의 대부분 '인 서울' 대학 출신으로서 서울 기득권에 동화되거나 포섭되어야만 그 지위를 유지·발전시킬 수 있다.

다섯째, 소통 채널의 독점이다. 모든 전국 매체를 B에 집중시킴으로써 국가적 의제설정議題設定, agenda-setting은 물론 각 의제별 논의에서도 B 중심적인 의식과 사고를 유포시키는 상태를 말한다. 한국의 서울 매체 집중도는 세계에서 그 유례를 찾아보기 어려울 정도로 극심하다.

여섯째, 문화적 종속이다. 대부분의 주요 문화적 인프라·자본·행사들이 B에 집중된 가운데, A의 주민들은 문화적 갈증을 느끼며 A를 선망·동경하는 상태를 말한다. 한국에서 지방의 지자체들은 앞다퉈 자기 지역이 '예향'임을 부르짖지만 그건 전통문화 위주며 대부분의 대중이 갈증을 느끼는 현대적 문화 향수의 기회는 서울에 집중되어 있다. 이는 기업과 개인의 문화예술 기부금의 수도권 집중도가 84.7퍼센트(30대 대기업은 97.1퍼센트)나 되며,[23] 어느 정도 지명도가 있는 문화예술인들이 거의 대부분 서울에서 살고 있는, 아니 살아야만 하는 데에서 잘 드러난다.[24]

왜 친노와 비노는 엉뚱한 싸움에 힘을 탕진하는가?

일곱째, 문화적 모멸이다. B의 주민은 A의 주민을 타자화·열등화하는 의식과 행태를 보이며, A의 주민 역시 그런 문화적 모멸을 수용하거나 저항을 포기하는 상태다. 한국에서 지방 모멸은 매우 심하며, 지방 주민들은 그런 모멸에 정면 대응하기보다는 자녀를 서울에 진출시켜 성공케 하는, 즉 '개천에서 용 나는' 모델을 택하고 있다.[25]

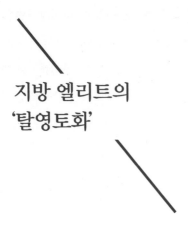

지방 엘리트의
'탈영토화'

이 7대 요소는 상호 중첩적인 면도 있고 원인과 결과가 착종된 점도 있지만, 한국 사회는 이 7개 조건을 충분히 충족시킨다고 볼 수 있다. 나는 이 7개 조건에 한국적 특수성이 도드라지는, 중앙·지방의 경계를 뛰어넘는 '계급 간 상층 연합'의 원인이자 결과로 나타나는 '지방 엘리트의 탈영토화deterritorialization'라고 하는 8번째의 요소를 추가하고자 한다.

'탈영토화'는 질 들뢰즈Gilles Deleuze와 펠릭스 가타리Felix Guattari가 『앙띠 오이디푸스』(1972)에서 자본주의의 복합적인 연계성이 장소와 문화의 결속을 약화시킨다는 의미에서 쓴 말이지만,[26] 그 개념적 기원은 마르크스까지 거슬러 올라간다. 마르크스는 자본주의가 그 무자비한 동력으로 인간 상호작용의 모든 안정된 전통적 형식을 무너뜨림으로써 모든 견고한 것은 녹아 허공으로 사라진다고 보았다.[27] 여기서 나는 탈영토화는 '문화와 지리적이고 사회적인 영토 사이의 자연스러운 관계의 상실'을 가리키는 일반적인 의미로 쓰고자 한다.[28] 지방 엘리트는 지방

　　　　　　　왜 친노와 비노는 엉뚱한 싸움에 힘을 탕진하는가?

에 살고 있기는 하지만 언제든 마음만 먹으면 지방을 떠나 중앙으로 갈수 있는 물적 조건을 확보하고 있는 등 장소 구속성이 약하다는 것이다.

즉, 계급의 문제를 결합시켜 수도권 상층과 지방의 상층은 이해관계를 같이하거나 지방의 상층이 적극적 저항을 하지 않는 '암묵적 승인'을 하고 있다는 점을 지적하고자 한다. 물론 지방의 하층이 생계를 위해 수도권 최하층으로 편입되고 있는 현실도 그런 '상층 연합'과 맥을 같이한다. 그렇게 한다고 해서 지역 경계를 중시하는 내부식민지론의 설득력이 훼손되는 건 아니다. 오히려 지역과 계급의 문제를 동시에 껴안음으로써 이론적 구성이 탄탄해진다고 볼 수 있다. 계급의 문제가 처음에 지역을 경계로 발생한다는 점을 부각시키는 것으로도 내부식민지 이론이 설 땅은 충분하다는 이야기다. 다시 정리해보자면, 경제적 토대의 차원에선 '경제적 종속'과 '불평등 상태의 지속성', 정치적 상부구조의 차원에선 '정치적 종속', '국가 엘리트의 독점', '지방 엘리트의 탈영토화', 이데올로기 차원에선 '소통 채널의 독점', '문화적 종속', '문화적 모멸'이 작동한다고 볼 수 있다.

주지하다시피, 종속이론은 제3세계 국가들이 국내 문제의 책임을 외부에 전가시키고 국내적 통제나 탄압을 정당화하기 위한 정치적 도구로 이용되어왔으며, 종속이론의 근거로 활용된 내셔널리즘은 한 국가 내에 존재하는 계급 격차와 갈등을 무시하게끔 만들었다. 이는 제3세계 내에 제1세계 국가들과 이해관계를 같이하는 세력이 엄연히 존재하고 있는 현실을 왜곡하는 결과를 초래했다는 것은 두말할 나위가 없다.[29]

종속이론의 이런 문제점을 넘어서는 한국형 내부식민지 이론은 지역모순과 계급모순을 양자택일의 문제로 이해할 필요도 없으며 그래서도 안 된다는 입장을 취한다. 즉, 내부식민지 내부의 이해관계가 달라 내부식민지 체제에 저항할 수 있는 자원을 가진 상층부 세력은 내부식민지 체제의 협력자거나 방관자라는 논지를 취한다는 것이다.

지방에서 인 서울 대학으로 인재 유출에 가장 중요한 영향을 미치는 변수는 부모의 학력과 소득 수준이다. 물론 소득 수준이 높을수록 인 서울 대학에 많이 진학한다.[30] 지방 엘리트는 대부분 자녀를 인 서울 대학에 보내며, 부유층은 서울에 아파트 한 채 정도는 갖고 있다. 2014년 6·4 지방선거 당선자 중 비수도권 광역 시·도지사 9명 중 8명이 서울, 나머지 1명은 경기 과천에 아파트나 오피스텔 등을 자가나 전세로 보유하고 있었으며, 자신의 지역구 자택은 전세로 얻은 대신 서울 강남 3구에 집을 갖고 있는 의원이 31명이나 되는 것으로 나타났다. 지방에서 기관장을 지낸 사람들은 퇴임 후 거의 서울에서 산다. 예컨대, 2006년 6월 현재 생존 중인 역대 전북 도지사 12명 중 전북에서 살고 있는 사람은 단 1명인 것으로 나타났다.[31] 즉, 지방 엘리트는 마음만 먹으면 언제든지 서울 시민이 될 수 있는 탈영토화의 경제적 능력을 갖고 있는바, 이들에게 내부식민지 체제의 타파는 정치적·의례적 수사修辭의 성격이 강하며 심혈을 기울여 쟁취해야 할 목표는 아니며 그럴 만한 동기부여도 되지 않는다고 볼 수 있다.

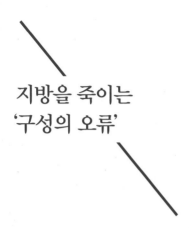

지방을 죽이는
'구성의 오류'

　지방 엘리트들 가운데 '토호土豪'로 불리는 이들은 지역에 '일종의 유사 봉건적 지배 체제'를 구축해 '맹주'로 군림하며, 지방자치제는 '토호들의 반상회'로 전락했다는 비판의 목소리가 높다.[32] 외부자로선 왜 이에 대한 견제가 없느냐고 의아해하는 사람이 많지만, 그럴 만한 이유가 있다. 지방에서 중하층에 속한 사람들도 각자도생各自圖生 방식으로 내부식민지를 탈출하려는 시도를 함으로써 내부식민지를 고착·영속화시키는 '구성의 오류fallacy of composition'라는 함정에 빠져 있기 때문이다.[33]

　즉, '지방 엘리트의 탈영토화'에서 '엘리트'는 '엘리트 계층에 편입되고자 하는 열망을 가진 사람'까지 포함하는 것으로 이해할 필요가 있다는 것이다. 부분에 대하여 말할 수 있는 것을 전체에 부당하게 적용하는 '구성의 오류'는 대부분의 지방이 도道·시市·군郡 단위로 인재 육성이요 지역 발전 전략이라는 미명 하에 서울에 학숙을 지어 지역 인재의 서울 유출을 장려하고 있는 데에서 잘 드러난다.

가족 단위에선 자식을 서울 명문대에 보내는 게 가장 큰 염원이라는 걸 잘 아는 지역 정치인들은 각종 선거 때마다 경쟁적으로 학숙 건립을 공약으로 내걸면서 그걸 인재 육성이요 지역 발전 전략이라고 주장하고 있다. 사실상 '지방대학 약화'를 지역 인재 육성 전략이자 지역 발전 전략으로 삼은 셈인데, 그게 어이없다고 웃거나 화를 내는 사람은 거의 없다.

왜 그럴까? 우리는 지역의 이익과 지역민의 이익이 같을 걸로 생각하지만, 그게 꼭 그렇진 않다는 데에 지방의 비극이 있다. 지방대학이 쇠락하거나 죽는 건 지역의 손실이지만, 자식을 서울 명문대에 보내는 건 지역민의 이익이다. 각 가정이 누리는 이익의 합산이 지역의 이익이 되기는커녕 오히려 손실이 되는 '구성의 오류'가 이런 식으로 일어나는 것이다. 심지어 서민층, 아니 빈곤층 학부모마저도 자식을 서울 명문대에 보내는 꿈을 꾸기에 그런 지역 발전 전략이 당연하다고 생각한다.

지방에서 이런 구성의 오류는 전 분야에 걸쳐 광범위하게 일어난다. 이는 가족공동체의 가치가 지역공동체의 가치와 공존하는 게 아니라 일방적으로 압도하기 때문에 벌어지는 일이다. 설과 추석 때의 민족 대이동이 잘 말해주듯이, 수도권 인구의 다수는 지방 출신이다. 이들의 존재가 시사하듯이, 누구나 지방에서 서울로 갈 수 있다는 '가능성'이 실제 이상으로 과장되게 인식되고 있으며, 서울을 자식이 살고 있거나 앞으로 살아야 할 곳으로 인식하기에 지방이 식민지로 전락한 지역모순을 사실상 은폐하거나 외면케 하는 결과를 초래하고 있다. 요컨대, 내부식민지는 중앙은 물론 지방에 의해서도 유지·강화되고 있는 것이다.

그런 구성의 오류가 상례적으로 발생하는 이면엔 지방민의 의식을 그렇게 몰아가는 '이데올로기 공세'가 존재하는데, 나는 그런 이데올로기 공세의 메커니즘을 '대학-매체-예산'의 트라이앵글로 형성된 '일상적 기제'로 보고자 한다. '대학-매체-예산'의 트라이앵글은 ① 대학이 유포·강화하는 '인 서울' 이데올로기, ② 서울 1극 매체 구조가 생산하는 '학습된 무력감', ③ 중앙의 예산 쟁탈을 위한 '향向 서울' 이데올로기로 나누어 분석하고자 한다. 이 트라이앵글은 정삼각형 형태를 이루면서 동시다발적으로 작동하는데, 이 트라이앵글의 상호관계는 다음과 같이 정리할 수 있다.

첫째, 대학이 유포·강화하는 '인 서울' 이데올로기는 매체를 통해 증폭·확산되며, 매체는 그런 중앙 지향성을 매체의 유지와 성장의 동력으로 삼는다.(대학과 매체의 관계)

둘째, 중앙의 예산 쟁탈을 위한 '향向 서울' 이데올로기는 매체를 통해 증폭·확산되며, 매체는 그런 중앙 지향성을 매체의 유지와 성장의 동력으로 삼는다.(예산과 매체의 관계)

셋째, 대학이 유포·강화하는 '인 서울' 이데올로기는 중앙의 예산 쟁탈을 위한 '향向 서울' 이데올로기에 의해 강화하며, '인 서울'은 '향 서울' 경쟁력의 주요 요소가 된다.(대학과 예산의 관계)

물론 '대학-매체-예산'은 같은 층위에서 개념적 동등성을 갖는 건 아니지만, 각각 지방에서 삶과 관련해 '먹고살 문제-먹고사는 것에 대한 인식의 문제-먹고사는 문제'라고 하는 점에서 지방민의 정체성 형성에 가장 큰 영향을 미친다.

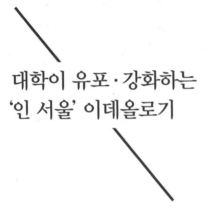

대학이 유포·강화하는
'인 서울' 이데올로기

"중산층 가족 사이에서 자녀 교육의 동의어는 '인 서울 대학' 진학이라고 해도 과언이 아니다. '인 서울 대학'은 자녀의 성취적 삶을 꿈꾸는 부모들의 무의식 속에서 부모 역할에 대한 자기검열의 회오리로 맴도는 모호한 이상향이다." [34]

『입시가족: 중산층 가족의 입시 사용법』이라는 책에서 이와 같이 말한 김현주는 이른바 '인 서울' 열풍과 관련해 고도성장이 끝나고 신자유주의가 도입된 1990년대 이후 한국에서 소수 중상층은 계층 상승을 꿈꾸지만 대다수 중산층은 하류층으로 밀려나는 계층 분해 현상이 일고 있다는 점에 주목한다. 중상층과 중간층, 하류층 추락 경계에 선 자들이 모두 자녀 교육에 동일한 전략을 구사하고 있어 결국 다수가 소수를 위한 들러리를 서는 거나 같지만, 그 다수는 상류층으로 상승이 아니라 계층 하향의 공포 속에 임계 수준의 문화자본이라도 확보할 수 있는 위험회피 방어기제로서 '인 서울' 대학 진학에 매달리고 있다는 것이다. [35]

그렇지만 위험의 인식이나 회피의 열망은 부풀려지기 마련이다. '인 서울'에 대한 열망은 '이데올로기'라도 불러도 좋을 수준의 사고·행동 규정력을 발휘하고 있다. 신호 이론의 관점에서 보자면 '인 서울'과 특히 '인 서울 명문대'는 미래에 대한 불확실성을 해소할 수 있는 강력한 '신호signaling', 그것도 '값비싼 신호costly signaling'지만,[36] 그 신호의 수용이 맹목적으로 이루어지면서 자연화naturalize되고 상식common sense의 형태로 헤게모니hegemony가 구축된다. 결국 지배 이데올로기가 강요로서가 아니라 '권위'로서 행사될 수 있으며 생활의 '문화적' 국면이 탈정치화de-politicized되는 것이다.[37]

교사들은 중학교 때부터 학생들에게 "이런 식으로 공부하면 지방대 간다"고 겁주고,[38] 부모들은 지방대생이 된 자녀에게 "네가 어느 대학 갔냐고 묻기에 창피해서 얼버무렸다"는 폭언을 일삼는다.[39] 이들은 예외적인 사람들이 아니다. 표현은 좀 거칠었을망정 전국적으로 1년 365일 내내 벌어지는 일이다. 이런 '인 서울' 이데올로기는 공식적인 소통의 장에선 잘 나타나지 않지만, 일상적 삶의 '솔까말(솔직히 까놓고 말해서)' 소통 양식에선 움직일 수 없는 철칙처럼 통용되고 있다. "솔까말, 지잡대와 SKY는 하늘과 땅 차이지"라는 식으로 말이다.[40] 이런 '솔까말'의 원리대로, "지잡대와 SKY는 하늘과 땅 차이"라면, SKY는 내부식민지의 토대, 아니 총독부라고 할 수 있겠다. 지방에서 서울로 과외를 다니거나 가족과 헤어져 사는 주말 부부 등의 풍경을 보라. 그 풍경의 이면에 무엇이 있는가? 바로 SKY와 '인 서울'이 있다.

그런데 정작 문제는 이런 '인 서울' 이데올로기가 지방에서 더 강고

하게 작동하고 있다는 점이다. 오찬호는 『우리는 차별에 찬성합니다: 괴물이 된 이십대의 자화상』에서 "지금의 이십대들이 수행하는 '학력의 위계화된 질서'에 관한 집착은 과거의 학력주의보다 훨씬 더 정교해졌고 자기내면화의 강도도 훨씬 높다"고 말한다.[41] 학력·학벌의 위계화는 '모멸의 위계화'로 이어진다. 지방에선 중앙에 대한 동경과 선망이 가세하고 증폭되면서 중앙에 근접할 수 없는 학생과 사람들에 대한 차별과 모멸이 중앙에서보다 훨씬 더 증폭된 형태로 나타난다.[42] 지방의 학부모들은 자녀가 어릴 때부터 '인 서울' 진학을 목표로 삼기 때문에, '인 서울' 이데올로기는 지방민들이 어릴 때부터 내면화하는 것으로 볼 수 있다.

그런 '인 서울' 이데올로기는 지자체나 공적 기관들에 의해 제도화되기도 한다. 어느 지방도시가 서울대학교에 진학하는 학생에게 1,500만 원씩, 출신 고교에는 서울대학교 합격자 1인당 800만 원씩, 연세대학교·고려대학교·포항공과대학교·과학기술대학교 진학생에게는 900만 원씩, 출신 고교에는 이들 대학 합격자 1인당 500만 원씩의 장려금을 지원한 것은 극단적인 사례로 비치지만,[43] 구체적인 방법의 차이일 뿐 많은 지방 지자체와 공적 기관이 그런 식으로 지역 내 학생들의 '인 서울'행을 부추기면서 미화하고 있다. 그런 제도화는 지방 내에 인 서울 명문대 입학을 목표로 우수 학생들만을 뽑아 공부시키는 학숙 또는 인재숙의 형식으로 나타나기도 한다. 이런 학숙에 자녀를 보내고자 하는 학부모들의 열망은 하늘을 찌른다.

어느 지역에선 관할 교육청이 "재학생을 대상으로 하는 기숙 학원은 공교육 정상화를 막고, 성장기에 있는 청소년들의 단체 생활을 통한

폐해를 심화할 수 있다"며 '재학생 대상 기숙학원 금지'를 주요 내용으로 한 조례 개정안을 발의했지만, 학부모들이 대대적인 삭발 시위를 감행하자 그 기세에 눌려 취소하고 말았다.[44] 지방 언론은 서울 소재 학숙이건 지방 소재 학숙이건 그런 학숙에서 인 서울 명문대에 진학하는 학생이 많이 나오면, 이를 지역의 쾌거인 양 자랑스럽게 보도함으로써 학부모들의 그런 열망에 부응한다.

학생들만 그런 인 서울 진입 전쟁에 참전하는 건 아니다. 교수들도 마찬가지다. 매년 수백 명의 지방대 교수들이 서울 소재 대학으로 옮겨가는 바람에 지방대는 인 서울 대학의 교수 양성소로 기능하고 있다.[45] 김교영은 지방대학의 이런 현실을 지적하면서 "순간 영화 〈설국열차〉가 떠오른다. 영화에서처럼 지방민들은 열차의 맨 끝 칸에 탄 사람들 같다. 환경이 좋은 곳으로 한 칸이라도 나아가려고 발버둥치는 모습이 지방의 현실과 닮은꼴이다"고 말한다.[46]

'인 서울' 이데올로기의 비극성은 그것의 실체가 사실상 입지 조건의 승리를 의미할 뿐이라는 데에 있다. 인 서울 대학의 경쟁력은 서울에 소재하고 있다는 지리적 위치에서 나오는 것이다. 물론 그것만으로 환원할 수 없는 경쟁력이 있는 건 분명하지만, 그 경쟁력의 실체는 상당 부분 '경로 의존'과 '네트워크 효과network effect'에 따른 것이다.[47] 흔히 대졸 청년들이 생각하는 사무직 남방한계선은 판교고, 기술직 남방한계선은 기흥이라고 하는 '상식'이 바로 그런 입지 조건의 중요성을 잘 말해준다 하겠다.[48]

하나마나한 가정이긴 하지만 서울대학교가 캠퍼스를 전라남도로 이전한다고 해보자. 그간 축적해온 서울대학교 파워 때문에 그래도 한동안 '전남 서울대'로 갈 학생이 많긴 하겠지만, 비슷한 조건하에서 '전남 서울대' 대신 '서울 연고대'를 택할 학생들이 크게 늘 것이며 서울대학교 파워는 점점 더 약화될 게 틀림없다. 연고대 중 한 대학이 강원도 동해 쪽으로 이전한다고 가정해봐도 좋겠다. 두 라이벌 대학의 운명은 어떻게 될까? 아마 곧 '연고대'라는 말이 사라지고 서울에 있는 어느 한 대학의 압도적 우위가 나타날 게 틀림없다.

'인 서울'의 간판 가치는 일종의 '지대地代 추구'rent-seeking 효과다. 지대 추구는 사적 영역의 집단들이 생산적 활동을 통해 수익을 얻기보다 국가 부문의 자원과 영향력에 접근해 수익을 얻고자 하는 비생산적인 행위를 의미하지만, '인 서울'의 간판 가치가 생산적 활동의 가치를 압도한다는 점에서 그 본질은 같다. 그럼에도 중앙 정부는 사실상 입지 조건에 불과한 '대학 경쟁력'이라는 평가 기준을 들어 대학 정원 축소를 지방에 집중함으로써 인 서울 이데올로기를 더욱 강화하는 정책을 쓰고 있으며, 지방민들은 이런 정책에 이렇다 할 저항을 하지 않은 채 〈설국열차〉의 맨 끝 칸에서 앞으로 한 칸이라도 더 나아가려는 각자도생의 삶을 살고 있다. 이렇듯 대학에 의해 또는 대학을 매개로 유포·강화하는 '인 서울' 이데올로기는 매체를 통해 증폭·확산되면서 다른 분야에도 영향을 미쳐 내부식민지를 존속·강화하는 심리적 기제로 작용하고 있다.

왜 친노와 비노는 엉뚱한 싸움에 힘을 탕진하는가?

서울 1극 매체 구조가
생산하는 '학습된 무력감'

"서울에 있는 대학 재학생 40여만 명 가운데 지방 출신은 절반가량인 20만 명이나 되며, 이들의 학부모들이 서울로 보내는 등록금만 연간 9천억 원에 이른다." 추정 통계나마 누가 이런 '통계 의제'를 설정했나? 기특하게도, 수도권 규제 철폐에 앞장서고 있는 『중앙일보』가 2001년 4월 26일자에서 '지방을 살리자'는 단기 캠페인의 일환으로 내놓은 것이다. 인재도 문화도 '서울 독식'이라는 등, 아주 아름다운 말을 많이 했다. 2008년 5월부터 『중앙일보』가 '18대 국회 어젠다'로 "지방분권 시대를 열자"는 기획 기사를 연재한 건 높이 평가할 만하지만, 문제는 경제와 정치 또는 경제와 대학을 분리해 생각하는 파편적 사고와 일관성 결여다. 그런 기획 기사의 의도가 신문의 평소 편집 정책에 전혀 반영되지 않고 있으며, 그런 의도에 반하는 다른 기사가 많이 실린다.

2015년 7월 20일 전국지방분권협의회는 대구에서 합동 원탁회의를 열고, '지방분권, 국가의 미래다'라는 선언문에서 "껍데기뿐인 지방자치가 이마저도 누더기가 되고 있는 현실을 직시하고, 우리는 지방분권 개헌 운동을 위해 협력하고 연대할 것"이라며 "지방분권 개헌 청원 100만인 서명운동, 광역 시·도, 기초 시·군·구 분권 조례 제정 운동을 추진하겠다"고 밝혔다. 그러나 대부분의 중앙 언론이 이 발표를 완전 무시했다. 중앙 언론은 서울이 곧 대한민국이라는 발상에 사로잡혀 있는 것이다.

지방을 포함한 전 국민의 눈과 귀를 서울 매체들이 장악한 상황에서 지방은 독자적인 '의제설정'을 해나가는 게 매우 어렵다. 사실상 우리와 같은 '지방' 개념이 존재하지 않는 미국에서조차 소도시 사람들은 대도시 매체가 설정한 의제들을 따라가고 있는데,[49] 한국과 같은 초일극 집중 국가에선 그런 문제가 훨씬 더 증폭된 형태로 나타나기 마련이다. 그래서 지방 주민들이 지방 문제를 제쳐놓고 서울의 문제들을 '전국적 이슈'라는 미명하에 화두로 삼는 일이 일상적으로 벌어진다. 중앙 매체엔 '지방'이 없기 때문이다. 지방은 오직 먹거리, 고기잡이, 축제, 사고 등을 보여주기 위한 용도로만 다루어질 뿐이다. 삶이 없는 것이다. 지방이 서울 시민들의 위로용으로 존재하는 것도 좋은 일이긴 하겠지만, 그로 인해 치러야 할 희생이 너무 크다. 소통은 의식에서 비롯된다. 지방 사람들의 의식마저 서울 중심적으로 형성될 때에, 소통은 사실상 존재하지 않는 거나 마찬가지다.

지방 언론에 기대를 걸기엔 지방 언론의 상황이 너무 열악하다. 신문보다는 경제적 처지가 좀 나을망정 지방 방송은 간신히 연명하는 상황에 처해 있다. KBS 18개 지역(지방) 방송국의 제작비 예산 총액은 서울

왜 친노와 비노는 엉뚱한 싸움에 힘을 탕진하는가?

본사 예산의 5퍼센트에도 미치지 못한다. '대한민국=서울'이라는 발상이 얼마나 강고한지를 잘 말해주는 수치로 볼 수 있겠다. 이영만은 "지역 방송은 고질적인 중앙 중심의 폐해를 줄이고 풀뿌리 지역자치를 실현하는 데 필수불가결한 수단"이라며 정부가 종편에 제공한 특혜의 절반이라도 지역 방송에 쏟았다면 이렇게 되었겠느냐고 개탄한다.[50] 사실 종편이야말로 서울 1극 방송 체제를 극명하게 보여줄 뿐만 아니라 내부식민지를 영속하려는 이 나라 지도층의 의식구조를 잘 보여준 사례다. 종편의 인허가권 자체가 엄청난 특혜이므로 정부는 그걸 기존 여의도 방송 체제를 교정하거나 보완하는 대안 방송 체제로 활용할 수 있었건만, 오히려 기존 체제를 강화하는 데에 쓰고 만 것이다.

지방 일간지 구독률은 강원(9.6퍼센트)과 제주(14.6퍼센트)를 제외하고 모두 5퍼센트 미만에 불과할 정도로 '절망' 상태다.[51] 일부 지방 신문은 "광고 홍보비에 빨대 대고 기생하는 신문"이라는 의미에서 '빨대 신문', 관공서 중심 기사로 인해 공무원이나 보는 '공무원 신문'이라는 별명까지 얻는 지경에 이르렀다. 이로 인한 문제는 우리가 막연히 생각하는 것보다 훨씬 더 심각하다. 지역 언론 이용이 지역 정체성 형성은 물론 지역공동체 의식의 함양과 밀접한 관계를 맺고 있음을 감안컨대,[52] 지역민들의 중앙 언론 의존은 그들이 지역에 대해 생각할 기회를 차단하는 동시에 공익성이 결여된 사적 연고 공동체만 키우는 결과를 초래하기 때문이다.

언론학자들은 늘 지방 언론의 살길로 '지역 밀착성'을 모범답안으로 제시하지만, 지방민들의 의식이 지역을 떠나 서울을 바라보고 있다면 그런 노력이 정당한 평가를 받을 길이 없잖은가. 이는 지방민들의 가장 큰 관심사인 자녀 교육 문제를 보더라도 분명해진다. 지방민은 지역 대학보다는 '인 서울' 대학에 훨씬 더 깊은 관심을 갖고 있기 때문에 지역 언론보다는 중앙 언론의 콘텐츠가 오히려 그들에게 큰 중요성을 갖는 게 현실이다.

당연히 이런 내부식민지 상황을 문제 삼아야 하겠지만, 지방민은 그런 문제의식조차 갖지 못하는 악순환의 상태에 빠져 있다. 지역공동체 의식의 형성에 영향을 미치는 지역 언론이 '절망' 상태에 처해 있는 가운데 그간 서울 1극 매체 구조 체제하에서 살아온 지방민이 어느덧 '서울=대한민국'을 당연하게 받아들이는 '학습된 무력감learned helplessness'에 빠져들었기 때문이다. 학습된 무력감은 좌절이 반복되면 나중엔 어떤 시도도 필요 없음을 배운 나머지 자신들의 운명을 통제하는 데 무력해진다는 사회심리학적 개념인데, 이 개념을 제시한 마틴 셀리그먼Martin E. P. Seligman, 1942-은 '학습된 무력감'과 '설명 양식explanatory style'은 밀접하게 관련되어 있다며 다음과 같이 말한다.

"설명 양식이란 왜 이러저러한 일들이 일어났는지 스스로에게 설명하는 습관적인 방식이다. 이것은 학습된 무기력을 크게 좌우하는 역할을 한다. 낙관적인 설명 양식은 무기력을 없애고 비관적인 설명 양식은 무기력을 퍼뜨린다. 일상 속에서 실패나 중대한 패배에 직면할 때, 과연 얼마나 무기력에 빠져들지 또는 다시 기운을 차릴지는 본인 스스로가 사태를 설명하는 방식에 달렸다. 설명 양식이란 '마음속 세상'을 비추는 거울과도 같은 것이다."[53]

서울 1극 매체 구조는 모든 분야에 걸쳐 중요한 일들은 모두 서울에서 일어나며 그런 중요한 일들의 토대가 되는 권력 자원 근접성은 서울 거주를 통해 실현될 수 있다는 '설명 양식'을 1년 365일 내내 지방민들의 의식에 주입시킨다. 지방민들은 지방에서 무슨 일을 해볼 수 있다는 생각보다는 중앙 권력 자원 근접성을 높이는 방향으로 사고하고 행동하는 경향이 있다. 지방이 대안 매체로 기대를 걸었던 인터넷과 SNS 등은 일부 긍정적인 기능에도 지방 모멸을 노골적으로 해대는 익명의 '배설 공간'의 역할이 커지면서 이른바 '사회적 증거social proof'의 원리에 따라 지방 모멸을 지방민들이 수용하는 효과를 더욱 크게 만들고 있다.

물론 지방민들이 느끼는 '학습된 무력감'을 매체 탓만으론 돌릴 수 없으며 오히려 기존 정치경제적 구조가 훨씬 더 큰 이유겠지만, 기존 구조를 바꿔야 한다는 필요성을 인식하고 그에 따른 행동을 개시하는 실천의 관점에선 달리 볼 수 있다. 지금으로선 비현실적인 가정이지만, 한국 매체 구조가 지역별로 다원화되어 있다고 한다면 각 지역의 절박한 문제들과 그 원인들에 대한 지방민의 인식과 행동 동인動因은 크게 달라질 가능성이 높다.

의제설정 이론에 따르면 매체는 수용자들에게 '어떻게 생각하도록what to think' 하기보다는 '어떤 것에 대해 생각하도록what to think about' 이 끌지만, 기존 서울 1극 매체 구조 체제는 지방민의 관심의 방향은 물론 내용까지 독점적으로 지배하면서 자신이 사는 지역을 바라볼 수 있는 시선마저 차단하고 있다. 이른바 '국가처럼 보기seeing like a state'가 지배적인 시선이 되고 있는 것이다. [54] 하승우가 잘 지적했듯이, "우리는 이미 '국가처럼' 보는 데 익숙하기 때문에 지역을 이해하기 어렵다. 이미 자신의 언어를 상실한 지역 정치는 자신을 해명하거나 스스로 드러낼 수 없고 자신의 잠재력을 파악할 수도 없다."[55]

그런 무력감은 시민들이 능동적 시민으로서 갖춰야 할 덕목 대신 포기, 체념, 냉소주의를 습관적으로 갖게 되는 '무력감의 사회화the socialization of powerlessness'로 이어지며,[56] 이는 잘못된 상황을 바꾸려 하기보다는 그 상황에 적응하려는 각자도생형 투쟁을 격화하는 결과를 초래하고 있다. 그런 각자도생형 투쟁은 개인과 가족의 차원에선 주로 '인 서울' 이데올로기의 실천으로 나타나고, 지역 정치권 차원에선 주로 중앙의 예산 쟁탈을 위한 '향向 서울' 이데올로기의 실천으로 나타난다. 중앙 매체는 이런 중앙 지향성을 매체의 유지와 성장의 동력으로 삼는다. 서울이라고 하는 비교적 좁은 취재 구역에 인적자원을 집중하는 것만으로도 '전국 매체'로 행세할 수 있기에 비용을 크게 절감하는 동시에 지방 매체의 도전을 원초적으로 제압할 수 있는 유리한 위치에 서게 되는 것이다.

왜 친노와 비노는 엉뚱한 싸움에 힘을 탕진하는가?

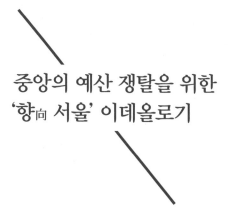

중앙의 예산 쟁탈을 위한
'향向 서울' 이데올로기

　내부식민지 형성의 주요 이유라 할 '낙수 효과' 모델은 경제 분야에만 작동하는 게 아니다. 정치도 똑같은 원리에 따라 움직이며, 여기엔 보수와 진보의 차이가 없다. 심지어 사회운동 세력마저 개혁 방법론에서 '위에서 아래로'라거나 '큰 것에서 작은 것으로'라는 '낙수 효과'의 원칙에 충실하다. 노동운동에 대한 지지와 응원도 대기업 노조 중심이며, 사회 진보를 평생 과업으로 삼겠다는 사람들도 서울이나 서울 근처에서 살아야만 발언권을 가질 수 있다고 굳게 믿고 있다. 이런 '향向 서울' 정치 행위 가운데 지방민의 의식에 가장 큰 영향을 미치는 건 중앙이 절대 권력을 행사하는 예산 분배권이다. 정부 인사를 둘러싸고 늘 특정 지역이 독식했다든가 하는 따위의 말이 많지만, 이런 논란이 궁극적으로 귀결되는 지점은 예산의 지역별 분배다. 즉, 예산 분배에 힘을 쓸 수 있는 사람을 얼마나 보유하고 있느냐 하는 의미에서 인사가 중요한 의미를 갖는 것이다.

한국인의 정당 충실도는 대단히 높다. 아니 지지하는 정당이 없다는 사람이 다수인데 그게 무슨 말인가? 투표 시에 그렇다는 것이다. 평소엔 지지하는 정당이 없을 뿐만 아니라 정당들에 침을 뱉다가도 투표를 할 때엔 정당만 보는 게 한국 유권자들의 속성이다. 왜 그럴까? 한국인들은 정당 민주주의의 신봉자들이기 때문인가? 아니다. 오히려 정반대. 정당을 신뢰할 수 없는 집단으로 간주하기 때문에 더욱 정당에 집착한다. 정당이 공명정대한 집단이라면 굳이 정당에 연연할 이유는 없다. 정당은 불공정과 편파에 능한 집단이기에 지역 발전을 위해선 힘이 있는 정당을 무시할 수 없다는 게 유권자들의 오랜 경험에서 비롯된 통찰이다. 유권자들에겐 정당정치에 대한 신념보다는 정당 중심의 정략적 파워에 대한 기대(또는 공포) 심리가 강하다는 뜻이다. 지역주의적 투표 행위도 궁극적으론 '우리 지역 정당'을 키워 예산을 제대로 챙기자는 장기 프로젝트의 일환으로 보는 게 옳다.

한국 정치의 수수께끼 중 하나는 서울시장이나 경기도지사가 대통령이 되기를 열망하면서도 일방적으로 수도권만 생각하는 정책과 발언을 맹렬히 해댄다는 점이다. 나중에 대선에 출마해 지방 유권자들을 어떻게 대하려고 그러는 걸까? 왜 그러는 걸까? 답은 싱거울 정도로 간단하다. 지방 유권자들이 지방의 이익에 충실한 투표를 하지 않는다는 걸 잘 알고 있기 때문이다. 달리 말해, 지방 전체의 이익보다는 자기 지역 출신이 중앙 권력을 장악하는 게 자기 지역의 이익에 도움이 된다고 보는 지역주의 때문이다. 즉, 예산 배정에서 매우 유리하다는 뜻이다. 예산 분배 과정이 중앙 권력자들의 출신 지역과 관계없이 공정하고 합리적으로 이루어지는 시스템이 구축된다면, 지역주의 투표를 해야 할 이유는 사라지거나 약화된다.

지금도 전국의 모든 지역이 앞다퉈 다 자기 지역이 가장 못 살고, 가장 차별 받고, 가장 억울하다고 하소연하고 있다. 호남인은 호남 차별을 말하지만, 타 지역 사람들은 호응하지 않는다. 예컨대, 어느 네티즌이 '호남의 소외감'을 말하자, 다른 네티즌은 이렇게 대꾸한다. "대구나 경북은 잘살았나. 참. 낙후된 지역입니다."[57] 이런 주장도 있다. "뭘 또 호남 홀대냐? 여수박람회, 영암F1, 각종 공항, 아시아문화전당 등 막대한 돈만 퍼붓고, 도움도 안 되는 일 어거지 부려서 얼마나 가져갔나. 오죽하면 광주 택시 기사들이 광주는 소비도시라고 하나? 정부 돈 빼먹는 짓 좀 그만하고, 노력해서 돈 벌 생각해라. 징징대는 것도 이젠 지겹다. 강원도는 뭔 죄냐? 경북 북부는 또 뭔 죄냐? 충청도는 어떻고? 맨날 호남, 호남……욕을 자초하지 마라."[58] 둘 다 진보적 성향의 네티즌들인데도 얼음처럼 차가운데다, '광주는 소비도시'라는 말까지 저런 식으로 해석하니, 답이 없지 않은가 말이다.

이게 다 이른바 '우는 아이 젖 더 주기 신드롬'이다. 바로 여기서 분할 지배divide and rule의 메커니즘이 작동한다. 지방의 각 지역은 내부식민지 체제를 바꾸려 하기보다는 그 체제를 전제로 하여 중앙에서 더 많은 것을 얻어내는 데에 더 큰 관심을 갖고 있다. 물론 이런 지역 간 경쟁이 바로 지역주의와 지역감정의 온상이기도 하다. 따라서 '중앙정부 예산 분배의 투명화·시스템화'가 지역주의 해소의 주요 대안이건만, 우리는 예산에 관심이 없다. 전문가들의 영역으로만 간주한 채 예산을 거들떠보

지도 않고 그저 흥분하기 쉬운 정치적 소재만 골라 각종 담론을 생산하는 걸 정치 참여요 개혁이라고 생각한다.

"예산 확보는 전쟁이나 다름없다. 그러기에 모든 공직자들이 중앙을 오가며 치열한 사투를 펼치고 있다"거나 "독립운동 하듯이, 죽을 각오로 한다"는 말은 전국의 지방 지자체 주변에서 쉽게 들을 수 있는 말이다.[59] 2015년 11월 국회 예산결산특별위원회(예결위) 전체회의에서 나온 국회의원 발언 가운데 3분의 1 가까이가 지역구 민원성 요구에 집중되었으며, 이른바 '실세'들의 자기 지역구 예산 챙기기가 극에 이르렀다. 그러다 보니 예산소위에선 국회의원들이 각자의 이해관계를 놓고 공무원들 앞에서 "깡패"니 "양아치"니 하는 막말을 내뱉기도 한다. 언론은 이 모든 추태를 가리켜 '막가파 행태', '복마전' 등으로 비난했지만, 이는 늘 반복되는 연례행사일 뿐 달라지는 건 전혀 없다.[60]

현 지방자치의 핵심은 바로 그런 예산 전쟁이라고 해도 과언이 아니다. 지방선거에서 유권자들에게 가장 잘 먹히는 선거 구호는 "나 중앙에 줄 있다"며 자신의 '줄'을 과시하는 것이다. 줄이 튼튼한 사람이 예산을 지역으로 많이 가져올 수 있다는 걸 유권자들이 잘 알고 있기 때문이다. '줄'은 아무래도 전직이 화려한 사람들에게 유리하다. 학벌도 좋아야 학연을 이용할 수 있다. 아무리 성실하고 청렴하고 유능한 일꾼이라도 '줄'이 약하면 선택받기 어렵다. 창의적 혁신도 대접받지 못한다. 자치단체장의 유능도는 '줄'을 이용해 중앙에서 많은 예산을 끌어오는 걸로 결정되기 때문이다. 이처럼 예산 문제가 한국 정치와 지방자치의 내용을 결정한다. '예산 결정론'이라고 해도 좋을 정도로 예산 분배 과정이 지방식민지화의 고착에 미치는 영향력은 절대적으로 크다. 자치단체장들과 국회의원들이 유권자들에게 내미는 연말 실적 보고를 보라. 거의 대부분 자신이 무슨 예산을 따왔다는 자랑 일색이다. 즉, 정치가 '예산 따오기'로 환원되고 있는 것이다.

지방 언론은 정치가 '예산 따오기'로 환원되고 있는 현실에 적극 화답해 어느 의원이 무슨 예산을 얼마나 확보했다는 걸 미주알고주알 열심히 보도한다. 이게 꼭 의원 홍보용만은 아니다. 당연히 받을 예산을 받은 것임에도 정부 예산 편성에서 누락되거나 다른 지역에 빼앗길지도 모른다는 불안감에서 당연한 일마저 뉴스로 다루는 것이다. 정치인의 능력을 예산 따오는 능력 하나로 평가하는 건 지방 언론의 보도뿐만 아니라 이런저런 경로를 통해 지역민들의 의식에까지 광범위한 영향을 미친다. 지역의 발전 전략과 실천에서 스스로 무엇을 해보겠다는 자율과 도전 정신은 실종되고, 오직 중앙에 강력한 줄을 만드는 것이 유력한 대안으로 여겨지고 있는 것이 현실이다.

민선 도지사와 시장이 처음 선출된 1995년 7월 이후 2008년까지 임명된 행정부지사와 부시장은 모두 100여 명인데, 이 중 행자부 출신이 90명을 넘는 이유도 바로 여기에 있다.[61] '전관예우前官禮遇'라고 하는 퇴행적 관행도 상당 부분 예산 때문이다. 1999년에서 2004년까지 퇴직한 교육부 출신 관료 중 82명이 사립대학에 법인 이사(27명), 교수(26명), 직원(14명), 총·학장(7명) 등으로 취업했으며, 이들 중 12명은 퇴직 바로 다음 날 사립대학으로 출근한 것으로 나타났다. 고위 교육 관료들이 대학 총·학장으로 영입되는 관행은 더욱 기승을 부리고 있다. 이유가 무

엇인가? 그게 바로 예산 때문이다.[62]

"세상에서 가장 떼먹기 좋은 돈은 나라 돈"이라는 말은 상식으로 통용되고 있다.[63] 그렇게 떼먹기 좋은 눈먼 돈을 붙들기 위한 사생결단식의 전쟁이 전국에 걸쳐 치열하게 벌어지는데, 이는 사실상 '줄 전쟁'이다. 중앙에 그런 줄이 있느냐 없느냐, 강하냐 약하냐가 지방선거의 최대 화두가 되고 있으니, 이걸 어찌 지방자치라고 할 수 있겠는가? '내부식민지 줄 싸움'이라고 불러야 하지 않겠는가?

이미 중앙에 줄을 선 사람은 자신의 비교 우위를 지키기 위해 기존 체제를 원한다. 게다가 어린 시절 지방을 떠나 중앙으로 유학을 가 중앙에서 줄을 만든 사람들은 내내 지방에서 산 사람들보다 적어도 공부하는 실력에선 우월했던 사람들이다. 지방민들도 겉으론 뭐라고 할망정 내심 이들을 더 높이 평가한다. 이렇듯 대학이 유포·강화하는 '인 서울' 이데올로기는 중앙의 예산 쟁탈을 위한 '향向 서울' 이데올로기에 의해 강화하며, '인 서울'은 '향 서울' 경쟁력의 주요 요소가 된다.

사정이 이와 같은데도 우리는 다른 분야에선 제법 선진적인 변화를 원하고 시도하면서도 이 예산 분야만큼은 사실상 계속 최악의 낙후 상태를 유지하기 위해 애를 쓴다. 예산 분배 방식과 같은 본질을 바꿈으로써 생겨날 대변화를 기대하는 게 아니라 바꾸는 건 하나도 없이 자신들이 미워하는 정치 세력에 직접 비난을 퍼붓는 걸로 정치 행위를 대체하려는 정서가 일반 유권자들 사이에서도 만연해 있다. 이게 바로 '분할 지배'의 놀라운 위력인 동시에 '내부식민지'의 기본 작동 방식이다.

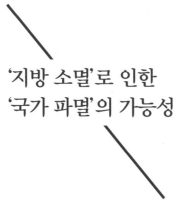

'지방 소멸'로 인한
'국가 파멸'의 가능성

　이상 살펴본 바와 같이, 한국의 지방은 ① 경제적 종속, ② 불평등 상태의 지속성, ③ 정치적 종속, ④ 국가 엘리트의 독점, ⑤ 지방 엘리트의 탈영토화, ⑥ 소통 채널의 독점, ⑦ 문화적 종속, ⑧ 문화적 모멸 등 내부 식민지의 8대 요소 또는 조건을 충족시키고 있다. 그런 내부식민지 체제는 '대학-매체-예산'의 트라이앵글, 즉 ① 대학이 유포·강화하는 '인 서울' 이데올로기, ② 서울 1극 매체 구조가 생산하는 '학습된 무력감', ③ 중앙의 예산 쟁탈을 위한 '향向 서울' 이데올로기에 의해 존속·강화되고 있다.

　물론 그 밖에도 다른 이유들이 있을 것이나, 나는 이 3가지가 가장 중요한 '킹핀'이라고 보았다. 문제 해결을 위해서도 그렇다. 내부식민지의 종언을 위해선 그것을 떠받치는 경제구조를 바꾸는 것이 가장 빠르겠지만, '경로 의존'의 완강한 저항 이전에 그 일을 추진할 수 있는 광범위한 대중의 지지가 없다는 것이 가장 큰 장애 요인이다. 나는 느리더라도 올바른 방향으로 나아가는 것이 중요하다고 보는 입장에서 지방의 '내부식민지화'를 고착시키는 일상적 기제를 형성하고 있는 '대학-매체-예산'의 트라이앵글에 주목하자는 메시지를 던지고자 했다.

2015년 8월 31일 발표된 교육부의 대학 구조 개혁 평가 결과는 입지 조건에 불과한 경쟁력을 앞세워 '인 서울' 이데올로기를 재확인·강화하는 내용이었다. 2017년 전체 대학 입학 정원은 2012년보다 5만여 명 줄어드는데 서울만 증가하는 추세다. 이런 식이라면 교육부가 2023년까지 총 3주기에 걸쳐 감축하기로 한 대학 입학 정원 16만 명의 대부분은 지방에서 이루어질 게 뻔하다. '인 서울' 이데올로기가 고착·강화됨으로써 빚어질 내부식민지의 심화는 교육부가 걱정할 일이 아니라는 건가. 서울 1극 매체 구조와 로비에 따라 움직이는 예산 분배 구조 역시 마찬가지다. 실천적 방안은 충분함에도 실천을 할 뜻이 전혀 없는 게 문제일 뿐, 내부식민지는 우리의 숙명이 아니다.

내부식민지화의 폐해는 내부식민지에만 머무르지 않는다. 2014년 5월 일본 이와테현岩手縣 3선 지사 출신의 마스다 히로야增田寬也 전 총무장관 주도로 작성된 '마스다 보고서'는 일본을 큰 충격에 빠트렸다. 2040년까지 일본 지자체(시·구·정·촌)의 절반인 896개가 사라지는 등 고령화가 급속도로 진행되면서 지방 인구는 소멸하고 수도인 도쿄 한 곳으로만 인구가 집중될 것이란 경고였다.[66] 한국보다 중앙 집중화가 덜한 일본에서조차 '지방 소멸'로 인한 '국가 파멸'을 경고하는 목소리가 나오고 있는 걸 강 건너 불구경하듯이 볼 일이 아니다. 한국에서도 2040년경 전국적으로 마을이 무더기로 사라지고 지방 지자체들이 연쇄 모라토

왜 친노와 비노는 엉뚱한 싸움에 힘을 탕진하는가?

리엄에 빠지는 등 지방 소멸이 일어날 것이라는 경고음이 나오고 있다.[65]

지방 소멸을 막기 위한 성찰은 중앙 정부의 몫만은 아니다. 우리는 모든 분야에서 그간 우리가 중독되어온 '위에서 아래로'의 연역적 개혁을 의심하면서, '아래에서 위로' 올라가는 귀납적 개혁을 시도할 필요가 있다. 연역적 개혁과 귀납적 개혁은 둘 다 일장일단—長—短이 있지만, 대중이 정치를 혐오하면서 각자도생을 택한 상황에선 귀납적 개혁은 선택의 문제가 아니라 당위다. 무엇보다도 정치에서 소외당하고 스스로 소외한 대중이 관심과 더불어 참여 의욕을 보이는 동력은 오직 '피부에 와 닿는 실감'이기 때문에 더욱 그렇다. 즉, 이른바 '자기 효능감self-efficacy'을 느껴야만 대중이 적극적인 참여에 뛰어들 수 있다는 이야기다.

자기 효능감은 개인이 어떤 구체적인 행동을 실행할 수 있는 능력이 있다고 여기는 자신감의 수준인데, 이 개념에서 비롯된 '정치 효능감political efficacy', 즉 시민들이 정치에 참여하면 뭔가를 성취할 수 있다는 믿음을 대중에게 주기 위해선 작은 승리나 성공이 절대적으로 필요하다. 이런 이치 때문이다. "작은 성공의 경험은 무게감을 줄이고('별 거 아니군') 노력의 요구량을 감소시키며('이만큼만 하면 되네') 스스로 생각하는 능력 수준을 높인다('난 이것도 할 수 있잖아!')."[66]

직접민주주의와 풀뿌리 정치는 지방의 작은 지역에서부터 꽃을 피우는 게 정상이다. 그런데 현실은 어떤가? 풀뿌리 정치는 '빨대 정치'로 전락했다. 중앙 정당들이 지방을 식민지화한 가운데 빨대를 꽂고 단물만 빨아먹고 있다. 지방의원은 국회의원의 '몸종'으로 전락했다는 비판이 터져나오고 있는 가운데, 지방 주민들은 각종 연고에 얽혀 그런 식민 체제에 갇혀 있다. "지역 문제에 대한 책임을 지역 주민들에게 맡기지 않는다면, 그들을 무책임한 사람으로 만들게 된다"는 말이 있는데,[67] 이게 바로 우리의 현실이다. 대중의 일상적 삶의 영역은 방치되어 있다. 빈껍데기뿐인데다 무능하기까지 한 지방자치가 생산해낼 대중의 냉소와 그에 따른 보수성을 생각하노라면, 그야말로 발상의 대전환이 필요한 게 아닐까?

왜 친노와 비노는 엉뚱한 싸움에 힘을 탕진하는가?

친노·비노는 한가롭게
'이전투구'를 벌일 때가 아니다

사정이 이와 같은데도, 친노는 '엘리트 대 민중'이라는 진부한 이분법으로 호남 다선 의원들의 물갈이를 외쳐대면서 그걸 개혁이요 진보라고 포장한다. 다른 지역에 대해선 관심이 없고 오직 호남에 대해서만 그런다. 호남의 세속적 욕망에 대해서도 온갖 왜곡을 저질러가면서 비난해댄다. 도대체 왜 그러는 걸까? 국민의당을 서둘러 침몰시켜야 한다는 이유 때문일까, 아니면 타고난 호남 차별 의식 때문일까?

아니면 그들은 내가 앞서 주장한 바와 같이 지방 엘리트가 내부식민지 체제의 협력자일 수 있다는 이유 때문에 호남 엘리트를 공격하는 걸까? 차원이 전혀 다른 이야기인지라, 내가 말해놓고도 웃음이 픽 나오지만, 차원이 같다 해도 그건 말이 안 된다. 불행히도 그들에겐 내부식민지에 대한 인식 자체가 없기 때문이다. 그런 인식이 눈곱만큼이라도 있었다면 스쳐지나가는 식으로라도 '지방 문제'가 그들의 풍성한 담론에 등장해야 할 텐데, 전무하다. 그저 그들의 눈엔 지방은 중앙 정치의 졸卒로만 인식될 뿐이다. 지방 네티즌들까지 부화뇌동해 덩달아 그런 시각을 수용하고 있는 게 우리 현실이다.

그 무슨 이유 때문이건 그렇게 '호남 때리기'를 해선 달라질 게 없다. 현 내부식민지 체제를 그대로 두고선 선거에서 그 어떤 승리를 거둔다 해도 달라질 건 전혀 없다는 말이다. 친노가 '개혁의 아이콘'인 양 열광의 대상으로 떠받들어온 친노 의원들 중 일부는 자식의 교육이나 취직, 자기 지역구 예산 챙기기 등 세속적 욕망의 실현을 위해선 그 어떤 갑질도 마다하지 않더라는 게 충분히 밝혀졌다. 친노는 쑥스러워할 뿐 그들을 비난하지 않는다. 그러면서도 그들은 호남인이 정당한 방법으로 세속적 욕망에 충실하고 싶다는데도 온갖 왜곡을 동원해가면서 몰매를 준다.

이게 도대체 무슨 해괴한 작태인지 모르겠다. 비노건 그 누구건 친노와 싸우는 야권 내 정치 세력과 그 지지자들 역시 '친노의 몰락'만으론 달라질 게 없다는 걸 알아야 한다. 아니 '친노의 몰락'은 가능하지도 않다. '친노의 몰락'을 목표로 삼는 건 친노의 선악 이분법을 그대로 따르는 것과 다름없다. 그러지 말자. 방향 설정만 잘해주면 친노도 얼마든지 좋은 방향으로 달라질 수 있다. 현 내부식민지 체제의 타파가 올바른 방향이다.

어느 네티즌의 주장처럼, 서로 감정을 건드리지 않는 게 중요하다. "싸우려 들지 마라. 문재인 안철수 박지원 등 모두 야권 분열의 공동 책임에서 자유롭지 못하다. 3자 대결로 가면 야권은 필패다. 서로 감정을 건드리지 않아야 후에 통합을 도모할 수 있다."[68] 후에 통합을 도모하건 않건 '증오의 배설'로 이룰 수 있는 개혁이란 없다는 걸 인정하는 게 중

왜 친노와 비노는 엉뚱한 싸움에 힘을 탕진하는가?

요하다. 지금 한가롭게 상호 이전투구泥田闘狗를 벌이고 있을 때가 아니다. 총선과 대선을 내부식민지 체제의 타파를 위한 정책 형성의 기회로 삼아야 한다.

모든 지방민도 할 일이 있다. 내부식민지는 내부식민지의 입장을 역설하는 것만으론 타파되기 어렵기 때문이다. 지방분권·지역 균형 발전의 이해관계에서 수도권과 비수도권은 어느 한쪽이 이익을 보면 다른 한쪽이 피해를 보는 '제로섬게임'을 하는 셈이지만, 비수도권에선 수도권의 입장까지 헤아리는 제3의 대안들을 적극 제시해야 한다. 즉, "우리만 죽는다"고 외치는 걸론 약하거니와 모자란다는 것이다.

초일극 중앙 집중이 가져온 '레드 오션' 체제가 모든 한국인의 삶을 피폐하게 만들고 있는 현실과 더불어 지방이 '블루 오션'이라는 점을 이해하게끔 해야 한다.[69] 지방의 무능과 부패를 말하는 사람들에겐 "권한은 사람을 성장시킨다"는 점을 이해시켜야 한다. 내부식민지를 넘어서는 분권 시스템은 동기부여를 강화할 뿐 아니라 더 큰 유연성을 가져다줌으로써 전체의 발전에 더 큰 기여를 할 수 있다는 걸 실천으로 보여주어야 한다. 전면 투쟁을 위해서라도 그런 자세가 꼭 필요하다.

마케팅 분야엔 "전술이 전략을 결정한다"는 말이 있다. '위에서 아래로top-town'가 아닌 '아래에서 위로bottom-up'의 장점을 강조하면서 나온 말이다.[70] 이 원리는 비단 마케팅에만 해당되는 게 아니다. 서울이 지방을 결정하는 게 아니라 지방이 서울을 결정해야 한다. 그게 모두에게 이롭다. 개혁과 혁신을 삶의 질을 높이는 수준으로까지 넓게 생각한다면, 서울이 아닌 지방이 개혁과 혁신의 중심지가 되어야 한다는 깨달음과 실천이 올바른 해법일 수 있다. 좌우左右, 여야與野, 지역, 계층, 세대 등의 분열과 갈등 구도, 그리고 프랙털 원리에 의해 그 구도 안에 자리 잡은 또 다른 분열과 갈등 구도를 넘어서 우리 모두 화합과 평등을 지향하는, 한 단계 발전한 세상의 실현을 위해서 말이다.

맺는말

열정의 평준화가 필요하다

"대통령 나라 팔아먹어도 35%는 지지"

2016년 1월 4일 전 보건복지부 장관 유시민이 JTBC의 신년 토론 프로그램에 나와 "(박근혜) 대통령이 나라를 팔아먹어도 35%는 지지할 것"이라고 말해 '막말' 논란을 불러일으켰다. 그는 "35%가 새누리당의 최소 지지율이다. '탄핵 역풍' 때도 정당 득표율이 36%였다. 1987년 13대 대선 때 노태우 전 대통령 득표율이 36%였다"면서 그렇게 말한 것인데, 새누리당은 "역대급 막말"이라며 강력 반발했다.

새누리당 신의진 대변인은 "대통령을 비하하는 것도 모자라 대통령을 지지하는 국민들까지 모독하고 있으니 정말 기가 막힐 일"이라며 "'나라를 팔아먹었다'는 B급 수준 저질 막말이 전직 장관 입에서 나왔다니 들은 귀를 씻고 싶은 심정"이라고 비판했다. 이어 "대통령을 향한 막말은 국민에 대한 폭력이고, 당장 국민 앞에 고개를 숙여 사과해야 한다"고 목소리를 높였다. 그런데 『경향신문』의 인터넷판을 보니 이 기사에 달린 댓글들은 대부분 유시민의 발언에 대해 긍정적이다.

"유시민 말을 잘 새겨라! 쓴 약이 보약 된다. 똥누리넘들."

"박근혜가 나라 팔아먹은 것이 아니라 나라를 살린 것이다."

"이제 일본군이 한국 땅에 진주하는데도 나라를 살린 것이다? 당신의 조국은 어디인가? 아베 추종자인가?"

"'팔아먹어도'가 아니라 '팔아먹었지만'이다. 박근혜는 벌써 나라를 팔아먹었다."

"문제는 쥐뿔도 없는 것들이 선거 때면 부자당에 투표하는 한심한 인간들입니다."

"좋게 생각하세요. 그만큼 지지층이 확실하다고 자랑해준 건데 그걸 가지고 시비 걸지 말고요."[1]

그런가? 정말 그렇게 생각해야 하는가? 유시민은 박근혜의 지지층이 확실하다고 칭찬을 해준 건가? 반대의 발언이 나왔어도, 예컨대, 여권 논객이 "문재인이 나라를 팔아먹어도 20%는 지지할 것"이라고 말한다 해도 그런 너그러움을 베풀 수 있을까?

그 어느 쪽이건 자신들이 지지하는 지도자가 나라를 팔아먹는다 해도 계속 지지하겠다고 한다면, 그건 정치적 행위가 아니라 종교적 행위라고 해야 하지 않을까? 그런데 가만 생각해보면 정치판에서 벌어지는 일들은 매사가 그런 식이다. 사람들은 가끔 말로는 이념과 노선이 중요하다고 말하지만, 정작 중요한 건 이념과 노선이 아니라 어떤 이념과 노선이건 그 주도자가 누구인가 하는 걸 따지는 일이다.

이와 관련, 전북대학교 학생 황선우는 "내가 하면 로맨스, 남이 하면 불륜. 사람들이 가진 이중 잣대를 비꼰 세간의 문구다. 한국 정치인들은 이 문구를 온몸으로 체화하고 있다. 한미 FTA를 두고 벌어진 양상이 그랬다. 현 더불어민주당의 전신인 열린우리당은 여당일 당시 한미 FTA를 찬성한 바 있다. 정권이 바뀌자 입장도 변했다. FTA에 '독소조항'이 생겼다며 비판거리가 달라졌다는 주장은 구실 좋은 변명일 뿐이다"며 다음과 같이 말한다.

"새누리당의 전신인 한나라당도 마찬가지였다. FTA를 경제적 매국 행위라고 매도하던 때를 씻은 듯이 잊고 비준 동의안을 강행 처리했다. 한미 FTA가 진정 국익에 이로운 것인지 국민들은 헷갈릴 수밖에 없다. 최근 박근혜 대통령이 국회를 압박하며 요구하는 법안을 둘러싼 논란도 마찬가지다. 서비스발전기본법 중 영리병원과 관련된 내용은 노무현 정부가 추진했던 법안의 연장선이다. 테러방지법은 김대중 정부 때 제출됐던 법안이다. 달라진 것이 있다면 여당과 야당이라는 공수攻守관계다. 때문에 정책에 대한 찬반 논리는 새로 준비할 필요가 없다. 서로가 사용했던 바를 차용하면 되기 때문이다. '말'은 같지만 '말하는 이'만 바뀔 뿐이다. 더 정확히는 '말하는 이'가 서는 위치만 달라졌다. '서는 위치가 달라지면 풍경도 달라진다'는 표현은 한국 정치권의 양태를 정확히 묘사한 말이다. 법안의 부작용에 대한 우려를 차단하는 말 또한 놀랍게도 여야가 같다. 그 걱정을 기우杞憂라고 말하는 것이다."[2]

편 가르기는 인간의 본능인가?

이런 사례는 무수히 많다. 게다가 정치인들만 입장에 따라 달라지는 게 아니라 지지자들도 달라진다. 물론 우리만 그러는 건 아니니 너무 자책할 필요는 없다. 이른바 '최소 집단 패러다임(minimum group paradigm 또는 minimal group paradigm)'이라고 하는 심리학 이론은 그런 행태가 우리 인간의 본능일지도 모른다는 생각을 갖게 한다.

영국 사회심리학자 헨리 타지펠Henri Tajfel, 1919-1982의 연구에 따르면, 동전 던지기로 사람들을 임의로 분류해도 사람은 결국 자기가 속한 집단을 좋아하고 나아가 다른 집단과 크게 다르다고 믿고 자기 집단이 객관적으로 우월하다고 생각하는 것으로 드러났다.[3] 또 한 방에 모여 있는 사람들에게 아무런 기준 없이 숫자표를 나누어 주고 짝수 팀, 홀수 팀으로 구분하기만 해도, 보상을 나누게 할 때 자신이 속한 팀에 더 많이 할당하는 경향을 보이며, 상대 집단과의 '차이'가 더 크기를 바란다는 것이 밝혀졌다.[4]

이 '최소 집단 패러다임' 이론은 차별주의의 원인을 설명하려는 사람들이 가장 많이 인용하는 이론이다.[5] 정치와 정치 저널리즘 영역에서 '우리 대 그들Us Against Them'이라고 하는 구도가 모든 의식과 행동 양식을 지배하는 경향이 있는데,[6] 타지펠의 실험은 그런 사고방식이 인간의 선천적 경향이라는 것도 입증해준 셈이다.[7]

그런데 도대체 왜 그러는 걸까? 진화심리학자들은 이런 사고는 인간이 초기 발달 단계에 아주 작은 무리를 이루고 살기 시작하면서부터 적용되었다고 주장한다. 이와 관련, 엘리엇 애런슨Elliot Aronson은 "내가 속하는 무리의 구성원들과 외부자 간의 차이에 대해 항상 경계심을 가지는 것은 대단히 중요한 것이었다"며 다음과 같이 말한다.

"왜냐하면 외집단은 결국은 경쟁자나 공격자가 되기 때문이다. 이와 똑같이 우리 자신이 속하는 무리에 대한 응집력이 필요하였다. 왜냐하면 이 내집단 구성원들끼리는 의식주와 관련되는 것을 나누었을 뿐만 아니라 서로 보호했기 때문이다. 그 결과 이 같은 종류의 우리와 그들이란 무리중심 사고가 아주 용이하게 발휘될 수 있도록 사람들의 하드웨어에 내장되어왔다. 이런 경향성이 민족적·인종적 편견의 근간이 되기도 한다."[8]

타지펠은 우리 인간의 '자존감'에서 그 이유를 찾았다. 우리는 자신을 좋게 생각하기 위해서 우리가 속한 집단을 좋게 생각하며, 잠시 존재했다가 사라질 임시 집단일 때도 그렇다는 것이다. 그러니 인종이나 민족으로 경계가 이루어진 집단이나 학연, 지연, 혈연 등과 같은 연고 집단일 경우 그 편애성과 충성도가 어떠할지는 미루어 짐작하기 어렵지 않다. 클로드 스틸Claude M. Steele은 『고정관념은 세상을 어떻게 위협하는가: 정체성 비상사태』(2010)에서 타지펠의 실험은 우리에게 쉽게 인식되지 않는 놀라운 사실 몇 가지를 밝혔다며 다음과 같이 말한다.

"자존감에 대한 욕구는 사소한 그룹 정체성에까지 관심을 기울이게 할 만큼 강렬하고, 우리는 그 그룹이 아무리 사소해도 같은 그룹에 속하지 않았다는 사실 외에는 아무것도 모르는 다른 사람을 차별 대우할 수 있으며, 이 모든 현상이 지구상 거의 모든 사람에게 적용된다는 사실이 바로 그것이다.……인간의 편향에 불을 붙이기란 얼마나 쉬운 일인지, 가해자에게도 피해자에게도 특별히 필요한 요소는 아무것도 없었다. 그저 평범한 인간의 기능, 즉 자존감을 지키는 것만으로도 편향을 일으키기에 충분했다."[9]

'당파성=종교'라는 가설

자, 사정이 그와 같으니, 특히 정치를 대할 때에 "우리가 하면 로맨스, 그들이 하면 불륜"이라는 이중 기준을 쓰는 건 결코 놀랄 일은 아닌 셈이다. 이스라엘에서 이스라엘–팔레스타인 갈등을 대상으로 한 실험 결과는 이 점을 잘 보여준다. 이스라엘 협상가들이 제시한 평화안을 팔레스타인의 제안이라고 속이고 이스라엘 시민들에게 평가를 요청했다. 어떤 결과가 나왔을까? 에릭 제프Eric Jaffe는 다음과 같이 말한다.

"이스라엘인들은 팔레스타인에서 제시한 것이라고 속인 이스라엘 평화안보다 이스라엘이 제시한 것이라고 속인 팔레스타인의 평화안을 더 좋아했다. 자신의 제안을 상대편에서 내놓는다 해서 마음에 들지 않는다면, 상대편의 제안이 실제로 상대편에서 나올 때 그것이 마음에 들 가능성이 얼마나 되겠는가?"[10]

제프리 코언Geoffrey Cohen의 실험 결과도 마찬가지다. 미국에서 민주당원들은 민주당이 제안한 것이라고 생각할 때는 공화당원들이나 좋아할 극히 제한적인 복지 정책도 지지하고, 공화당원들은 공화당에서 내놓은 것이라고 생각할 때는 넉넉한 복지 정책도 지지하더라는 게 밝혀졌다. 이 연구에서 비극적인 건 자신의 맹점, 즉 자신이 자기 당의 입장에 영향을 받고 있음을 깨닫는 사람이 아무도 없었다는 사실이다. 오히려 모두가 자신의 견해는 그 정책을 자신의 전반적인 정치철학에 비추어 면밀히 검토한 끝에 나온 논리적 결과라고 주장했다.[11]

이런 사례들의 집적은 '당파성=종교'라는 가설마저 낳게 했다. 미국 정치학자인 도널드 그린Donald Green, 브래들리 팜퀴스트Bradley Palmquist, 에릭 쉬클러Eric Schickler는 『당파적인 심장과 정신Partisan Hearts and Minds』(2002)에서, 특정 정당에 대한 선호를 부모에게서 물려받거나, 혹은 성인기로 막 접어든 무렵에 특정 정당에 대한 애착심을 가지게 된다고 주장한다. 한 번 어떤 정당을 지지하기로 마음먹고 나면, 중년을 넘어서 지지정당을 바꾸는 경우는 거의 없으며, 심지어 세계대전이나 워터게이트 사건과 같은 역사적으로도 중요한 사건도 지지 정당 변화에 크게 영향을 미치지 못한다는 것이다.

이들은 정당을 선택하는 행위는 종교를 선택하는 행위와 훨씬 더 비슷하다고 주장한다. 정당을 선택할 때 논리적 판단을 하기보다는 민주당은 어떻고 공화당은 어떻다 하는 식으로 머릿속에 어떤 고정관념을 갖고 있으며, 자기와 비슷한 사람들로 구성된 정당에 이끌리며, 이렇게 해서 어떤 정당에 가입한 뒤에는 그 정당에 속한 사람들과 더 일치되도록 하려고 기존에 갖고 있던 철학이나 현실을 바라보는 눈을 수정한다는 것이다. 한마디로 이야기해서 집단의 소속감이 이념보다 우위라는 이야기다.[12]

그러나 '당파성=종교'라는 가설이 좀더 설득력을 갖기 위해선 '열정passion'이 추가되어야 한다. 열정은 매우 충동적이고 격정적이어서 증오로 바뀌기 쉽기 때문이다.[13] 버트런드 러셀Bertrand Russell, 1872-1970이 "인간의 집단 열정은 대개 사악하다"고 한 것도 그런 이유 때문이었을 것이다.[14] 경제사가 데이비드 랜더스David Landes는 『국가의 부와 가난The Wealth and Poverty of Nations』에서 광신주의, 당파주의, 적개심이 더 만연하고 있다며 윌리엄 예이츠William Yeats, 1865-1939의 시를 인용한다. "최고로 선량한 사람은 모든 확신을 잃어버렸고 최고로 악한 자들은 어두운 열정에 몰두하나니."[15]

"열정적 증오는 공허한 삶에 의미와 목적을 준다"

왜 사람들은 때로 열정에 빠져드는 걸까? "열정적인 증오는 공허한 삶에 의미와 목적을 줄 수 있다."[16] 미국 사회운동가이자 작가인 에릭 호퍼Eric Hoffer, 1902-1983가 『맹신자들The True Believer: Thoughts on the Nature of Mass Movement』(1951)에서 한 말이다. 특정 정치적 신념이나 노선을 내세워 생각이 다른 사람들을 증오하면서 욕설과 악플로 공격하는 정치적 광신도들의 의식과 행태를 설명할 수 있는 최상의 진술이 아닐까?

많은 미국 지식인이 공산주의에 기울었다가 스탈린주의에 질려 전향하던 시절, 노동자 출신의 독학자로서 사회비평가로 활약한 호퍼는 1951년 『맹신자들』을 출간해 기독교에서 민족주의와 공산주의에 이르기까지 대중적 신념의 문제를 날카롭게 해부했다. 호퍼는 좌우左右를 막론하고 맹신자들에겐 한 가지 공통점이 있는데, 그것은 현실을 외면하고 혐오하는 것이라고 했다.

호퍼는 "군중이 대중운동에 매혹되고 빠지는 것은 그것이 제공하는 약속과 교리 때문이 아니다. 개인의 무력한 존재감과 두려움, 공허함을 피할 수 있는 피난처를 제공하기 때문이다"고 말한다. 따라서 대중운동에 잘 휩쓸리는 사람은 아주 가난한 사람들은 아니다. 호퍼는 "아무것도 갖지 못한 사람보다는 많이 갖고 있으면서 더 많은 걸 갖고 싶어 하는 사람의 욕구불만이 더 크다"고 말한다. 소속감과 동지애를 구하기 위해, 또는 단순히 삶의 따분함에서 벗어나기 위해, 운동에 참여하는 사람들도 많다. 그것이 현실 세계의 집단이건 사이버 세계의 집단이건, 열정적 증오의 발산은 자신이 소속된 집단에서 인정 욕구를 충족시키는 주요 수단이 된다.[17]

호퍼는 "이것이다" 보다는 "이것이 아니다"가 늘 더 강력한 동기를 유발한다고 말한다. 즉, '긍정'보다는 '부정'의 힘이 훨씬 크다는 것이다. 열정적 증오는 그런 부정의 힘이 극대화된 것으로 볼 수 있다. 선거가 네거티브 공세 위주로 전개되는 것도 바로 그런 이유 때문이다. 그는 "대중운동이 시작되고 전파되려면 신에 대한 믿음은 없어도 가능하지만 악마에 대한 믿음 없이는 불가능하다"며 다음과 같이 말한다.

"대중운동의 힘은 대개 악마가 얼마나 선명하며 얼마나 만져질 듯 생생한가에 비례한다.……공동의 증오는 아무리 이질적인 구성원들이라도 하나로 결합시킨다.……증오는 우리의 부적합함, 쓸모없음, 죄의식, 그 밖의 결함을 자각하지 못하게 억누르려는 필사적인 노력의 표현이다.……머리끝부터 발끝까지 나쁘기만 한 적보다는 장점이 많은 적을 중오하는 편이 쉽다. 경멸스러운 상대를 중오하기는 어렵다."[18]

열정적 중오가 늘 나쁘기만 한 건 아니다. 이와 관련, 톰 버틀러 보던Tom Butler-Bowdon은 이렇게 말한다. "현실에 대한 중오는 때로 끔찍한 재앙을 일으키기도 하지만, 더 나은 세상을 꿈꾸며 계획하는 사람들, 자유와 평등의 이상을 위해 유혈 혁명도 마다하지 않은 사람들 덕분에 과거 수많은 전제정치가 타도될 수 있었던 것도 엄연한 사실이다. 좋든지 나쁘든지 간에 미래에 대한 인간의 열정이 지금의 세상을 만든 것이다. 『맹신자들』은 단순한 대중운동 이론서가 아니다. 이 책은 인간의 본성에 대한 예리한 식견을 다룬 철학 책이다. 인간의 동기와 행동에 관한 질문을 심리학자의 몫으로만 남겨두어선 안 되는 이유를 이 책은 보여준다."[19]

"증오를 빼앗기면 신념 없는 인간이 된다"

사회정의를 실현하기 위한 대중운동에 참여하는 사람으로선 이 책이 불쾌하게 여겨질 수도 있겠지만, 이 점을 염두에 둔 호퍼의 다음과 같은 말을 감안해 쿨하게 대처하는 게 좋을 것 같다. "여러 대중운동이 공통점이 많다는 가정은 모든 운동이 똑같이 이롭다거나 똑같이 해롭다는 이야기가 아니다. 이 책은 일절 시비를 가름하지 않으며 일절 호오를 밝히지 않는다."[20]

그럼에도 냉정한 정치학자로선 호퍼의 주장을 전면적으로 수긍하긴 어려울 것이다. 예컨대, 진덕규는 이렇게 말한다. "에릭 호퍼는 대중운동의 발발을 단지 그 운동에 참여하는 사람들의 심리적인 성격에 의해

서만 분석하고 있기 때문에 대중운동이 발발하게 되는 사회경제, 정치적인 성격들에 대한 문제를 등한시하고 있다. 사실상 대중운동의 발발은 그것에 참여하고 있는 사람들의 정신적인 성격에 기인하는 것으로만 설명될 수는 없다. 그러한 정신적 이유는 수많은 이유 중에서 그 하나에 불과한 것이며, 오히려 이러한 이유 중에는 정치경제 사회의 구조적인 성격이 보다 더 중요하다고 할 수 있다."[21]

그런 한계가 있긴 하지만, 『맹신자들』이 쓰인 상황을 이해하면 치명적인 문제는 아니다. 이 책은 독일의 아돌프 히틀러Adolp Hitler, 1889-1945와 소련의 이오시프 스탈린Iosif Stalin, 1879-1953이 세운 희대의 전체주의 정권들이 인류에게 미친 가공할 폐해와 비극을 목격한 직후에 집필되었다는 것을 감안해야 하지 않겠는가. 아니 오늘날에도 상상을 초월할 정도로 잔인한 폭력을 일삼는 이슬람 과격파 무장단체 이슬람국가IS에 세계 각국의 젊은이들이 몰려드는 현상을 호퍼의 설명 이외에 그 무엇으로 설명할 수 있겠는가.

우리는 이념이나 노선이 중요한 것처럼 생각하지만, 호퍼가 주목한 '열정적 증오'의 관점에서 보자면 이념이나 노선은 빈껍데기일 경우가 많다. 어떤 사람이 어떤 대의大義를 위해 헌신하거나 희생하는 것은 자신이 믿는 대의가 훌륭해서가 아니라 자신의 열정적인 집착에서 안전감이 비롯되기 때문이다. 그 사람에겐 '열정적 증오'를 발산하면서 매달릴 그 무엇인가가 필요할 뿐 대의나 원칙은 부차적인 것이다. 바로 그런 이유 때문에 그 사람은 별 갈등 없이 다른 대의로 옮겨가는 데에 어려움을 느끼지 않는다. 예컨대, 공산주의에서 파시즘으로 넘어가는 게 별로 어렵

지 않다는 것이다.[22]

우리는 가끔 극좌極左에서 극우極右로 간다든가 하는 놀라운 정치적 전향과 관련해 "저 사람이 어떻게 저렇게 확 달라질 수 있지!"라고 놀라지만, 호퍼의 그런 설명에 따르자면 그건 자연스러운 일이다. 우리가 즐겨 쓰는 "극과 극은 통한다"라는 말은 양극단의 운동은 서로 통하는 점이 있다는 걸 의미하는 것이기도 하다. 양극단의 운동을 하나로 묶는 고리가 바로 '열정적 증오'기 때문이다.

생각해보라. 목적 없이 표류하는 삶으로 고통 받던 사람에게 증오의 대상은 그 얼마나 반갑겠는가. 증오가 자신의 공허한 삶에 목적과 의미를 부여해주니 넙죽 엎드려 절이라도 하고 싶지 않을까? 실제로는 증오의 대상에게 온갖 욕설과 악플을 퍼붓는다는 게 문제긴 하지만 말이다. 그럼에도 증오의 언어를 구사하는 이들은 자신의 악행惡行을 느끼지 못한다. 그들에겐 나름의 희망과 신념이 있기 때문이다. "어떤 사람들에게서 증오를 빼앗아버리면 우리는 신념 없는 인간을 보게 된다"는 호퍼의 재치 있는 표현은 바로 그 점을 지적한 것으로 볼 수 있다.[23]

정치적 광신도들의 10가지 특성

호퍼가 주목한 '열정적 증오'는 '광신狂信'으로 통하기 마련이다. 영국 작가 오스카 와일드Oscar Wilde, 1854-1900는 "광신자의 최악은 그의 진실성이다"라고 했고, 철학자 조지 산타야나George Santayana, 1863-1952는 "광신은 목적을 잊은 채 노력을 배가할 때에 나타난다"고 했다. 광신자fanatic와 광신fanaticism에 관한 최고의 명언이라 할 만하다.

사실 광신자와의 합리적 대화는 불가능하다. 이념이나 정치적 성향의 차이로 인한 벽보다 높고 두꺼운 벽이 버티고 있기 때문이다. fanatic은 temple(사원)을 뜻하는 라틴어 fanum에서 유래한 말로, 원래 종교적개념이었다. 영국 심리학자 맥스웰 테일러Maxwell Taylor는 『광신도들The Fanatics』(1991)이라는 책에서 광신fanaticism의 10가지 특성을 다음과 같이제시한다.

(1) 집중focusing: 다른 모든 일을 배제하고 한 가지에만 집중한다.

(2) 개인적 관점의 세계관personalised view of the world: 세계를 오직 자신의 개인적 관점에서만 보며, 자신의 개인적 집착이 곧 이데올로기가 된다.

(3) 무감각insensitivity: 다른 사람과 정상적 수준의 사회적 압력에 대해무감각해 사회적 표준에서 많이 벗어난다.

(4) 비판적 판단의 상실loss of critical judgment: 어떤 일을 하고 하지 말아야 할지 기본적인 분별력을 상실한 상태다.

(5) 불일치와 비양립성 포용inconsistency and tolerance of incõmpatibility: 모순에 대한 무한한 관용을 갖고 있다.

(6) 확신certainty: 자신이 하는 일의 적합성에 대해 추호의 의심도 없는확신으로 일을 추진한다.

(7) 단순화simplification: 흑백 이분법을 사랑한다.

(8) 변화에 대한 저항resistance to change: 변화를 한사코 인정하지 않으며 거부한다.

(9) 경멸과 무시disdain/dismissal: 다른 사람의 삶에 대한 고려가 없으며,

오직 자신이 하고자 하는 일에만 집중한다.

(10) 상황적 아전인수我田引水, contextual facilitation: 자신에게 편안한 공간을 창출하며 자신의 광신을 유지시킬 수 있는 하위문화sub-culture에 탐닉하는바, 오늘날엔 인터넷과 SNS가 그 대표적 공간이라 할 수 있겠다.[24]

'중도middle of the road'와 '중용golden mean'을 좋아했던 미국 제34대 대통령 드와이트 아이젠하워Dwight D. Eisenhower, 1890-1969는 "사람들은 중도를 용납할 수 없는 것처럼 말하지만, 도덕을 제외한 모든 인간 문제는 회색 영역에 속한다. 세상사란 흑백이 아니며, 타협이 있어야만 한다"고 했다. 그가 애독한 책 중의 하나가 바로 『맹신자들』이었다는 것은 의미심장하다.[25]

호퍼는 한 사회 내에서 대중운동의 원동력이 될 수 있는 대중의 '열기'는 일정량으로 제한되어 있기 때문에 어떤 운동 또는 사건이 그 '열기'를 흡수해버리면 그만큼 다른 운동 또는 사건에 돌아갈 '열기'가 적어진다고 했다. 이는 대중운동 자원의 '제로섬게임'이라 부를 만하다. 우리가 가장 주목해야 할 점이 아닐까? 오늘날 한국 정치를 '열정적 증오'의 발산 마당으로 몰아가는 사람들을 똑같은 증오로 대해선 답이 나오질 않는다. 그들이 빼앗아간 '열기'를 어떤 식으로 타협과 화합의 마당을 만들기 위한 열기로 전환시킬 것인가? 우리가 반드시 풀어야 할 숙제라고 할 수 있겠다.

열정이 들끓는 '정치의 종교화'가 나쁘기만 한가?

열정이 들끓는 '정치의 종교화'가 나쁘기만 한가? 꼭 그렇진 않다. '머리말'에서 언급했듯이, 카를 마르크스Karl Marx, 1818-1883는 『고타 강령 비판』에서 "종교는 인민의 아편이다"고 했지만, 정치학자 프레더릭 해리스Frederick Harris는 『Something Within: Religion in African-American Political Activism』(1999)에서 "종교는 아편으로 작용하기보다, 1960년대 많은 종류의 흑인 행동주의를 자극했다"고 결론내린다.

이와 관련, 로버트 퍼트넘Robert D. Putnam과 데이비드 캠벨David E. Campbell은 『아메리칸 그레이스: 종교는 어떻게 사회를 분열시키고 통합하는가』(2010)에서 "많은 개별적인 흑인 교회들은 지지를 위한 조직적 자원들과 유지를 위한 신앙 체계를 제공했고, 종종 민권운동가들이 수행했던 위험한 일을 함께했다. 흑인 공동체에서 교회들은 또한 흑인 활동가들의 네트워크를 위한 접속점으로 공헌했다. 교회들은 자금을 모으고, 자원봉사자들을 양육하며, 전략을 기획하는 장소였다"며 다음과 같이 말한다.

"예배당으로서 흑인 교회들은 흑백분리에 대항한 전투의 최전선에서 모욕과 상처를 입었던 사람들을 위한 안식처였다. 게다가 흑인 교회들은 오랫동안 인종적이고 종교적인 정체성이 서로를 강화하고, 아프리카계 미국인들을 위로하고 격려하는 상징과 이야기, 그리고 음악의 레퍼토리를 제공할 수 있는 신성한 장소였다. 아프리카계 미국인들은 그들의 이웃과 함께 예배를 보면서 활기를 북돋우고, 이집트 노예제에서 탈출한 이스라엘인들의 성서 이야기에서 위안을 찾으며, 마음을 뒤흔드는 흑인 영가를 함께 부르면서 기운을 되찾고, 흑인 성직자들은 아프리카계 미국인 공동체의 당대 관심사에 대하여 연설함에 따라 연대를 구축했다."[26]

'머리말'에서 밝힌 것처럼, 한국의 민주화운동도 그런 관점에서 이해할 수 있겠다. 물론 지나친 경우도 있었다. 1991년 4~5월 민주화 투쟁의 와중에서 11명이 연쇄 분신자살을 한 이른바 '분신 정국'이 바로 그런 경우일 게다.[27] 아, 도대체 민주화가 뭐길래 그 고귀한 생명을 스스로 바쳐야 한단 말인가?

정치의 종교화 현상을 어떻게 평가하건, 즉 좋은 의미에서건 나쁜 의미에서건, 한국인은 종교성이 강한 편이다. 특히 집단적으로 집중할 일이 생기면 집단적 신명이 나타난다. 2002년 6월의 이른바 '월드컵 신드롬'도 바로 그런 경우였다. 한국의 '세계 4강' 기적을 낳은 월드컵이 열린 2002년 6월 한 달 동안 2,500만여 명의 시민들을 거리로 뛰쳐나가게 만든 월드컵 열기 또는 광기는 민족주의 또는 국가주의와 관련하여 뜨거운 논쟁을 유발시켰다.

월드컵 신드롬에 대해 "파시즘적 광기", "현실을 망각한 집단적 히스테리 증상", "뉘른베르크의 나치대회를 연상케 하는 획일화된 전체주의적 태도", "지독한 획일주의, 집단주의" 등과 같은 비판이 쏟아지기도 했지만, 이는 한국인 특유의 신명 또는 종교성을 이해할 때에 온전히 이해될 수 있을 것이다. 한국의 이런 문화와 관련, 재미동포 학자인 캐서린 문Katharine Moon은 다음과 같이 말한다.

"한국인들은 무언가를 하기로 결정하고 나면 모든 에너지를 그 일에 쏟아부어, 전부가 아니면 얻을 게 아무것도 없는 하나의 도전으로, 혹은 일종의 사활을 건 딜레마로 본래 상황을 바꾸어놓기까지 한다. 이에 대한 증거를 찾기란 쉬운 일이다. 그저 어떤 교회 안으로 들어가 큰 목소리로 '아멘'을 외치는 기도자의 열정을 보라. 신의 입장에서도 한국이 아닌 다른 곳에서 이런 목회자를 보고 듣기란 어려울 것이다."[28]

'지도자 추종주의'의 4가지 이유

정치도 그런 교회 못지않다. 지도자 추종주의는 교주를 모시는 것 같다. 1950년대에 이승만은 자신을 우상화하는 충성파들에 의해 '민족의 태양', '구국救國의 태양', '전 자유세계의 광명', '세기의 태양', '예수나 석가와 같은 성자'로까지 불렸다. 북한만 흉볼 일이 아니다. 세월이 흐르면서 많이 나아지긴 했지만, 지도자 추종주의는 건재하다.

2007년 2월 『한국일보』와 미디어리서치가 실시한 여론조사에 따르면, 한나라당 대선주자인 전 서울시장 이명박(1941~)이나 전 대표 박근혜(1952~)가 탈당해 신당을 만들어 독자 출마하더라도 지지자의 약 70퍼센트가 "계속 지지하겠다"고 답했다. '머리말'에서 밝혔듯이, 현재 새누리당 내부에 난무하는 '박 타령'은 그런 지도자 추종주의의 극치를 보여준다. 왜 우리는 지도자 추종주의로 대변되는 '인물 중심주의' 문화를 갖게 되었을까? 4가지 이유가 있다.

첫째, 고난과 시련의 역사로 인한 '영웅 대망론'이다. 망국 직전의 개화기 조선을 휩쓸던 영웅사관은 지금도 건재하다. 희망이 없는 상황에서 영웅이 모든 걸 돌파해주길 기대하는 심리다. 지금도 이승만 · 박정희를 영웅으로 여기는 사람이 좀 많은가. 유엔 사무총장 반기문도 '세계 대통령'이라고 불러야 직성이 풀리는 사람들이 한국인이다.

둘째, 이념과 같은 추상보다는 사람에 더 잘 빠지는 체질과 더불어 한 번 마음 주면 웬만해선 돌아서지 않는 정情 문화다. 자신의 감정을 투자한 것에 대한 집착 · 고집 · 오기도 대단히 강하다. 이걸 지조 있다고 칭찬하는 사람도 많다. '내부 고발자'를 존경하기는커녕 오히려 탄압하는 한국 사회의 특성도 이런 문화와 무관치 않다.

셋째, 지도자의 강력한 리더십으로 모든 걸 빨리 해결하고 싶어 하는 '빨리빨리 문화'다. 제도와 법의 규정을 따라 일을 처리하는 건 느린 반면, 지도자의 직접 지시는 매우 빠르다. 재벌의 '황제 경영'은 비난의 대상이 되고 있긴 하지만, 총수가 유능할 경우 총수를 황제처럼 받드는 일사불란한 명령 체계는 한국 기업의 '속도 경영'을 가능케 해준 요인이기도 했다.

넷째, 조직 · 집단의 기득권 구조에 대한 강한 불신과 저항이다. 정당을 비롯한 주요 사회 제도 · 기관 등에 대한 국민적 불신은 세계에서 가장 높은 수준이다. 지도자는 그런 기득권 구조의 일원일망정 민심을 따를 경우 기득권 구조를 해체할 수도 있는 강력한 권력과 더불어 유연성을 갖고 있다고 보는 게 한국인들의 생각이다.

'사모(사랑하는 사람들의 모임)'들의 전쟁

정당의 '포장마차화'는 정치인들의 탐욕보다는 바로 이런 풍토에 더 큰 책임이 있다. 지도자 추종주의는 한국의 장점인 동시에 단점이다. 유능하고 강력한 지도자를 만나면 무서운 힘을 발휘할 수 있지만, 그로 인한 부작용도 만만치 않다. 국민 각자 자기 몫을 할 생각은 하지 않고 지도자에게 의존하려는 심리가 강해지기 때문이다. 그래서 지도자를 필요 이상으로 극찬하거나 정반대로 필요 이상으로 매도하는 양극단의 성향을 드러내 보인다.

앞에서도 논의했듯이, 그런 양극단의 성향을 유사 종교적 열정으로 승화시킨 집단이 이른바 '사모(사랑하는 사람들의 모임)'들이다. 정치판 사모는 반대편 사모에 대해 매우 전투적이다. 2000년대 중반 일부 노사모 회원들은 한나라당 지지자들을 '수구꼴통', '박빠(박근혜 열성 지지자)', '차떼기', 민노당 지지자들을 '민노 찌질이'라고 부르고, 한나라당 지지자들은 '노빠', '유빠', '뇌사모', '뚜껑열린당' 등의 딱지를 즐겨 썼다.[29]

당시 같은 당내에서도 사모들 간 전쟁이 치열했다. 예컨대, 박사모는 최고위원 원희룡이 4·30 재보궐 선거 개표 현장에 나오지 않았다는 이유로 탈당을 요구했고, 조기 전당대회를 주장한 홍준표·고진화 등에 대해 "스스로 목을 쳐라"라며 원색 비난했다. 유시민을 지지하는 '유빠'는 국민참여연대를 향해 실용파에 기대고 있다며 '궁물연대'라고 비하했으며, 국민참여연대는 '유빠'를 '광신도 집단'으로 불렀다.[30]

제3장에서도 보았듯이, 여야를 막론하고 정당이 극소수 강경 지지

자들에 의해 끌려다니는 현상은 그로부터 10여 년이 지난 지금도 계속되고 있다. 2015년 12월 31일 『조선일보』 양상훈 논설주간은 「"친노와 친박을 심판하는 선거"」라는 칼럼에서 "친노 운동권의 나라 발목 잡기는 이미 오래전에 혐오 대상이 됐다. 친박은 성향은 반대지만 극성·고집·적개심 등 행태는 친노와 비슷한 면이 있다. 정치권에선 전체 유권자 중 친박 지지 성향이 20%, 친노 지지 성향이 20%쯤 된다고 본다"며 다음과 같이 말한다.

"앞으로 야권 분열이 심해지는 것과 비례해 여당 내부, 특히 친박 진영의 자만과 오만이 기승을 부릴 여지도 커질 것이다. 마음에 들지 않는 사람들을 쫓아내려는 시도도 더 노골화될 것이고 박 대통령의 남 탓하기, 내 편 챙기기도 사라지지 않을 것이다. 1여 2야는 분명 여당에 꽃가마다. 그런데 꽃가마 탔다고 난리를 치다가 가마에서 떨어지기도 한다. 선거에선 그런 일이 종종 벌어진다."[31]

친노는 이 칼럼이 『조선일보』 특유의 '친노 죽이기'라고 펄펄 뛸 게 분명하다. 그렇게 볼 수도 있겠다. 그러나 이거 하나는 분명한 것 같다. 그건 바로 '참여의 불균형' 문제를 해결하지 않고선 정치의 정상화는 기대하기 어렵다는 사실이다. 달리 말하자면, '열정의 평준화'가 필요하다는 것이다.

왜 노무현 정권은 필요 이상으로 욕을 먹었나?

민주주의 사회에선 사람마다 참여에 대한 관심과 참여의 정도가 다르기 마련이다. 그래서 생겨나는 '차등적 참여differential participation'와 그로 인한 '대표성의 왜곡representational distortions'은 민주주의 이론가들의 오랜 고민이었다.[32] 예컨대, 최장집은 다음과 같이 말한다.

"참여의 확대가 무조건 다 좋은 것은 아니다. 사회적으로 중대한 문제들이 정치적 의제가 되지 못하는 조건에서, 특정 집단의 강렬한 정치 참여는 다른 집단의 참여를 오히려 억제한다는 '참여적 다원주의의 역설'이 나타나기 쉽다. 바꾸어 말하면 정당 간의 경쟁이든, 시민사회의 운동이든 잘못된 이슈, 중요하지 않은 이슈에 열정을 쏟는다면 정작 중요한 이슈에 대한 참여를 제약하는 역효과를 가져올 수 있다."[33]

열정적 참여가 지나쳐 정치를 종교로까지 만든 사람들이 일반 대중에 비해 정의롭고 선진적인 비전을 가진 집단이라 할지라도, 이들이 대표성을 전혀 갖지 못한 상태에서 정치 전반을 주도하는 것이 과연 바람직한가 하는 것이다. 과격파가 과잉 대표되고 중도파가 과소 대표되는 메커니즘은 의제설정의 왜곡을 가져오기 마련이다. 국민 관점에서 더 중요한 문제보다는 자신들이 중요하게 생각하는, 주로 이상의 실현과 관련되어 피를 끓게 만드는 이슈가 더 부각된다.[34]

바로 이 점에서 디지털 정치 참여가 갖는 한계가 적나라하게 드러날 수 있다. 적극적인 온라인 참여를 할 수 있는 사람들은 이념·계층·연령 등에서 어느 한쪽에 치우친 편향성을 보일 가능성이 높으며, 실제로 그간 그런 경향을 보여왔기 때문이다. 참여는 민주주의의 기본 조건이자 아름다운 이상이지만, 정작 중요한 것은 참여 그 자체라기보다는 '어떻게'의 문제다. 물론 참여의 대표성으로 인한 왜곡 문제가 발생할 수 있기 때문이다. '참여정부'를 내세운 노무현 정권이 좋은 사례를 제공하고 있다.

노무현 정권은 한국 사회가 2002년부터 '실질적 민주화', 즉 참여민주주의라는 '새로운 역사 발전 단계로 진입'하게 되었다고 주장했다. 앞서 보았듯이, 노무현은 대통령 당선 1주년인 2003년 12월 19일 밤 열성 지지자 모임인 노사모 앞에서 "시민혁명은 지금도 계속되고 있으며 앞으로도 계속될 것"이라고 선언하기도 했다. 노무현 정권 쪽에선 지지자들의 참여가 많을수록 다다익선多多益善이라고 생각했겠지만, 그게 바로 함정이었다. 그만큼 반대파나 중간파의 반발이 커지기 때문이다. 이와 관련, 류태건은 "국민 대표성을 갖춘 평등한 방식으로 참여가 이루어지는가? 보수도 참여하고 있는가?"라는 물음을 던지면서 다음과 같이 말했다.

"사이버공간의 불평등 참여cyber divide 문제도 심각하다. 상대적으로 청년층의 과다 참여와 노장층의 과소 참여 현상이 사실이다. 이러한 불평등 참여가 국가의사의 결정에 그대로 영향을 미친다면 그 결정은 편파성을 벗어나지 못할 것이다.……불평등 참여는 사회적 갈등을 공정하게 해소하지 못한다. 그리고 참여의 불평등은 참여민주주의의 기본 가치인 평등권의 실현을 부정하는 것이다. 전국적이고 공평한 국민 의사의 수렴이 문제라면 차라리 여론조사가 더 나을 것이다."[35]

노무현 정권이 집권 말기에 필요 이상으로 거센 국민적 반발에 직면한 것은 바로 그런 왜곡된 '참여민주주의' 때문이었다. 노무현 정권의 열성 지지자들은 먹고사는 문제에 대한 구속이 비교적 덜한 젊은층이었는데, 이들의 뜨거운 분노와 그에 따른 열화와 같은 지지는 주로 '이데올로기적 쟁투'에서 비롯되었다. 반면 사회경제적 이슈에 민감한 서민층은 인터넷 들여다볼 시간조차 없을 정도로 먹고사는 일에만 몰두하느라 자신들의 목소리를 낼 수 없었으니, 그런 대표성 왜곡으로 인한 문제가 노무현 정권의 성찰과 자기교정을 방해한 것이다. '참여'가 다다익선多多益善이라면, 그건 반드시 대표성이 확보될 때에만 성립될 수 있다는 전제의 확인이 필요하다 하겠다.

더불어민주당의 '뉴파티 거부 10계명'에 박수를 보낸다

그건 잘 알겠는데, 지금 당장 실천에 옮길 수 있는 일은 없는가? 있다. 2016년 1월 26일 더불어민주당 뉴파티 위원회(위원장 이철희)가 발표한 '뉴파티 거부 10계명'이 아주 좋은 지침이다. 뉴파티 위원인 강희용 부대변인은 이날 "기존 우리 당에서 있었던 나쁜 문화와 고질적 병폐가 국민들에게 심각한 불신과 실망을 안겨드렸음을 깊이 반성한다"며 "이를 극복하기 위해 올드파티인 기존 정당에 대비되는 뉴파티 거부 10계명을 선정해 발표하기로 했다"고 말했다. 뉴파티 거부 10계명은 다음과 같다.

1. 정치 불신을 조장하는 막말을 하지 않겠습니다.
2. 보통 사람이 알아듣지 못하는 정치 방언을 쓰지 않겠습니다.
3. 보좌진의 월급 갈취나 편법 사용, 책 강매, 우산·가방 들게 하기, 공무원 막 대하기 등 정치 갑질을 하지 않겠습니다.
4. 선거 때에만 얼굴 비추고, 끝나면 외면하는 속물 정치 하지 않겠습니다.

5. 돈 있고 힘 있는 사람들과만 밥 먹고 소통하지 않겠습니다.

6. 어떠한 명분으로든 인사 청탁을 하지 않겠습니다.

7. 파당을 만들어 우리끼리 볼썽사나운 싸움 하지 않겠습니다.

8. 닥치고 반대만 하지 않겠습니다.

9. 패권 정치 하지 않겠습니다.

10. 진영 논리에 빠지지 않겠습니다.

멋있다. 내가 보기엔 야당 분열 사태가 벌어진 이후 더불어민주당이 한 일 중 가장 잘한 일 같다. 물론 실천을 전제로 해서 말이다. 『중앙일보 닷컴』에 실린 댓글들의 반응은 주로 냉소적이고 거칠긴 하지만, 뒤집어 보면 실천을 강조하는 게 아니겠는가.

"뭐 남는 사람이 있겠어요? ㅎ"

"하하하~ 선거철이 오긴 왔구나."

"지금까지의 이 당의 실태를 제대로 보여주셨네요."

"선거 때가 오니까, 니들 거짓말 하는 거 다 안다! 이젠 안 속는다!"

"개누리당에 꼭 필요한 것들이다. 이대로만 한다면 개누리당 찍어 준다."

"정청래 따위를 공천하고 이런 소리를 하면 눈 가리고 아웅 하는 짓 이지!"

"그동안 십계명 내용대로 국민들을 볼모로 정치를 했다는 자백 십 계명이네. 개 버릇 남 주랴?"

"10계명 그대로 다 이행한다면 우리나라는 정말 정치 선진국이 될 것이다. 기대는 해보겠는데……."

"십계명이 아니라 백계명이면 뭣 하는가? 가만 보니 니들 알고 그 짓거리 했군. 진정 실현 의사가 있다면 당장 실시하라."

"지금까지 해왔던 그 10개 항목이 나쁜 짓인 줄 모르고 했다면 바보일 것이고, 나쁜 짓인 줄 알고도 했다면 더 나쁜 인간들이었다는 건가?"

"고거시 주특기인데 이젠 어쩌나……청래야, 현아, 훈아, 기남아, 귀태야 이를 어쩐다냐, 밥통 다 깨지게 생겼다. 재명아 너도 손가락 분질러야겠다."

"말로만……선거 때가 되니까 그동안 저질러진 입들이 똥줄이 타는구만……!! 조금이라도 약속을 지키겠다는 의지를 보이려면, 정청래부터 청소해봐라……!!!"

"참 제대로 짚은 공자 말씀인데 실천이 문제지. 진짜 제대로 하려면 우선 패거리 정치의 문제인, 막말의 지존인 정청래를 내쫓으면 그 말 한 번 믿어보겠다."

"잘못을 알고 있으면서도 고치지 않고 선거 때 되니까 이러는 것. 선거 끝나고 나면 바로 예전과 같이 될 것 뻐언하잖아요? 가증스러운 놈들 정말 참 뻔뻔하네요."

"정청래에게 공천을 안 주면 난 그 진심을 믿겠다. 그러면 난 기꺼이 더민주 후보에게 투표를 하겠다. 많은 사람들이 정청래의 공천 여부를 지켜보고 있다는 것만 알길 바란다."

"정치인 지도자 막말은 치명상이다! 특히 선거 유세 기간 중 막말은 낙선 패배다. 국민과 더불어민주당 인재 영입 소장파 뉴파티 위원회 10계명 실천 혁신은 국민들 지지로 선거 혁명 승리 보장한다! 뉴파티 위원회파이팅 사랑해요."

"총선 끝나고 올해 말까지 더민주가 정말 실천적 면모를 보여주고 당의 체질을 위 10계명 정도로 변화시키면 내 우리 동네 아저씨 한 사람 입당시켜주께!!! 자신의 정당이 어떤 문제를 안고 있는지 정확히 파악하고 공개적으로 인정하고 변화를 이루어내려는 사람이나 그룹이 있다는 건 대단한 축복이다. 하지만 그것이 단지 총선을 위한 가식적인 구호였다는 것이 드러나는 순간, 그럼 그렇지 하는 세인들의 비아냥과 손가락질을 비껴가지 못할 것이다. 이철희 뉴파티 위원장에게 주문하고 싶은 것은 『중앙일보』 김진 위원과 토론할 때 부리던 히스테리를 당내 개혁을 반대하는 인사들, 특히 친노 ggol_tong들과 토론할 때 마구 좀 부렸으면 하는 것이다. 히스테리를 그런 대상에게 부리면 대단한 개혁 효과가 있다."[36]

"난 투표 안 해요. 투표한다고 뭐가 달라지나요?"

왜 여태까지 하지 않고 선거가 다가오니까 하느냐는 지적이 많지만, 새 인물의 영입과 함께 이루어진 일이라는 걸 이해하는 게 좋을 것 같다. 아마도 더불어민주당에 둥지를 튼 이철희의 작품이 아닌가 싶다. 제3장에서 인용했던 이철희의 명언을 다시 음미해보자. 2015년 5월 이철희는 새정치민주연합에선 "미국의 티파티Tea party처럼 조직화된 당원들이 혁신을 주도하는 길도 난망하다"며 다음과 같이 말했다.

"이 당의 가장 활동적인 시끄러운 그룹은 인터넷과 SNS에서 활동하는 일부 누리꾼들이다. 그런데 이들은 싸가지 없음, 즉 '무싹' 정신만 북돋울 뿐 당의 건강한 활력을 제고하는 쪽으로 기능하지 못하고 있다. 심하게 말하면 이들은 천박한 진보, 막말로 존재감을 드러내는 깡통진보를 육성하고 있다. 요컨대 이들은 당의 역량을 키우기보다 약화시키고 있고, 대립과 분열을 조장하는 티어파티Tear party다." [37]

그렇다. 이걸 인정해야 문제가 풀린다. 이 10계명 중에서 더도 말고 첫 번째 계명과 마지막 계명, 즉 "정치 불신을 조장하는 막말을 하지 않겠습니다"와 "진영 논리에 빠지지 않겠습니다"만 실천해도 대성공이다. 사실 이건 분당으로 인한 위기 국면이 아니었다면 결코 나올 수 없는 엄청난 변화다. 1년 반 전에 나온 다음과 같은 발언을 감상해보시라.

"진보니 보수니 하는 노선 다툼을 그만둬야 한다. 전 세계적으로 이데올로기가 사라진 지 20년이 넘었다."

누구의 말인가? 김종인이 『조선일보』 인터뷰에서 한 말이다. 당시 새정치민주연합은 이 발언에 대해 어떻게 대응했던가? 4선 국회의원인 신기남 의원은 트위터에 올린 글에서 "노선 다툼 없이 정당 존재 이유가 있냐?"며 "이데올로기가 사라졌다니? 무뇌아가 됐나? 호모사피엔스임을 포기하려는가?"라고 맹비난했다. 언론은 이를 "신기남, 김종인에 '무뇌아' 직격탄"이라는 식으로 보도했다. [38]

지금 더불어민주당의 구세주처럼 여겨지는 김종인이 바로 그때의 김종인이다. 그사이에 김종인의 생각이 달라졌을 리 만무하거니와 김종인은 지금도 각종 인터뷰를 통해 같은 이야기를 더욱 강도 높게 계속하고 있다. 더불어민주당 내의 그 어떤 의원도, '막말'에 능한 의원들도, 고요한 침묵으로 김종인의 훈시를 경청하고 있다. 신기남 의원이 '아들을 위한 갑질'로 인해 더불어민주당 윤리심판원의 징계를 받아 공천 탈락의 위기에 처하게 된 데에 이 막말이 어떤 영향을 미쳤는지는 모르겠지만, 참으로 격세지감隔世之感이다(신기남 의원은 2016년 2월 14일 더불어민주당을 탈당했다).

막말에 능한 의원들이 침묵하는 이유는 무엇일까? 그간 새누리당과 함께 누려온 '적대적 공생' 관계를 청산하겠다는 결심의 표현일까? 아니면 그 공생 관계에 균열을 낸 '제3당 효과'를 인정한다는 뜻일까? 그것도 아니면 "총선 끝나고 보자!"는 심정으로 이를 갈며 벼르고 있는 걸까? 부디 세 번째 이유가 아니길 바랄 뿐이다.

나는 '뉴파티 거부 10계명'은 정치를 종교에서 해방시켜 원래의 위치로 되돌리는 동시에 정치는 상대를 존중하는 타협의 예술이며 그래야만 한다는 원칙의 확인으로 이해하고 싶다. 이철희와 더불어민주당의 그런 시도에 뜨거운 박수를 보내면서 미국 대선에서 돌풍을 일으킨 버니 샌더스Bernie Sanders의 기본 자세를 벤치마킹할 걸 권하고 싶다.

버니 샌더스는 『버니 샌더스의 정치혁명』에서 "미국 정치가 처한 딜레마는 이러하다. 저소득층이 선거나 정치 절차에 참여하지 않는 한 그들은 계속 희생양이 된다. 그러나 주요 양당이 계속해서 저소득층이 당면한 문제를 외면하는 한, 저소득층에게 정치란 무용지물이다. 그들은 선거 때 투표하지 않고 정치 절차에도 참여하지 않는다"며 다음과 같이 말한다.

"표를 얻어야 연명하는 정치인들은 계속해서 저소득층의 필요를 무시할 수 있다. 저소득층이 사는 공공 임대주택 단지를 찾아가 가가호호

문을 두드릴 때 수없이 듣는 말이 있다. 그곳 주민들은 짐짓 자랑스럽다는 듯 이렇게 말한다. '난 투표 안 해요. 투표한다고 뭐가 달라지나요? 아무도 내 이익을 대변하지 않을 텐데.' 나는 벌링턴 시장이 됐을 때 투표율을 거의 두 배로 끌어올렸다. 왜일까? 우리가 저소득층과 중산층을 위해 맞서 싸우겠다고 분명히 말했고 또 그렇게 했기 때문이다. 저소득층은 이 사실을 알았고 그래서 우리를 지지했다. 투표를 하면 변화가 생긴다는 걸 믿게 되면 그들은 투표를 한다."[39]

한국의 저소득층도 "난 투표 안 해요. 투표한다고 뭐가 달라지나요? 아무도 내 이익을 대변하지 않을 텐데"라고 말한다. 아니 그들만 그러겠는가. 청년들도 똑같은 말을 한다. 그들을 투표소로 끌어내기 위해선 어떻게 해야 하겠는가? 막말과 진영 논리론 안 된다. 진영 논리에 충실한 막말은 한 줌도 안 되는 열성 지지자들은 열광시킬 수 있겠지만, 이 작은 이익에 탐닉하는 건 정치적 자살 행위다. 아니 그렇게 여겨져야 한다. 버니 샌더스처럼 정치를 혐오하고 저주하는 사람들을 믿게 만드는 실천과 헌신과 비전, 여기에 총선과 대선의 승패는 물론 한국의 미래가 걸려 있다.

'의식과 관행의 기득권'이 문제다

내가 앞서 "단기적으론 비관하되, 장기적으론 낙관한다"고 말한 이유도 바로 여기에 있다. 밑바닥부터의 변화가 없인 그 어떤 개혁도 가능하지 않으며, 야당 분열 사태는 그걸 재확인시켜준 동시에 기존 기득권 판을 뒤흔들었다는 점에서 축복일 수 있다. 이런 식으로 말하면, 일부 싸움꾼들은 벌떼처럼 달려들어 그건 '총선 포기 전략'이라고 떼를 쓰겠지만, 그런 이야기가 아니다.

사실 야당 분열은 이미 13년 전 민주당 분당 때부터 친노에 의해 기획되었던 것이다. 그 기획에 좋은 뜻이 없진 않았다. 어떤 식으로든 호남이 분열되어 보수 정당도 호남에 뿌리를 내려야 영남에도 민주개혁 정당이 설 자리가 생긴다는 생각은 그럴듯한 시나리오였다. 그런데 호남인들의 절대 다수가 "어떻게 만든 정권인데" 하는 심정으로 대통령 권력을 따라가는 바람에 친노가 원했던 분열이 실패로 돌아간 것이다.

장기적으로 보면 호남의 분열은 기존 지역구도에 균열을 냄으로써 '정치의 정상화'를 가져오는 초석이 될 수도 있다. 우리에게 필요한 건 미시적 시각과 거시적 시각 사이에서 균형을 취하는 슬기로움이지, 어느 하나에 매몰되어 공갈과 겁박을 일삼는 어리석음이 아니다.

누군가가 현 야당 분열 사태를 꿰뚫어볼 수 있는 키워드를 하나 제시하라고 한다면, 나는 서슴없이 '기득권 병'을 들겠다. 개혁을 원하는 사람들은 '기득권 타파'를 입에 달고 살지만, 자신의 의식과 관행의 기득권은 전혀 생각하지 않는 것 같다. 이른바 '매몰 비용 효과sunk cost effect' 때문이다.[40] 우리 인간에겐 돈이나 노력, 시간 등을 일단 투입하면 그것을 지속하려는 강한 성향이 있는데, 이게 꼭 경제적 분야에서만 나타나는 건 아니다.

자신의 과오를 인정하기 싫어하는 자기 합리화 욕구는 낡고 병든 의식과 관행까지 지속시키는 힘으로 작용한다. 평소엔 '시궁창' 운운해가면서 답이 없는 절망의 수렁에 빠진 야당을 비난하면서 포기했다가도 선거만 다가오면 그 시궁창 보존 운동에 열을 올리는 우리의 의식은 익숙한 것을 버리지 않겠다는 기득권 의식의 발로와 다름없다. 그런 기득권 의식으론 달라질 게 전혀 없다.

밑으로 내려가야 한다. 일단 "난 투표 안 해요. 투표한다고 뭐가 달라지나요?"라고 말하는 사람들을 설득하는 일에 목숨을 걸어보라. 그곳이 바로 정치가 있어야 하는 곳이다. 그런데 어찌된 게 한국에서 풀뿌리 지역성은 진보보다는 보수가 훨씬 더 강하다.[41] 2012년 대선에서 저소득층과 비정규직이 문재인보다는 박근혜에게 훨씬 더 많은 표를 준 것도 그런 이유 때문일 게다. 박근혜가 얻은 저소득층 표는 52.7퍼센트, 비정규직 표는 54.0퍼센트인 반면, 문재인이 얻은 표는 각각 36.0퍼센트, 40.4퍼센트에 지나지 않았다.[42]

그런 결과가 나왔으면 막말과 진영 논리가 부정적 영향을 미쳤을 거라고 한 번쯤 의심을 해볼 만도 하건만, 오히려 정반대로 '선명성' 운운해대면서 막말과 진영 논리를 더 강화하는 짓을 해왔으니, 이런 정당에 무슨 희망이 있겠는가. 그 지긋지긋한 적대적 공생 모델을 고수하면서 적에 대한 적대감과 증오를 밑천 삼아, 적을 유리하게 만들면 '역사의 죄악'이 된다는 독립운동 시절의 레토릭으로 21세기를 살아가려는 화석화된 머리와 가슴으론 안 된다. 그거야말로 우리가 가장 먼저 깨트려야 할 기득권이다.

호남 차별을 의식의 인프라로 깔고 있는 기득권 정서도 부숴버려라. 호남 비노 의원들을 '쓰레기' 아니면 '고름'이라고 욕하는 이들이여, 제발 진보의 가면이나 벗고서 그런 말을 하라. 호남 차별은 호남 차별이 아니다. 약자 차별이다. 진보는 보수에 비해 약자일 뿐 진보 진영 내에서도 약자(소수 정파) 차별은 오랜 역사를 자랑한다. 함부로 대해도 괜찮기 때문에 함부로 대하는, 더러운 약육강식弱肉强食의 원리가 이곳에서도 작동한다.

호남 차별이 왜 약자 차별인지 그 이유를 군이 사회과학적으로 설명할 필요가 있을까? 비非영호남 지역 사람들은 "한국에 영호남밖에 없느냐? 전라도 타령 지긋지긋하다!"고 외치지만, 그렇게 인정머리 없게 '나 몰라라' 하시면 안 된다. 나는 『전라도 죽이기』에서 그 이전에 낸 『김대중 죽이기』에 대해 강한 반론 편지를 보내준 어느 부산 변호사에게 "지렁이도 밟으면 꿈틀댄다"는 제목의 답을 드린 적이 있다.

"지렁이도 밟으면 꿈틀댄다"

전라도 사람들 가운데 떵떵거리고 잘 살고 권세도 누리는 사람이 다른 지역 사람에 비해 많다면 '전라도 차별'이란 있을 수 없습니다. 왜냐구요? 전라도 사람들에게 한마디라도 좋은 말을 해야 힘이 있는 그들의 덕을 볼 수 있기 때문이지요. 우리 인간이라는 게 그렇게 힘의 관계에 민감한 존재입니다.

선생님은 전라도 사람들을 측은하게 생각하기도 하고 그들에게 동정심이 생기기도 한다고 하셨죠? 그게 왜 그렇습니까? 선생님은 자신이 전라도 사람들에 비해 우월한 존재라는 자부심을 갖고 계십니다. 그건 선생님이 어렸을 때부터 세뇌를 받아온 거라 선생님이 느끼지 못할지도

모릅니다. 선생님은 경상도 사람들이 어떤 행동을 해도 그들을 비난하지는 않을 겁니다. 그들을 기꺼이 좋은 쪽으로 이해할 겁니다. 왜냐구요? 선생님은 한 번도 경상도 사람들이 선생님보다 열등한 사람들이라는 생각을 해본 적이 없거나 그들을 선생님보다 우월한 사람들이라는 생각을 해왔을 터이니까요.

정반대로 선생님은 너무 착해서 남들과의 관계에서 늘 손해만 보고 사시는 분일지도 모른다는 생각이 듭니다. 감히 제 입으로 말씀드리기는 제 얼굴이 벌개집니다만, 저도 그런 편입니다. 저도 누군가를 특별히 증오해본 적이 많은데, 나중에 따지고 보면 그게 제 자신의 '유약함'에 대한 면책심리가 편승한 것이라는 걸 깨닫곤 했습니다.

선생님. 어느 지역 사람이든 고향을 떠나 객지에 나가서 살다 보면 그저 선생님처럼 사람만 좋아 가지고는 기본적인 생존을 하기도 어려울 때가 많은 법이 아니겠습니까? 그래도 선생님이야 그곳 터줏대감이 아니십니까? 그런데 늘 양보만 하고 사시는 선생님껜 그런 외지 출신 사람들이 곱게 보일 리 만무할 것이고, 선생님은 어렸을 때부터 호남 차별 교육을 받아오셨으니 그야말로 엎친 데 덮친 격으로 호남인을 용납할 수가 없게 된 건 아닐까요?

선생님. 아무리 생존경쟁이 치열한 사회라지만, 우리는 약자의 인권을 함부로 짓밟아서는 안 됩니다. 약자들이 강자들에게 치어 죽을까봐 그게 두려워 그들끼리 똘똘 뭉칠 수 있겠지요. 지렁이도 밟으면 꿈틀댄답니다. 강자의 똘똘뭉침에 대해선 그토록 관대한 선생님이 약자들의 생존 차원에서의 똘똘뭉침을 그렇게 저주하는 이유는 무엇입니까?

전라도 사람들 가운데에도 권세 있고 돈 많은 사람이 많습니다. 전라도 사람을 혐오하는 사람들도 그런 전라도 사람들에겐 제법 관대하다는 것을 아시나요? 한 전라도 출신 중견 변호사의 체험담 하나를 들려 드릴까요?

"딸을 시집보내려는데 매파가 경상도 출신 사윗감을 천거했다. 만나겠다고 하니 갔다와서 하는 말이 충격적이었다. 원래 전라도 사람과는 선을 보지 않는데, 신붓감 아버지가 괜찮으니 한 번 '봐주겠다'는 것이었다. 지역 차별을 느끼고는 있었지만, 그쪽 사람들의 정서가 이 정도까지일 줄은 몰랐다." (『신동아』, 1993년 3월호)

신랑 쪽에서 신붓감 아버지를 괜찮다고 판단한 이유가 무엇일까요? 인품으로 판단한 것일까요? 언제 봤다고 그 변호사의 인품을 알겠습니까? 변호사라고 하는 직업이 중요한 것이지요.

선생님. 선생님은 전라도에서 태어나지 않은 걸 무척 다행스럽게 생각하신다고 그러셨죠? 좋습니다. 그러나 그 다행스러움이 전라도에서 태어난 사람들을 그렇게 마음속으로 짓밟을 특권을 보장해주는 건 아닙니다.

선생님은 지금 폭력배들로부터 몰매를 맞아 길가에 쓰러져 있는 사람의 옷차림이 엉망이라고 꾸짖으며 그 사람에게 침을 뱉고 계시다는 걸 아셔야 합니다. 선생님이 전라도 혐오증에서 벗어나는 길은 단 한 가지입니다. 그건 바로 양심의 회복입니다. 지금 선생님은 스스로 선생님의 고귀한 양심에 상처를 내고 계십니다. 극과 극은 통한다고 하지 않습니까? 많은 경우 남에 대한 학대는 곧 자학의 다른 표현이기도 합니다.

선생님. 제가 주제넘고 버릇없는 말씀을 너무 많이 드렸습니다만, 너그럽게 용서하여 주십시오. 저는 선생님의 생각은 꾸짖었을 망정 제게 그런 편지를 주신 선생님의 진지함과 용기에 대해선 감사와 경의를 표합니다. 저 역시 선생님 못지 않은 고뇌와 사색 끝에 이런 글을 쓰게 되었다는 것 하나만큼은 꼭 알아주시기 바랍니다.[43]

'내 아버지로부터의 전라도'

아직도 이해가 안 간다면, 오윤의 『내 아버지로부터의 전라도』에 등장하는 기가 막힌 실화 하나를 더 들려 드리겠다. 이 책은 진보의 가면을 쓰고 호남 차별을 하는 사람들의 심리 상태를 이해하기 위해 반드시 읽어야 할 필독서라는 게 내 생각이다.

"너 전라도에서 왔다면서? 우리 아빠가 전라도 놈은 전부 빨갱이라던데, 앞으로 두고 보겠어. 조심해라." 오윤이 1986년 초등학교 4학년 때 목포에서 서울의 어느 초등학교로 전학을 갔을 때 선생님의 전학생 소개가 끝난 후 반장 박태환이 다른 아이들 들으라는 듯이 큰 소리로 한 말이다. 오윤은 "아들에게 전라도 흔적을 물려주지 않겠다"는 아버지의 의지에 따라 서울로 전학을 갔건만 첫발부터 그런 봉변을 당한 것이다. 당황한 오윤은 이런 답을 내놓았다. "나 빨갱이 아니야. 전라도 아니라고. 아빠 때문에 잠깐 전학 갔다 왔을 뿐이야. 옆 반 영상이한테 물어봐."

알 수 없는 두려움을 느낀 오윤은 "저 자식을 이겨야 내가 이 교실에서 살아갈 수 있겠구나!" 하는 생각에 이후 공부에만 매달렸다. 1등을 하고 있던 태환을 제치고 오윤이 1등을 하자 친구들이 하나둘 주변에 모이기 시작했다. 위기감을 느낀 태환이 축구공을 던지며 게임을 제안했지만, 오윤은 축구도 잘했다. 한 달 후 오윤은 반장이 도맡았던 야구 선발투수와 축구 스트라이커 자리까지 자신의 것으로 만들었다. 그리고 여름방학이 끝난 후 반장이 되었다. 반장 선거가 있던 날, 집에 돌아가는데 교문 앞에서 한 친구가 기다리고 있었다. "윤아! 우리 집에 놀러가지 않을래?"

바로 태환이었다. 그때 오윤은 무엇을 깨달았을까? "1등을 하면 경쟁자도, 권력자도 모두 친구가 되는구나." 오윤은 다음 해에 아버지의 사정으로 인해 광주로 전학을 갔고, 그곳에서 중학교에 입학했다. 오윤은 "그 시절을 떠올리다 보면 나는 '차별받는 자들이 공유하는 장소'의 풍경이 압도되어 가슴 한편이 불편해진다. 아무도 말하지 않았고 모두가 침묵했지만 광주는 한국 사회에서 가장 차별받는 도시였다. 그들은 한때 폭도와 빨갱이로 몰렸고, 수많은 친척과 친구들이 실종되거나 죽임을 당했으며, 그럼에도 불구하고 침묵할 수밖에 없는 여전히 차별받는 존재들이었다"며 다음과 같이 말한다.

"그렇기 때문에 그 도시가 다음 세대에게 제시할 수 있는 생존 전략이라는 것은 비장하게 실력을 키우라고 외치는 것뿐이었다. '공부해라, 공부해라, 너희가 이 세상에서 살아남을 방법은 일등이 되는 것밖에 없다.' 선생님과 부모들은 과하다 싶을 정도로 공부와 실력을 강조했다. 매질을 동원하면서 혹독하고 가혹하게 학생들을 책상에 앉혀놓았다. 그렇게 해서 그 도시가 매년 서울대에 보내는 인원은 늘 전국 최고를 차지했다."[44]

나는 '서울대 많이 보내기'와 같은 방법으론 안 된다는 것을 제4장에서 이야기했지만, 여기서 그걸 따질 계제는 아니다. 호남 차별에 대해 공감共感 능력을 일부러 발휘하지 않은 채 불감不感 상태에 빠져 있는 일부 진보주의자들이 진보의 가면을 쓰고 일베와 같은 노골적인 호남 차별보다 질이 나쁜 호남 차별을 하는 것, 이게 한국 정치를 죽이는 큰 이유라는 것을 말하고자 하는 것이다.

증오를 판매하는 상인들에게 고한다

사람들은 '보수 대 진보'의 구도만 생각하지, 진보 내에서 벌어지는 소수파 차별에 대해선 둔감하다. 이에 대해 생각해볼 수 있는 좋은 사례가 있다. 아시는 분은 잘 알겠지만, 친노 네티즌들은 친노 성향을 강하게 보이는 『경향신문』엔 찬사를 보내면서도 비교적 중립을 지키려는 『한겨레』에 대해선 '한걸레'라며 온갖 욕설을 퍼붓는다. 반면 국민의당을 지지하는 네티즌들은 『한겨레』가 너무 친노라는 이유로 '한걸레'라고 부르고 있으니, 야당 분열의 와중에서 『한겨레』가 어이 없는 봉변을 당하고 있는 셈이다.

그런데 『경향닷컴』(2016년 2월 5일)이 「광주·전남 '국민의당 42.9%', '더민주 28%…여론조사서 10% 이상 차이」라는 기사를 싣자, 친노 네티즌들이 찬양하던 『경향신문』도 곧 비난의 대상이 되고 아울러 여론조사와 호남도 같은 운명에 처하게 된다.

"경향신문 구독 정지해야겠다, 뭔 여론조사 응답률 8.2%를 보도하냐?"

"이 기사 얼른 내리세요. 그렇다고 호남 사람들이 제1야당을 버리지 않아요. 새누리 찍는 거나 안철수당이나 똑같다는 걸 안다고요. 이런 기사 악의적인 조작인데 그걸 모른다고?"

"호남을 산산이 찢어발기려는 여론조사라는 이름의 조작질에 호남이 놀아나면 안됩니다.…빨리 내려 당장 내려."

"1,000명 조사에서 응답률 10% 미만 조사가 대부분이다. 이런 거짓 민심으로 여론을 호도하는 짓은 참으로 뻔뻔한 사기정치다."

"여론조작질 그만하라."

"민주화의 성지라는 말은 개나 줘버릴 결과구만요."

"광주의 영혼들이 지하에서 대성통곡을 하겠네."

"사실이라면 미친 놈들이다."

"그 지역에서 42.9%건 100%건 관심없다. 저물어가는 호남…충청도보다도 인구가 작은 호남의 의원수를 줄여 충청도에 주어야 한다."[45]

며칠 후면 또 뒤집어질 수 있는 여론조사 결과가 나올 텐데, 이들은 왜 저리 호들갑을 떠는 걸까? 이런 여론조사 결과의 추세가 지속된다면 이들 중 이와 같은 식의 열정적인 댓글 달기를 계속할 사람은 얼마나 될까? 그런 생각을 하니 슬그머니 웃음이 나온다.

네티즌들은 갈등형 이슈의 경우 게시판에 나타난 의견 방향을 관찰한 후 대세를 추종하는 승자편승적 경향을 보인다는데,[46] 댓글은 단지 이기는 쪽에 서고 싶다는 이른바 '후광 반사 효과basking in reflected glory'에 좌우되는 현상이란 말인가!⁴⁷ "당신은 상위권 엄마의 기쁨을 아느냐"는 어느 학습지 광고 슬로건처럼, 이들의 좌우명은 "당신은 이길 것이 확실한 다수 정의의 편에서 소수의 불의를 욕하는 기쁨을 아느냐"는 아닐까?

나는 10여 년 전부터 '독설가'에서 전향해 소통·타협·화합 등을 외치고 있지만, 전라도 차별에 대해선 여전히 화가 치민다. 순종 전라도 사람도 아닌, 부모가 이북 출신인 반쪽 전라도 사람으로서 전라도 차별에 순종 전라도 사람보다 열을 내는 내 심리 상태는 그 어느 쪽에도 속하지 못하는 경계인이 갖는 속성이 아닌가 나름 분석도 해본다.

늘 인기 없는 소수파 편을 드는 게 내 팔자인지는 모르겠지만, 전라도 옹호와 지방 옹호, 정말이지 너무 힘들다. 이 싸움에선 보수보다는 가면을 쓴 진보주의자들이 훨씬 더 고약하고 악성이다. 보수는 속으로만 "이 바보야, 세상이 다 그런 거지 뭐"라고 하는 데 반해, 가면을 쓴 진보는 자신의 도덕적 우월감을 지키고 과시하기 위해 온갖 궤변을 잘도 만들어내니 말이다.

제발 서울만 보지 말고 지방 좀 보고 살라. 당신들의 말이 맞다 해도 그간 지방을 식민지로 만든 서울 중심의 정치는 지방 유권자들에게 '쓰레기' 아니면 '고름' 사이에서 양자택일을 강요하는 독재권력을 행사해왔다. 영호남에서 자행되고 있는 '1당 독재'의 폐해는 당신들보다는 지방민들이 뼈저리게 느끼고 있다. 당신들은 그런 반감을 정략적으로 악용해 정치 자체를 죽이는 어리석은 포퓰리즘 공세를 퍼붓고 있지만, 지금 호남에선 선택의 폭이 넓어져 모처럼 역동적인 정치의 활력이 감돌고 있다. 당신들의 뜻이 호남에선 관철되고 있건만, 어이하여 그런 활력을 반기는 호남인들에게 온갖 악담과 저주를 퍼붓는가.

수도권이 문제라고? 그렇다면 분당은 이미 벌어진 일이니 나중의 연대나 타협을 염두에 두고 상호 득이 될 수 있는 선의의 경쟁을 하게끔 유도하는 일을 해야지, 악담과 저주로 상대편의 감정을 상하게 만들고 상처를 줘서 뭘 어쩌자는 건가? 아무리 '긍정'보다는 '부정'의 힘이 크고, 아무리 증오가 내부 결속의 원동력이라지만, 이런 식으로 '증오 전쟁'을 벌여 이루겠다는 개혁과 진보의 정체가 도대체 무엇이란 말인가?

양쪽 모두 마찬가지다. 증오를 판매하는 상인들이여, 이제 그런 장사를 접고 "난 투표 안 해요. 투표한다고 뭐가 달라지나요?"라고 말하는 사람들의 말에 귀를 기울여보기 바란다. 그리고 실천하라. 생각이 다른 사람들을 비난하는 시간을 아껴 그 일에 전념하라. 모두를 위한 그 어떤 대안과 비전도 없이 오직 적을 죽이는 걸 유일한 대안과 비전으로 삼는, 정치를 종교로 만든 사람들은 이제 사라져야 한다.

주

머리말 개그맨 이윤석이 그렇게 잘못했는가?

1   권승록, 「"야당은 전라도당 · 친노당 느낌" 개그맨 이윤석 발언 논란」, 『한겨레』, 2015년 12월 14일 댓글.
2   성한용, 「야권 분열, 호남에 책임 뒤집어씌우지 말아라」, 『한겨레』, 2016년 1월 16일.
3   정환보, 「21세기에 '진박 · 가박 · 용박' 타령」, 『경향신문』, 2015년 11월 13일; 강인선, 「[만물상] '진박' 인증 샷」, 『조선일보』, 2016년 1월 22일.
4   나혜윤, 「진중권 "천정배-정동영 합류하면 안철수당 갈등 극에 달할 것"」, 『뷰스앤뉴스』, 2016년 1월 23 일 댓글.
5   강준만, 「왜 극우와 극좌는 서로 돕고 사는 관계일까?: 적대적 공생」, 『우리는 왜 이렇게 사는 걸까?: 세 상을 꿰뚫는 50가지 이론 2』(인물과사상사, 2014), 105~110쪽 참고.
6   원선우, 「"안(安), 친노 패권 비난하더니…패권 휘두르나"」, 『조선일보』, 2016년 2월 6일 네이버뉴스 댓 글. 인터넷판 제목은 「안철수 측근 박선숙 사무총장에…당내(黨內) 일부서 반발」로 바뀌었다.
7   장강명, 『댓글부대』(은행나무, 2015), 182쪽.

제1장 왜 호남은 '친노'에 등을 돌렸는가?

1   김욱, 『아주 낯선 상식: '호남 없는 개혁'에 대하여』(개마고원, 2015), 49~50쪽.
2   김욱, 『아주 낯선 상식: '호남 없는 개혁'에 대하여』(개마고원, 2015), 97~98, 101~102쪽.
3   김욱, 『아주 낯선 상식: '호남 없는 개혁'에 대하여』(개마고원, 2015), 103~104쪽.
4   김욱, 『아주 낯선 상식: '호남 없는 개혁'에 대하여』(개마고원, 2015), 202~203쪽.

5   김욱, 『아주 낯선 상식: '호남 없는 개혁'에 대하여』(개마고원, 2015), 281~283쪽.

6   김욱, 『아주 낯선 상식: '호남 없는 개혁'에 대하여』(개마고원, 2015), 288, 290~292쪽.

7   김욱, 『아주 낯선 상식: '호남 없는 개혁'에 대하여』(개마고원, 2015), 309~312쪽.

8   김의겸, 「안철수는 제갈량의 '천하3분지계'를 이뤄낼 것인가」, 『인터넷한겨레』, 2015년 12월 20일.

9   김의겸, 「호남 자민련이라고요? DJ가 하늘에서 통곡합니다」, 『인터넷한겨레』, 2016년 1월 10일.

10   김의겸, 「안철수가 부산에 출마해야 하는 이유」, 『한겨레』, 2015년 10월 1일.

11   이상돈, 「이럴 거면 갈라서라」, 『경향신문』, 2015년 12월 9일 댓글.

12   김욱, 「분열하면 안 된다고요? 노무현이 하늘에서 웃겠습니다」, 『한겨레』, 2016년 1월 15일.

13   김종수, 「분수대/허수아비 논법」, 『중앙일보』, 2007년 4월 17일, 35면; 강재륜, 『논리학』(대왕사, 1996), 71쪽; 김정기, 『새 PR 원론: 공중설득의 제 이론과 실무』(탐구당, 1981), 129쪽.

14   「사설」 안철수, 이젠 '새정치·정권교체' 말할 자격 없다」, 『한겨레』, 2015년 12월 14일.

15   「사설」 안철수 탈당과 야당의 미래」, 『경향신문』, 2015년 12월 14일.

16   「사설」 새정치연합, '공멸'하기로 아예 작정했나」, 『한겨레』, 2015년 9월 12일.

17   김의겸, 「더이상 '호남'을 팔지 마라」, 『한겨레』, 2015년 5월 14일.

18   송호진, 「DJ 막내 비서실장 "호남 정서 선동해 이득 취하는 사람 있어"」, 『인터넷한겨레』, 2016년 1월 21일.

19   강준만, 「야당 내분이 이종격투기인가?」, 『한겨레』, 2015년 12월 14일 댓글.

20   김욱, 『아주 낯선 상식: '호남 없는 개혁'에 대하여』(개마고원, 2015), 124쪽.

21 ·김욱, 『아주 낯선 상식: '호남 없는 개혁'에 대하여』(개마고원, 2015), 61쪽.

22   민형배, 『내일의 권력』(단비, 2015), 280쪽.

23   김찬호, 『모멸감: 굴욕과 존엄의 감정사회학』(문학과지성사, 2014), 161쪽.

24   문강형준, 「혐오의 이면」, 『한겨레』, 2016년 1월 16일.

25   강준만, 「왜 좋은 뜻으로 한 사회고발이 역효과를 낳을 수 있는가?: 사회적 증거」, 『생각의 문법: 세상을 꿰뚫는 50가지 이론 3』(인물과사상사, 2015), 33~38쪽 참고.

제2장 왜 진보의 이름으로 '정치 죽이기'를 하는가?

1   Sanford D. Horwitt, 『Let Them Call Me Rebel: Saul Alinsky-His Life and Legacy』(New York: Vintage Books, 1989/1992), pp.524~526; Saul D. Alinsky, 「Afterword to the Vintage Edition」, 『Reveille for Radicals』(New York: Vintage Books, 1946/1989), p.229.

2   Sanford D. Horwitt, 『Let Them Call Me Rebel: Saul Alinsky-His Life and Legacy』(New York: Vintage Books, 1989/1992), p.528.

3   이미 2008년 기준으로 연간 13~15조 원에 이르렀다. 윤희일, 「전문가들 "균형발전 기본 모르는 황당한 주장"」, 『경향신문』, 2008년 8월 1일.

4   김종화, 「"새만금, 전북 도민 한(恨) 봤어야"」, 『미디어오늘』, 2006년 3월 29일, 8면.

5   홍권상, 「지방이 국가경쟁력 ② 지역산업 육성 절실한 대구: "건설·유통업 매출 70%는 외지인이 가져가"」, 『중앙일보』, 2008년 4월 14일.

6   「지역 건설 업체 배려하는 특별법 제정 시급」, 『전북일보』, 2015년 8월 11일.

7   강준만, 「야당 내분이 이종격투기인가?」, 『한겨레』, 2015년 12월 14일 댓글.

8   김혜영, 「광주 시민단체들 "안철수당 행태, 광주정신에 역행"」, 『뷰스앤뉴스』, 2016년 1월 17일 댓글.

9   손봉석, 「진중권 "쓰레기들이 기득권 포기 못해 벌어진 사태"」, 『경향신문』, 2015년 5월 21일.
10 나혜윤, 「진중권 "안철수, 원내교섭단체 위해 현역 모두 공천 줘야 할 것"」, 『뷰스앤뉴스』, 2016년 1월 24일.
11 서대웅, 「진중권, '안철수 비판' 부쩍 늘었다」, 『머니위크』, 2016년 1월 25일.
12 김두식, 「유시민 정계 은퇴 뒤 첫 인터뷰 "과상한 놈 하나 왔다 갑니다"」, 『인터넷한겨레』, 2013년 3월 15일.
13 박성필, 「문재인, 한명숙 당적 정리 요구…진중권 "진작 그렇게 했어야"」, 『머니위크』, 2015년 12월 12일.
14 손병관, 「곽노현 전 교육감 출소하자…조기숙─진중권 설전」, 『오마이뉴스』, 2013년 3월 29일.
15 박은주, 「상복은 검고 국회는 희다」, 『조선일보』, 2009년 5월 28일.
16 나혜윤, 「진중권 "안철수, 원내교섭단체 위해 현역 모두 공천 줘야 할 것"」, 『뷰스앤뉴스』, 2016년 1월 24일 댓글.
17 데이비드 맥레이니(David McRaney), 박인균 옮김, 『착각의 심리학』(추수밭, 2011/2012), 220쪽; 강준만, 「왜 갈등 상황에서 몰입은 위험한가?: 터널 비전」, 『생각의 문법: 세상을 꿰뚫는 50가지 이론 3』(인물과사상사, 2015), 129~133쪽 참고.
18 김종목, 「[책과 삶] '침묵의 봄'으로 유명한 환경운동 선구자 카슨의 일대기」, 『경향신문』, 2014년 4월 12일.
19 박수진, 「진중권 "새정치, 더 험한 꼴 보기 전에 헤어져라" 독설」, 『한겨레』, 2015년 5월 27일.
20 김욱, 『아주 낯선 상식: '호남 없는 개혁'에 대하여』(개마고원, 2015), 78쪽.
21 나혜윤, 「진중권 "국민의당 정체성 잡음, 표만 받으려는 욕심이 낳은 해프닝"」, 『뷰스앤뉴스』, 2016년 1월 21일.
22 조미덥, 「'누리과정 예산' 문제도 더민주·국민의당 딴소리」, 『경향신문』, 2016년 1월 23일 댓글.
23 브레네 브라운(Brené Brown), 최완규 옮김, 『완벽을 강요하는 세상의 틀에 대담하게 맞서기』(명진출판, 2012/2013), 80~81쪽.
24 이재훈, 「진중권 "야권 종말론, 그냥 나온 말 아니다"」, 『인터넷한겨레』, 2016년 2월 4일.
25 김성탁·이지상, 「'1여 다야' 되면 총선 대패…야권 연대 해야, 양당 구조 깨야─반대만 하는 낡은 정치 바꿔…」, 『중앙일보』, 2016년 2월 6일.
26 성한용, 「분열된 야권…'아름다운 패배'는 없다」, 『한겨레』, 2016년 2월 6일 댓글.
27 「진중권, 박지원 더민주 탈당 비판 "공천 못 받아 나간 것…통합은 얼어 죽을"」, 『동아닷컴』, 2016년 1월 22일.
28 나혜윤, 「진중권 "국민의당 정체성 잡음, 표만 받으려는 욕심이 낳은 해프닝"」, 『뷰스앤뉴스』, 2016년 1월 21일.
29 안관옥, 「광주 시민 10명 중 6명 "현역의원 교체 바란다"」, 『한겨레』, 2015년 12월 31일.
30 백성일, 「무기력한 국회의원」, 『전북일보』, 2015년 9월 14일.
31 김대중, 「국회의원 수, 차라리 500~600명으로 늘리자」, 『조선일보』, 2015년 10월 20일.
32 박성우·이윤석, 「당내서 제동 걸린 '김한길 특권방지법'」, 『중앙일보』, 2014년 2월 4일.
33 조갑제, 『벼랑에 선 대한민국 우파는 무엇을 할 것인가』(월간조선사, 2003), 75쪽.
34 박유미·현일훈, 「김무성 "상향식 공천은 정치사 혁명, 비례대표도 적용"」, 『중앙일보』, 2016년 1월 19일 댓글.
35 김동춘, 「정치 빅뱅이 일어나야 한다」, 『한겨레』, 2016년 1월 20일.
36 조진만, 「언제까지 정당은 인물에 의존할 것인가」, 『중앙일보』, 2016년 1월 20일.
37 김영석, 「김병준 "모바일 투표는 민주주의 적, 현역 물갈이는 기만 행위"」, 『국민일보』, 2015년 12월

29일.

38 김병준, 「인재 영입, 또 하나의 분석」, 『동아일보』, 2016년 1월 21일.

39 김욱, 『아주 낯선 상식: '호남 없는 개혁'에 대하여』(개마고원, 2015), 294~296쪽.

40 이주빈, 「흩어진 꽃잎이 뺨을 때린다, 울지 마라 광주!」, 『오마이뉴스』, 2012년 12월 23일.

41 김병현, 「거세당한 호남에게, "욕망해도 괜찮아"」, 『오마이뉴스』, 2016년 1월 21일.

42 성한용, 「야권 분열, 호남에 책임 뒤집어씌우지 말아라」, 『인터넷한겨레』, 2016년 1월 16일.

43 지그문트 프로이트, 김석희 옮김, 『문명 속의 불만』(열린책들, 1997), 303쪽; 강준만, 「왜 근린증오가 더 격렬할까?: 사소한 차이에 대한 나르시시즘」, 『우리는 왜 이렇게 사는 걸까?: 세상을 꿰뚫는 50가지 이론 2』(인물과사상사, 2014), 111~115쪽 참고.

44 로버트 스턴버그(Robert J. Sternberg) · 카린 스턴버그(Karin Sternberg), 김정희 옮김, 『우리는 어쩌다 적이 되었을까?』(21세기북스, 1998/2010), 147~148쪽.

45 박성민 · 강양구, 『정치의 몰락: 보수시대의 종언과 새로운 권력의 탄생』(민음사, 2012), 237쪽.

46 민형배, 『내일의 권력』(단비, 2015), 36~37쪽.

47 박대민, 「시장 자유주의 통치성의 계보학: 1980년대 이후 선호하는 인간의 통치로서 금융 통치성의 대두」, 『커뮤니케이션이론』, 제10권 4호(2014년 겨울), 237쪽; 콜린 헤이(Colin Hay), 하상섭 옮김, 『바보야! 문제는 정치야!』(한국외국어대학교출판부, 2007/2009), 166~170쪽.

48 춘카 무이(Chunka Mui) · 폴 캐럴(Paul B. Carroll), 이진원 옮김, 『똑똑한 기업을 한순간에 무너뜨린 위험한 전략』(흐름출판, 2008/2009), 274~276쪽; 강준만, 「왜 머릿속에 잘 떠오르는 걸 중요하다고 생각하나?: 가용성 편향」, 『감정 독재: 세상을 꿰뚫는 50가지 이론』(인물과사상사, 2013), 113~117쪽 참고.

49 박성민 · 강양구, 『정치의 몰락: 보수시대의 종언과 새로운 권력의 탄생』(민음사, 2012), 239~240쪽.

50 김동춘 · 신기주, 「인터뷰/누가 대한민국의 권력을 흔드는가」, 『월간 인물과사상』, 2015년 6월, 32쪽.

제3장 왜 친노는 '친노패권주의'를 한사코 부정할까?

1 이대근, 「노사모와 한강다리」, 『경향신문』, 2003년 12월 4일.

2 민형배, 『내일의 권력』(단비, 2015), 305~306쪽.

3 김상연, 「오빠 vs 김빠: 연기금 사이버전쟁…막말 · 저주 도배」, 『서울신문』, 2004년 11월 23일, 5면.

4 김종태, 「'김근태 쇼크' 아직도 여진」, 『문화일보』, 2004년 11월 22일, 4면; 최영해, 「"노를 거스르고 성공할 수 있겠나" 명계남 씨 등 친노 진영 '김근태 때리기' 나서」, 『동아일보』, 2004년 11월 22일, A8면.

5 배성규, 「"당게파 140명이 야당 흔들어": 중진들 "더이상 못 참아" 대응모임 추진」, 『조선일보』, 2005년 5월 18일.

6 이철호, 「여(與) 홈피 '당게낭인' 12인이 점령」, 『세계일보』, 2005년 6월 20일.

7 김선하, 「"정통 아닌 얼치기 운동권이 득세": 재야파의 반격 시작됐나」, 『중앙일보』, 2005년 10월 31일, 3면.

8 박재찬, 「"노 정권 타락은 노빠 탓" 글 논란」, 『국민일보』, 2005년 11월 4일, 4면; 이재국 · 전병역, 「노선 정리 강요받는 '문어발 의원'」, 『경향신문』, 2005년 11월 4일, 4면.

9 양권모, 「노 대통령 사전에 레임덕은 있다」, 『경향신문』, 2005년 11월 8일, 34면.

10 오남석, 「'청 참모진 · 친노그룹 배타성 지나쳐'」, 『문화일보』, 2005년 11월 17일, 6면.

11 김당, 「"정치 · 언론, 임기 후에도 손 놓지 않겠다": 노 대통령, 8월 말 '노사모' 핵심 회원들 초청 청와

대 오찬」, 『오마이뉴스』, 2006년 11월 2일; 임민혁, 「"임기 후도 정치 · 언론운동 계속": 노 대통령, 8월 노사모 모임서 발언…오마이뉴스 보도」, 『조선일보』, 2006년 11월 3일, A5면.

12 이광일, 「그는 정말 왜 그럴까?」, 『한국일보』, 2006년 11월 4일, 26면.

13 김두식, 「유시민 정계 은퇴 뒤 첫 인터뷰 "괴상한 놈 하나 왔다 갑니다"」, 『인터넷한겨레』, 2013년 3월 15일.

14 이재진, 「난닝구 냄새 나는 50대 호남 남성이 말하는 친노패권은?」, 『미디어오늘』, 2015년 5월 20일.

15 이재진, 「난닝구 냄새 나는 50대 호남 남성이 말하는 친노패권은?」, 『미디어오늘』, 2015년 5월 20일.

16 최승현, 「민주 비노(非盧) 지도부와 충돌하는 열성 친노(親盧)」, 『조선일보』, 2013년 5월 21일.

17 정우상, 「문성근 "신당의 새정치 내용 없어"」, 『조선일보』, 2014년 3월 14일; 박성우, 「"통합신당 시민참여형으로" 목소리 낸 친노」, 『중앙일보』, 2014년 3월 14일.

18 이철호, 「문재인 · 박지원의 진짜 속셈은…」, 『중앙일보』, 2014년 12월 29일.

19 박영환 · 심혜리, 「계파 패권주의 · 막말 싸움…국민 짜증 돋우는 새정치 '그들만의 전대'」, 『경향신문』, 2015년 2월 4일.

20 이유주현, 「문재인 "박근혜 정부와 전면전 시작할 것"」, 『한겨레』, 2015년 2월 9일.

21 이범, 「계파인 듯 계파 아닌 계파 같은 친노」, 『허핑턴포스트코리아』, 2015년 6월 22일.

22 이범, 「계파인 듯 계파 아닌 계파 같은 친노」, 『허핑턴포스트코리아』, 2015년 6월 22일.

23 정연욱, 「아류(亞流) 정치」, 『동아일보』, 2015년 5월 12일.

24 김은정, 「친노(親盧) 진영, 온 · 오프라인서 비노(非盧)에 반격」, 『조선일보』, 2015년 5월 20일.

25 「사설」 끊이지 않는 계파 다툼, 야당 추락의 끝은 어디인가」, 『중앙일보』, 2015년 5월 16일.

26 이재진, 「난닝구 냄새 나는 50대 호남 남성이 말하는 친노패권은?」, 『미디어오늘』, 2015년 5월 20일.

27 조대엽, 「야당의 새로운 결집 프레임 '감동 있는 혁신'」, 『경향신문』, 2015년 5월 22일.

28 이정민, 「[이정민이 만난 사람] 친노에 연일 강경 발언, 새정치련 박지원 의원」, 『중앙일보』, 2015년 5월 23일.

29 성한용, 「새정치, 김대중 · 노무현 대통령 팔아 비겁하게 정치하지 말라」, 『한겨레』, 2015년 5월 26일.

30 이정애 · 이승준, 「김상곤 "노무현 전 대통령 기득권으로 활용하고자 하면 해당 행위"」, 『한겨레』, 2015년 6월 3일.

31 「사설」 더욱 꼬여만 가는 새정치연합의 혁신 갈등」, 『한국일보』, 2015년 7월 10일.

32 한상준 · 황형준, 「친노도 못마땅…우군(友軍) 없는 문재인」, 『동아일보』, 2015년 7월 13일.

33 이대근, 「문재인, 당을 파괴하라」, 『경향신문』, 2015년 7월 24일.

34 정우상, 「문재인 "분당(分黨)은 없다"… 비주류 "그건 착각과 오만"」, 『조선일보』, 2015년 9월 2일.

35 「사설」 새정연, 국감 팽개치고 '공천권' 싸움에만 매달릴 텐가」, 『동아일보』, 2015년 9월 14일.

36 이철호, 「안철수가 친노를 못 믿는 까닭은」, 『중앙일보』, 2015년 11월 24일.

37 이유주현, 「뻔히 예고된 파국도 못 막고…문재인 '무한책임론'」, 『한겨레』, 2015년 12월 14일.

38 이철호, 「"못 먹어도 스리고"를 부른 안철수」, 『중앙일보』, 2015년 12월 15일.

39 「사설」 김종인 선대위원장, 더민주 '친노패권주의' 깰 수 있겠나」, 『동아일보』, 2016년 1월 16일.

40 최승현 · 원선우, 「대표 핵심 측근 된 여야(與野) 홍보본부장」, 『조선일보』, 2016년 1월 26일.

41 정우상, 「"친노(親盧)패권 바꿀 의지 있는지 며칠 본 뒤 거취 결정"」, 『조선일보』, 2016년 1월 16일.

42 송수경 · 류지복 · 김동현, 「김종인 "친노패권주의 수습할 능력 없으면 오지도 않았다"」, 『연합뉴스』, 2016년 1월 17일.

43 「사설」 문재인 사퇴, 친노패권주의 청산 계기 돼야」, 『중앙일보』, 2016년 1월 20일.

44 나혜윤, 「박지원 "김종인 과거 전력 문제 삼지만 국민 기대 크다"」, 『뷰스앤뉴스』, 2016년 1월 20일 댓글.

45 신창호, 「진성준 "안철수는 앞뒤 다른 언사…친노패권주의는 정치적 허언"」, 『국민일보』, 2016년 1월 21일.

46 박종률, 「친노패권주의와 김종인의 말 바꾸기」, 『CBS노컷뉴스』, 2016년 1월 24일.

47 전영기, 「'문제 해결형 민주주의' 선언문」, 『중앙일보』, 2016년 1월 22일.

48 김경호, 「김종인, "'친노 꼭두각시' 노릇? 천만에"」, 『인터넷한겨레』, 2016년 1월 25일.

49 정녹용·엄보운, 「"말할 순 없지만, 안철수黨 미래 짐작 간다"」, 『조선일보』, 2016년 1월 28일.

50 민형배, 「'호남' 외면하면 모든 선거는 필패다」, 『오마이뉴스』, 2015년 5월 14일.

51 민형배, 「'호남' 외면하면 모든 선거는 필패다」, 『오마이뉴스』, 2015년 5월 14일.

52 민형배, 「'호남' 외면하면 모든 선거는 필패다」, 『오마이뉴스』, 2015년 5월 14일.

53 강준만, 「야당 내분이 이종격투기인가?」, 『한겨레』, 2015년 12월 14일 댓글.

54 강준만, 「야당 내분이 이종격투기인가?」, 『한겨레』, 2015년 12월 14일 댓글.

55 김창준, 「추천의 글: 공익제보자의 눈으로 본 한국 사회의 속살」, 신광식, 『불감사회: 9인의 공익제보자가 겪은 사회적 스트레스』(참여사회, 2006), 8쪽.

56 정균영, 「호남정치 복원론, 그것은 '대선 패배' 다」, 『오마이뉴스』, 2015년 5월 9일.

57 민형배, 『내일의 권력』(단비, 2015), 276~277쪽.

58 강준만, 「왜 "하나를 보면 열을 안다"는 속담은 무서운 말인가?: 착각적 상관의 오류」, 『생각의 문법: 세상을 꿰뚫는 50가지 이론 3』(인물과사상사, 2015), 22~26쪽; 강준만, 「왜 세상을 이해하는 데에 필요한 범주화는 폭력적인가?: 범주화된 지각의 오류」, 『생각의 문법: 세상을 꿰뚫는 50가지 이론 3』(인물과사상사, 2015), 27~32쪽 참고.

59 김갑수, 「친노 어게인!」, 『국제신문』, 2015년 2월 25일.

60 김욱, 『아주 낯선 상식: '호남 없는 개혁' 에 대하여』(개마고원, 2015), 139~140쪽.

61 김찬호, 『모멸감: 굴욕과 존엄의 감정사회학』(문학과지성사, 2014), 217~220쪽; 임아영, 「[책과 삶] 갑을·왕따·악플… '정서적 원자폭탄' 모멸로 가득 찬 우리 사회」, 『경향신문』, 2014년 3월 29일.

62 김욱, 『아주 낯선 상식: '호남 없는 개혁' 에 대하여』(개마고원, 2015), 206쪽.

63 김규항, 「사랑의 결핍」, 『경향신문』, 2015년 6월 2일.

64 김욱, 『아주 낯선 상식: '호남 없는 개혁' 에 대하여』(개마고원, 2015), 158쪽.

65 김창규, 『범인은 이 안에 없다: 편파적 인터뷰』(생각비행, 2016), 62쪽.

66 김욱, 『아주 낯선 상식: '호남 없는 개혁' 에 대하여』(개마고원, 2015), 205~206쪽.

67 강준만, 「왜 개인보다 집단이 과격한 결정을 내리는가?: 집단극화 이론」, 『감정 독재: 세상을 꿰뚫는 50가지 이론』(인물과사상사, 2013), 279~284쪽 참고.

68 이범, 「계파인 듯 계파 아닌 계파 같은 친노」, 『허핑턴포스트코리아』, 2015년 6월 22일.

69 구혜영, 「['친노' 의 덫] 정치권 밖에도 폭넓은 기반…자생적 확대·재생산된 유일한 계파」, 『경향신문』, 2015년 5월 30일.

70 구혜영, 「['친노' 의 덫] 철마다 가두고 때마다 갇히는 '친노 프레임'」, 『경향신문』, 2015년 5월 30일.

71 김창규, 『범인은 이 안에 없다: 편파적 인터뷰』(생각비행, 2016), 183쪽.

72 박기용, 「"우리는 사람들이 더 똑똑해지길 원한다"」, 『한겨레』, 2015년 5월 23일.

73 이철희, 「새정치민주연합은 왜 선거마다 패배하나?」, 『월간 인물과사상』, 2015년 6월, 105~106쪽.

74 고종석, 「'싸가지 있는' 정치를 위하여」, 『한국일보』, 2007년 9월 13일.

75 강준만, 「왜 1퍼센트의 사람들이 전체 조직을 뒤흔들 수 있는가?: 1퍼센트 법칙」, 『독선 사회: 세상을 꿰뚫는 50가지 이론 4』(인물과사상사, 2015), 260~265쪽 참고.

76 정진석, 『언론과 한국현대사』(커뮤니케이션북스, 2001), 434쪽.

77 정철운, 「조선일보·한겨레, 20년간 보수·진보 정파 보도 늘었다」, 『미디어오늘』, 2015년 1월 21일.

78 강준만, 「왜 세상은 날이 갈수록 갈갈이 찢어지는가?: 사이버발칸화」, 『생각의 문법: 세상을 꿰뚫는 50가지 이론 3』(인물과사상사, 2015), 333~338쪽 참고.

79 유창선, 「성찰 없는 괴물이 되어버린 진보」, 『주간경향』, 제1128호(2015년 6월 2일).

80 이철희, 「486의 침묵과 염태영·이재명의 도전」, 『경향신문』, 2015년 5월 19일.

81 송채경화, 「한겨레 기자, 새누리당 출입하더니 변했다?」, 『한겨레』, 2012년 12월 27일.

82 강준만, 『증오 상업주의: 정치적 소통의 문화정치학』(인물과사상사, 2013), 199~242쪽 참고.

83 강준만, 「왜 진보의 최대 약점은 도덕인가?: 민주당의 도덕과 새누리당의 도덕」, 『싸가지 없는 진보: 진보의 최후 집권전략』(인물과사상사, 2014), 175~204쪽.

제4장 왜 친노와 비노는 엉뚱한 싸움에 힘을 탕진하는가?

1 강준만, 「지방의 '내부식민지화'를 고착시키는 일상적 기제: '대학-매체-예산'의 트라이앵글」, 『사회과학연구』(강원대학교 사회과학연구원), 54집 2호(2015), 113~147쪽.

2 이 진단은 한국에서 10년 가까이 외교관으로 지낸 미국 정치학자 그레고리 핸더슨(Gregory Henderson)의 말이다. 최장집, 『민주화 이후의 민주주의: 한국 민주주의의 보수적 기원과 위기』(후마니타스, 2002), 27쪽.

3 김만흠, 「한국 지방정치의 특성: 중앙집중의 소용돌이와 지방정치의 빈곤」, 『사회과학연구』(강원대학교 사회과학연구원), 45집 2호(2006), 19쪽.

4 마누엘 카스텔(Manuel Castells)은 중남미의 도시화를 '종속적 도시화'라는 개념으로 설명했다. 남미의 도시 형태는 남미에서 생산된 잉여가치를 착취하는 과정에서 잉여가치의 송출구 역할을 함으로써 유래되었다는 것이다. 이러한 논의의 연장선상에서 1960~1970년대 남미에서 '내부식민지(internal colony)' 또는 '내적식민지' 이론이 대두되었다. '제4의 식민지(the 4th colony)', '식민지 속의 식민지(colonies within colonies)', '식민지 없는 식민주의'라고도 한다. Michael Hechter, 『Internal Colonialism: The Celtic Fringe in British National Development, 1536-1966』(Berkeley: University of California Press, 1975), pp.8~10; Norrie MacQueen, 『Colonialism』(Harlow, UK: Pearson, 2007), p.xv; 위르겐 오스터함멜(Jürgen Osterhammel), 박은영·이유재 옮김, 『식민주의』(역사비평사, 2003/2006), 35쪽; 강명구, 「도시 및 지방정치의 정치경제학」, 한국공간환경연구회 엮음, 『한국공간환경의 재인식』(한울, 1992), 141~167쪽; 우석훈, 『촌놈들의 제국주의: 한·중·일을 위한 평화경제학』(개마고원, 2008), 146쪽.

5 크리스 헤지스(Chris Hedges), 노정태 옮김, 『진보의 몰락: 누가 진보를 죽였는가』(프런티어, 2010/2013), 318쪽.

6 이 세미나에 토론자로 참석한 브루노 베텔하임(Bruno Bettelheim)은 블라우너의 주장에 분노를 터뜨리면서 블라우너가 폭력을 정당화하고 파시즘으로 가는 길을 여는 주장을 하고 있다고 맹비난했지만, 그의 주장은 적잖은 호응을 얻었다. Bob Blauner, 『Still the Big News: Racial Oppression in America』(Philadelphia: Temple University Press, 2001), p.64.

7 강현수, 「지역발전이론의 전개과정과 최근 동향: 재구조화 접근과 유연성 테제를 중심으로」, 한국공간환경학회 엮음, 『새로운 공간환경론의 모색』(한울아카데미, 1995), 126~127쪽.

8 예컨대, 황태연은 이 분야의 고전이 된 마이클 헤치터(Michael Hechter)의 『내부식민주의론(Internal

Colonialism)』(1975)이 종속이론의 한계를 그대로 반영하고 있다는 비판을 다음과 같이 반박한다. "헤치터의 내부식민지론의 핵심은 생산양식의 혼재 및 절대적 궁핍화 메커니즘에 있는 것이 아니라 산업화 과정에서 특정 지역의 상대적 소외로 생겨나는 '문화적 수직분업' 체계 안에서 하층에 집중되는 소외지역 주민들의 직업, 이에 따른 소득의 상대적 저수준 및 권력과 영예의 불평등(문화적, 사회적, 정치적 지역차별), 이로 인한 지역적 정체감과 저항의 생성이다. 따라서 헤치터의 내부식민지론은 대내적으로 뒤집혀 적용된 기존의 종속이론 또는 식민주의론이 아니라 이 이론들과 증후군적 유사성을 갖지만 그럼에도 불구하고 독자적인 이론체계로 이해되어야 한다." 황태연, 「지역패권의 나라」(무당미디어, 1997), 126~127쪽.

9   하승우, 「지역정치에 부족한 것은 연대」, 『역사비평』, 2013년 2월, 137쪽.

10   민경희, 『미국 이민의 역사: 이론과 실제』(개신, 2008), 198쪽.

11   David Walls, 「Central Appalachia: Internal Colony or Internal Periphery?」, H. Matthews, L. Johnson & D. Askinds, eds. 『Colonialism in Modern America: The Appalachian Case』 (Boone, NC: Applachian Consortium Press).

12   최장집, 「지역정치와 분권화의 문제」, 한국지역사회학회, 『지역사회연구』, 제9권 제1호(2001년 6월), 6쪽.

13   로버트 루트번스타인(Robert Root-Bernstein) · 미셸 루트번스타인(Michèle Root-Bernstein), 박종성 옮김, 『생각의 탄생』(에코의서재, 1999/2007), 198쪽.

14   로저 실버스톤(Roger Silverstone)은 '낯설게 하기'의 필요성에 대해 이렇게 말한다. "낯설게 하기의 과정이란, 당연히 여겨지는 것에 도전하는 것, 의미의 표면 너머를 파헤치는 것, 명백한 것과 문자적인 것, 단일한 것을 거부하는 것이다. 낯설게 하기의 과정에서 단순한 것은 복잡해지고 명백한 것은 불투명해진다. 마치 그림자 위로 비춰지면 바라보는 각도에 상관없이 그림자가 사라져 버리는 것처럼." 로저 실버스톤(Roger Silverstone), 김세은 옮김, 『왜 미디어를 연구하는가?』(커뮤니케이션북스, 1999/2009), 22쪽.

15   이와 관련, 우석훈은 내부식민지 이론을 거론하면서 "한국처럼 수도권이 모든 지역 위에 군림하며 경제적 성과의 가장 고급스럽고 풍요로운 과실들을 전부 가져가는 경우는 별로 없다. 프랑스의 파리, 일본의 도쿄 같은 곳들이 수도의 집중 현상이 두드러지는 경우지만, 그 어떤 경우도 인구의 절반 이상이 수도권에 집중되어 있는 한국과는 비교도 안 된다"고 말한다. 재미교포로 국제 컨설팅기업 베인앤컴퍼니코리아의 대표인 이성용의 증언은 더욱 실감난다. "내가 미국에 있었을 때는 사업상 미국 전역을 여행할 기회가 잦았다. 고객이나 공급업자들과 간단한 인터뷰를 하려 해도 각각 다른 도시들을 찾아다녀야 했기 때문이다. 일주일에 5일 정도는 길에서 보냈다고 해도 과언이 아니다. 그러나 한국에 오고 난 뒤, 국내 여행 횟수는 거의 제로에 가까워졌다. 모든 것이 서울에 위치해 있고 모든 비즈니스들이 서울에서 행해진다. 아주 드물게 고객의 공장이 있는 울산을 찾아가는 것을 빼면, 필요한 정보들 대부분은 서울에서 쉽게 이용할 수 있다. 실제로 한국의 대기업 중에서 본사를 서울 외곽에 둔 곳은 하나도 없다. 50대 기업 중에서 어느 한 곳도 서울을 벗어나지 않는 것이다! 세계 어느 나라에서도 그토록 한 도시에 심각하게 집중하는 현상은 본 적이 없다. 서울 과다 집중현상은 이미 위험수위에 다다랐고, 수많은 사회적 문제들을 낳고 있다." 우석훈, 『촌놈들의 제국주의: 한 · 중 · 일을 위한 평화경제학』(개마고원, 2008), 146쪽; 이성용, 『한국을 버려라: 한국, 한국인이 살아남을 수 있는 길』(청림출판, 2004), 180쪽.

16   이상록 · 백학영, 「한국사회 빈곤구조의 지역 편차 분석: 수도권과 지방의 빈곤 격차를 중심으로」, 『한국사회복지학』, 제60권 제4호(2008), 205~230쪽; 김효정, 「'지방충'이라니…서울-지방 출신 삶의 격차 갈수록 커져」, 『주간조선』, 제2305호(2014년 5월 5일).

17   지역 간 경제적 불평등의 감소 추세를 전제로 하는 근대화론적 전파이론(diffusion theory)과 달리 내부

식민지 이론은 지역 간 경제적 불평등이 지속되거나 때로는 심화될 수도 있다고 본다. 황태연, 「내부식민지와 저항적 지역주의」, 『한·독사회과학논총』, 제7호(1997), 17~18쪽.

18 강준만, 「왜 경부고속도로가 지역주의를 악화시켰나?: 경로의존」, 『우리는 왜 이렇게 사는 걸가?: 세상을 꿰뚫는 50가지 이론 2』(인물과사상사, 2014), 291~296쪽 참고.

19 2015년 11월 한국건강증진개발원의 '시·도별 지역 보건 취약 지역 보고서'에 따르면 서울의 보건 수준은 지방에 비해 압도적으로 높았다. 수도권에서 진료를 받는 지방 환자는 2004년 180만 명에서 2013년 270만 명으로 50퍼센트 늘었으며, 진료비는 2004년 9,513억 원에서 2013년 2조 4,817억 원으로 161퍼센트나 증가했다. 전국 시·군·구 가운데 분만이 가능한 산부인과 병·의원이 없는 곳은 전남 10곳, 경북·경남 각 9곳, 전북·충북 각 6곳 등 55곳에 이른다. 산모(産母)가 출산과 관련해 사망하는 비율인 모성 사망비는 어떤가. 강원도의 모성 사망비는 2007년만 해도 서울의 3배를 조금 넘는 수준이었으나, 2013년엔 10만 명당 27.3명을 기록해 서울(5.9명)의 4.6배에 달했다. 강원도만 떼어놓고 보면 40년 전인 1970년대 우리나라 전체 모성 사망비와 맞먹어 "후진국만도 못한 강원 산모 사망률"이라는 말까지 나오고 있는 실정이다. 김병규, 「한국건강증진개발원 보고서…전남·전북·경북·경남 순 '열악'」, 『연합뉴스』, 2015년 11월 3일; 권순재, 「지방 환자 '상경 진료' 갈수록 는다」, 『경향신문』, 2014년 10월 15일; 「사설」 후진국만도 못한 강원 産母 사망률, 우리가 여기까지 왔나」, 『조선일보』, 2015년 5월 18일.

20 「사설」 자치 단체장은 중앙 정치 식민지 벗어나라」, 『중앙일보』, 2014년 6월 6일.

21 민형배, 『내일의 권력』(단비, 2015), 133쪽.

22 「사설」 지방의원 수 늘린 정치권의 후안무치」, 『중앙일보』, 2014년 2월 3일; 전상인, 「지방선거에 지방(地方)이 없다」, 『조선일보』, 2014년 2월 26일.

23 「사설」 기업의 문화예술 기부금, 수도권 편중 재고해야」, 『경향신문』, 2014년 10월 25일.

24 이에 대해 김정호는 "바른 대접을 받기 위해 학자도 학생도 기술자도 노래꾼도 서울로 몰려가 지방에는 인재 공동(空洞) 현상이 빚어졌다. 공연장은 있어도 공연할 사람이 없다. 지방의 재주꾼은 모조리 '서울제국'이 징용해갔다"고 했다. 포항에서 활동하는 소설가 손춘익은 문인이 등단 이후 서울에 살아야만 할 이유에 대해 이렇게 말한다. "그래야만 드디어 신문, 잡지에도 자주 이름이 실리고 또 이따금 TV에도 얼굴을 내밀고 라디오에도 등장해 전국 방방곡곡에 목소리를 전파하게 된다. 그렇게 되면 차츰 사회적 교류도 활발해져 몽매에도 그리던 명예도 얻게 되고 또 호구지책 정도는 염려하지 않아도 된다. 그뿐만 아니라 혹시 금시발복하여 베스트셀러 작가군에 끼어들거나 광고 모델로 등장을 하는 경우에는 단연 사회적 명사로 각광 타는 경우도 가능한 것이 요즘 세상이다. 게다가 문학상도 거푸 타게 되고 또 신춘문예를 비롯한 각종 신인 추천의 심사위원으로도 활약을 하게 된다. 명색이 이름이 날 만한 문인은 물론 무명의 야심가들마저 사생결단을 하듯 서울 시민으로 행세를 하려 드는 소이연은 이 밖에도 쌔고 쌨는지 모른다. 요컨대 서울 문인이 되지 않고서는 그가 아무리 출중한 문학적 역량을 지녔다고 할지라도 일단 문단 권외로 물러나 있을 수밖에 없는 것이 우리 문단의 현실이다." 김정호, 『서울제국과 지방식민지』(지식산업사, 1991), 105~107쪽; 손춘익, 「지방자치 시대, 지역문학을 다시 본다: 지역문학의 현실과 전망·포항」, 『실천문학』, 제40권(1995년 겨울), 251쪽.

25 심지어 서강대에선 총학생회 공식 커뮤니티 '서담' 내 익명 게시판에 "지잡대 가도 훈남 이상은 돼야 여자랑 살 섞는다", "차라리 지잡대 여자와 소개팅을 해라. 학벌을 따지256 혹하는 여자들 많다"는 글이 올라와 논란이 일기도 했다. 박용하, 「서강대 '성희롱성 오리엔테이션' 물의」, 『경향신문』, 2015년 3월 11일. 언론이 진보적 음악밴드로 소개하는 중식이밴드의 〈아기를 낳고 싶다니〉란 노래 기사의 지방대 비하도 기가 막히다. "아기를 낳고 싶다니, 그 무슨 말이 그러니……나는 고졸이고 너는 지방대야, 계산을 좀 해봐, 너랑 나 지금 먹고살기도 힘들어……".

26 질 들뢰즈(Gilles Deleuze) · 펠릭스 가타리(Felix Guattari), 최명관 옮김, 『앙띠 오이디푸스: 자본주의와 정신분열증』(민음사, 1972/1997), 291~388쪽.

27 슬라보예 지젝(Slavoj Zizek), 정영목 옮김, 『지젝이 만난 레닌』(교양인, 2002/2008), 485쪽.

28 존 톰린슨(John Tomlinson), 김승현 · 정영희 옮김, 『세계화와 문화』(나남, 1999/2004), 154쪽.

29 D. G. Becker, 「Development, Democracy and Dependency in Latin America: A Post-Imperialist View」, 『Third World Quarterly』, 6:2(1984), pp.411~431; B. Berberoglu, 「The Controversy over Imperialism and Capitalist Industrialisation: Critical Notes on the Dependency Theory」, 『Journal of Contemporary Asia』, 14:4(1984), pp.399~407; C. Wilbur, ed., 『The Political Economy of Development and Underdevelopment』, 3rd ed.(New York: Random House, 1984).

30 류장수, 「지역 인재의 유출 실태 및 결정요인 분석」, 『지역사회연구』, 제23권 제1호(2015년 3월), 17쪽.

31 김창영, 「6 · 4 지방선거 신규 당선자 재산 공개…신임 시 · 도지사 전원 수도권에 부동산 소유」, 『경향신문』, 2014년 10월 1일; 백성일, 「전주의 불편한 진실」, 『전북일보』, 2015년 4월 13일; 김영석, 「국회의원들의 여전한 강남 사랑?"」 3명 중 1명, 강남 3구에 부동산 보유」, 『국민일보』, 2015년 3월 27일; 한윤지, 「지역구엔 전세 살면서…강남 3구 집 산 국회의원 31명」, 『JTBC뉴스』, 2015년 3월 27일.

32 「사설」 '돈 봉투'를 한나라당 간판 삼을 셈인가」, 『국민일보』, 2008년 7월 21일; 김주완, 『토호세력의 뿌리』(불휘, 2005); 김주완, 「지방의 권력구조와 토호세력」, 『황해문화』, 69호(2010년 겨울), 84~103쪽; 이국운, 「행정수도 이전 찬반론의 함정들: 분권화 속에 숨어 있는 중앙과 지방의 동맹」, 『당대비평』, 27호(2004), 166쪽.

33 강준만, 「왜 풍년이 들면 농민들의 가슴은 타들어 가는가?: 구성의 오류」, 『생각의 문법: 세상을 꿰뚫는 50가지 이론 3』(인물과사상사, 2015), 271~276쪽 참고.

34 김현주, 『입시가족: 중산층 가족의 입시 사용법』(새물결, 2013), 111쪽.

35 김현주, 『입시가족: 중산층 가족의 입시 사용법』(새물결, 2013), 188~191쪽.

36 강준만, 「왜 연세대엔 '카스트제도'가 생겨났을까?: 신호 이론」, 『생각의 문법: 세상을 꿰뚫는 50가지 이론 3』(인물과사상사, 2015), 300~306쪽; 강준만, 「왜 기업들은 1초에 1억 5,000만 원 하는 광고를 못해 안달하는가?: 값비싼 신호 이론」, 『생각의 문법: 세상을 꿰뚫는 50가지 이론 3』(인물과사상사, 2015), 307~312쪽 참고.

37 박명진 편, 『비판커뮤니케이션과 문화이론: 기본 개념과 용어』(나남, 1989), 344쪽.

38 투명가방끈, 『우리는 대학을 거부한다: 잘못된 교육과 사회에 대한 불복종선언』(오월의봄, 2015), 80쪽.

39 양돌규, 「지방대생 '친구' 이야기」, 『당대비평』, 27호(2004), 148쪽.

40 박권일, 「끔찍하다, 그 솔직함」, 『시사IN』, 제45호(2008년 7월 26일), 89면.

41 오찬호, 『우리는 차별에 찬성합니다: 괴물이 된 이십대의 자화상』(개마고원, 2013), 108쪽.

42 최은정, 「될성부른 떡잎들만을 위한 세상: 명품교육도시 K 군에서 보낸 비교육적 나날들」, 오늘의교육편집위원회 엮음, 『교육불가능의 시대』(교육공동체벗, 2011), 164~171쪽; 홍석준, 「'지방대'에서 바라본 서울중심주의」, 『당대비평』, 27호(2004), 125~143쪽.

43 이해석, 「서울대 합격하면 1,500만 원」, 『중앙일보』, 2005년 12월 20일.

44 박수진, 「'인재숙'은 지방 교육의 숙명인가」, 『한겨레21』, 제690호(2007년 12월 20일).

45 이와 관련, 한림대학교 사회조사연구소 소장 성경융은 "현재 지방대학에 있는 사회과학자들은 서울 등 외지에서 간 사람들이거나 현지 출신이라도 어릴 때 고향을 떠났다가 다시 돌아간 사람이 대부분"이라며 "이들은 현지에 소속감을 느끼지 못하고 평생을 서울만 바라보며 사는 사람들이 많다"고 말했다. 동

아대학교 국문과 교수 권명아는 "지방대 교수들끼리는 매사 너무 지나치게 열심인 동료를 두고 '그 사람 요즘 편입 준비하나보다'라며 냉소적으로 이야기하곤 한다. 기회만 되면 서울로 '유턴'하는 지방대 교수들의 풍토를 보여주는 씁쓸한 사례이다. 지방을 서울로 유턴하기 위한 반환점 정도로 생각하는 대표적 집단이 교수와 정치인이다"며 다음과 같이 말한다. "이들에게 지방은 서울로 '돌아가기' 위해 업적을 쌓는 거점일 뿐, 돌보고 지키고 함께 살아가는 터전이 아니다. 이들이 쌓은 업적도 결국 서울로 돌아가기 위한 목적에 부응하는 일일 뿐 지방을 돌보는 일과는 전혀 관계가 없다. 이들을 '유턴족'이라고 불러도 좋겠다. 교수나 정치인이 '유턴족'들이 지방에 와서 하는 일은 주로 서울로 '돌아가기' 위한 유턴 정치뿐이다.……유턴 정치는 모두 서울 중심주의의 결과이지만, 교수의 유턴이 학벌 사회와 관련된다면 정치인의 유턴은 지역 자치가 불가능한 정치 구조에서 비롯된다. 그리고 이런 구조가 변화되지 않는 한 선거는 결국 지방을 피폐하게 만들 뿐이다." 예전에 경기도에 있는 수도권 지역의 대학들을 '화수목 대학'이라고 했다. 교수, 직원, 학생 할 것 없이 월요일 오후나 화요일 오전에 출근 또는 등교하여 목요일 오후가 되면 서울로 모두 떠나 텅 빈 대학 캠퍼스를 풍자한 말이었다. 심지어 서울을 오가는 열차 안에서 교양강의 수업을 한다는 뉴스도 있었다. 2015년 전주대학교 사회복지학과 교수 윤찬영은 '화수목 대학'의 그런 현실을 거론하면서 비수도권 지방대학의 사정도 크게 다르지 않다고 말한다. "대개 목요일 오후가 지나면 대학은 파장 분위기다. 지역 대학의 교수 중 수도권 거주자들도 많다. 대개 중요한 회의나 모임은 화요일과 수요일에 집중된다. 월요일은 그분들이 내려오는 날이니 피하고, 목요일은 올라가야 하니 피하다 보면 주로 화요일과 수요일이 번잡해진다. 몇 년 전에 전주에 있는 국립대학이 익산의 국립대학과 통합할 때, 수도권에 집을 둔 교수가 KTX로 출근하거나 주중에 집에 다녀오기 위해서 익산 캠퍼스로 발령 요청을 했다는 일화가 한창 회자되었다. 사실 여부는 알 수 없었지만 참으로 기가 막힌 이야기였다. 이제 고속철이 완공되어 개통되니 수도권에서 내려오는 교수들에게는 호재가 아닐 수 없다. 30년을 지역 대학에 봉직해도 지역 사람이 아닌 분들이다." 신연수, 「지역문제 연구 '서울 쳐다보기' 심하다」, 『동아일보』, 1993년 10월 12일, 14면; 권명아, 「무상급식과 유턴 정치」, 『한겨레』, 2014년 11월 20일; 윤찬영, 「고속철 개통과 지역 대학」, 『열린전북』, 제187호(2015년 4월), 10쪽.

46 김교영, 「지방은 내부식민지인가?」, 『매일신문』, 2013년 11월 20일. 그러나 서울로 옮겨가려는 교수 개인을 탓하는 건 옳지 않은 것 같다. 지방 이전 대상인 국책연구기관 직원들 중 2009년에서 2013년까지 5년간 사표를 낸 사람은 524명에 이르는데, 이들 중 절반 이상이 "지방 가기 싫다"는 이유로 사표를 낸 것으로 추정된다. 이는 무엇을 말하는가? '인 서울' 이데올로기가 웬만해선 거부하기 어려운 한국적 삶의 문법으로까지 자리 잡았다는 걸 말해주는 게 아닐까? 최준호, 「"지방 가기 싫다" 사표 내는 국책연구기관 직원들」, 『중앙일보』, 2013년 10월 21일.

47 강준만, 「왜 혁신은 대도시에서 일어나는가?: 네트워크 효과」, 『생각의 문법: 세상을 꿰뚫는 50가지 이론 3』(인물과사상사, 2015), 279~284쪽 참고.

48 이기석, 「연구혁신타운으로 청년실업 해결하자」, 『매경이코노미』, 2015년 9월 9일.

49 토니 슈와르츠(Tony Schwartz, 1923~2008)는 자신들 스스로의 미디어를 갖지 못한 지역에 사는 사람들은 텔레비전에서 삶의 정체성(正體性)의 결핍을 발견한다며 이렇게 말한다. "시골에 사는 사람들이 네트워크 방송국이 있는 대도시 사람들의 문제를 그들의 문제로 인식한다는 것이다. 전국의 대도시에서 폭동이 일어났을 때, 도시 사람들이 대처하고 있는 문제들이 지방과 전국방송에 보도되자 대도시에 살지 않는 사람들도 똑같은 문제에 대해 걱정한다는 것이 조사에 의해 밝혀졌다. 유타 같은 주에서도 사람들은 실제 그들과 상관없는 대도시의 문제를 놓고 씨름한다. 그들은 그들 삶의 실제보다 미디어를 통해 부딪친 문제들을 해결하려 노력했다. 더욱이 그 문제들에 대한 그들의 고민의 깊이는 미디어 보도의 양과 동일한 비율이었고 도시 거주자들의 고민과 비슷했다." 토니 슈와르츠(Tony Schwartz), 심길중

옮김, 『미디어 제2의 신』(리을, 1982/1994), 132~133쪽.

50 이영만, 「종편 특혜 절반, 지역방송에 쏟았다면…[기획] 2기 방송통신위원회 무엇을 했나 ②」, 『피디저
   널』, 2014년 3월 21일.

51 문종대·안차수, 「디지털 구조조정 시대의 지역신문 생존전략」, 『언론학연구』, 제17권 제2호(2013), 48쪽.

52 차재영, 「지역신문과 지역공동체의 구축: 충북 옥천지역 사례를 중심으로」, 『언론과학연구』, 제8권 제4
   호(2008), 592~627쪽; 이영원, 「지역특성에 따른 지역정체성과 지역만족도에 대한 연구: 전주, 무주 지
   역을 중심으로」, 『사회과학연구』(강원대학교 사회과학연구원), 49집 2호(2010), 251~277쪽.

53 마틴 셀리그먼(Martin E. P. Seligman), 우문식·최호영 옮김, 『낙관성 학습』(물푸레, 2006/2012),
   51~52쪽; 강준만, 「왜 여성이 남성보다 우울증에 많이 빠지는가?: 학습된 무력감」, 『우리는 왜 이렇게
   사는 걸까?: 세상을 꿰뚫는 50가지 이론 2』(인물과사상사, 2014), 171~176쪽 참고.

54 전상인, 「옮긴이의 글」, 제임스 스콧(James C. Scott), 전상인 옮김, 『국가처럼 보기: 왜 국가는 계획에
   실패하는가』(에코리브르, 1998/2010), 657~660쪽.

55 하승우, 「지역정치에 부족한 것은 연대」, 『역사비평』, 2013년 2월, 137쪽.

56 William Greider, 『The Soul of Capitalism: Opening Paths to a Moral Economy』(New York:
   Simon & Schuster, 2003), p.52.

57 김혜영, 「광주시민단체들 "안철수당 행태, 광주정신에 역행"」, 『뷰스앤뉴스』, 2016년 1월 17일 댓글.

58 강준만, 「야당 내분이 이종격투기인가?」, 『한겨레』, 2015년 12월 14일 댓글.

59 송경화, 「지자체 서울사무소 '뛰어야 산다': "재정 열악, 정부 예산 한 푼이라도 더…"」, 『한겨레』, 2008
   년 11월 27일; 김연근, 「2009년을 노래하기 위한 아름다운 예산 만들기」, 『새전북신문』, 2008년 11월
   24일.

60 정환보·구교형, 「공무원 앞에서 "깡패" "양아치" 여야 설전…예산소위 회의장 풍경」, 『경향신문』, 2014
   년 11월 18일; [사설] 국회 예산小委서 벌어지는 막가파 행태들」, 『조선일보』, 2015년 11월 18일; 「[사
   설] 언제까지 국회 예결위를 복마전으로 둘 것인가」, 『한겨레』, 2015년 11월 20일.

61 정광모, 『또 파? 눈먼 돈, 대한민국 예산: 256조 예산을 읽는 14가지 코드』(시대의창, 2008), 111쪽.

62 김진각, 「교육관료 사립대행 퇴직 보너스?」, 『한국일보』, 2004년 10월 1일, A8면; 강창욱, 「교육계도 전
   관예우: 대학들 "퇴직 교육관료 모셔라" 경쟁적 러브콜」, 『국민일보』, 2008년 12월 25일, 1면.

63 김대기, 『덫에 걸린 한국경제』(김영사, 2013), 34쪽.

64 마스다 히로야(增田寬也), 김정환 옮김, 『지방소멸: 인구감소로 연쇄 붕괴하는 도시와 지방의 생존전략』
   (와이즈베리, 2014/2015).

65 유성운·박병현, 「청·장년 귀농 인센티브 늘리고 노인과 일촌 맺기 필요」, 『중앙일보』, 2015년 11월 5
   일; 유성운·손국희, 「25년 뒤 충남, 마을 351개 사라진다」, 『중앙일보』, 2015년 11월 5일.

66 칩 히스(Chip Heath)·댄 히스(Dan Heath), 안진환 옮김, 『스위치: 손쉽게 극적인 변화를 이끌어내는
   행동설계의 힘』(웅진지식하우스, 2010), 209쪽.

67 존 스페이드(Jon Spayde)·제이 월재스퍼(Jay Walljasper), 원재길 옮김, 『틱낫한에서 촘스키까지: 더
   실용적이고 창조적인 삶의 전망』(마음산책, 2001/2004), 148쪽.

68 이세영, 「"김종인 영입, 노무현 대통령도 동의 안 했을 것" 안철수, 긍정 평가 하루 만에 뒤집고 비판 나
   서」, 『한겨레』, 2016년 1월 20일 댓글.

69 이민원, 『지방이 블루오션이다』(문화유람, 2006), 123~134쪽.

70 잭 트라우트(Jack Trout)·알 리스(Al Ries), 『보텀업 마케팅: 한계상황을 돌파하는 현장 전술의 힘』(다
   산북스, 1995/2012), 19쪽.

맺는말 열정의 평준화가 필요하다

1 조미덥, 「유시민 "대통령 나라 팔아먹어도 35%는 지지"」, 『경향신문』, 2016년 1월 6일.
2 2016년 1월 8일 나의 '글쓰기 특강'에 제출된 「그것은 기우가 아니다」라는 제목의 글이다.
3 폴 블룸(Paul Bloom), 문희경 옮김, 『우리는 왜 빠져드는가?: 인간 행동의 숨겨진 비밀을 추적하는 쾌락의 심리학』(살림, 2010/2011), 40~41쪽.
4 엘리엇 애런슨(Elliot Aronson), 박재호 옮김, 『인간, 사회적 동물: 사회심리학에 관한 모든 것』(탐구당, 2012/2014), 228~229쪽; 나은영, 『행복 소통의 심리』(커뮤니케이션북스, 2013), 54쪽.
5 피트 런(Pete Lunn), 전소영 옮김, 『경제학이 숨겨온 6가지 거짓말: 인간의 마음을 보지 못한 경제학의 오류』(흐름출판, 2008/2009), 154쪽.
6 David Berreby, 『US & THEM: The Science of Identity』(Chicago: University of Chicago Press, 2008); Frances E. Lee, 『Beyond Ideology: Politics, Principles, and Partisanship in the U.S. Senate』(Chicago: University of Chicago Press, 2009); Bruce Rozenblit, 『Us Against Them: How Tribalism Affects the Way We Think』(Kansas City, MO: Transcendent Publications, 2008).
7 개드 사드(Gad Saad), 김태훈 옮김, 『소비 본능: 왜 남자는 포르노에 열광하고 여자는 다이어트에 중독되는가』(더난출판, 2011/2012), 168쪽; 강준만, 「왜 정치적 편향성은 '이익이 되는 장사'일까?: 적 만들기」, 『우리는 왜 이렇게 사는 걸까?: 세상을 꿰뚫는 50가지 이론 2』(인물과사상사, 2014), 97~104쪽 참고.
8 엘리엇 애런슨(Elliot Aronson), 박재호 옮김, 『인간, 사회적 동물: 사회심리학에 관한 모든 것』(탐구당, 2012/2014), 229쪽.
9 클로드 스틸(Claude M. Steele), 정여진 옮김, 『고정관념은 세상을 어떻게 위협하는가: 정체성 비상사태』(바이북스, 2010/2014), 105~107쪽; 강준만, 「왜 지능의 유연성을 믿으면 학업성적이 올라가는가? 고정관념의 위협」, 『독선 사회: 세상을 꿰뚫는 50가지 이론 4』(인물과사상사, 2015), 141~146쪽 참고.
10 엘리엇 애런슨(Elliot Aronson)·캐럴 태브리스(Carol Tavris), 박웅희 옮김, 『거짓말의 진화: 자기정당화의 심리학』(추수밭, 2007), 67~68쪽.
11 엘리엇 애런슨(Elliot Aronson)·캐럴 태브리스(Carol Tavris), 박웅희 옮김, 『거짓말의 진화: 자기정당화의 심리학』(추수밭, 2007), 68~69쪽.
12 데이비드 브룩스(David Brooks), 이경식 옮김, 『소셜 애니멀: 사랑과 성공, 성격을 결정짓는 관계의 비밀』(흐름출판, 2011), 456~457쪽; Donald Green et al., 『Partisan Hearts and Minds: Political Parties and the Social Identities of Voters』(New Haven, Conn.: Yale University Press, 2002), pp.204~229.
13 로버트 스턴버그(Robert J. Sternberg)·카린 스턴버그(Karin Sternberg), 김정희 옮김, 『우리는 어쩌다 적이 되었을까?』(21세기북스, 1998/2010), 196쪽.
14 수전 그린필드(Susan Greenfield), 이한음 옮김, 『마인드 체인지: 디지털 기술은 우리의 뇌에 어떤 흔적을 남기는가』(북라이프, 2015), 334쪽.
15 찰스 핸디(Charles Handy), 이종인 옮김, 『코끼리와 벼룩: 직장인들에게 어떤 미래가 있는가』(생각의나무, 2001), 235쪽.
16 Eric Hoffer, 『The True Believer: Thoughts on the Nature of Mass Movements』(New York: Harper & Row, 1951/2010), p.98.
17 Eric Hoffer, 『The True Believer: Thoughts on the Nature of Mass Movements』(New York:

Harper & Row, 1951/2010), pp.7, 38; 톰 버틀러 보던(Tom Butler-Bowdon), 이정은 옮김, 『내 인생의 탐나는 심리학 50』(흐름출판, 2007/2008), 87~90쪽.

18 에릭 호퍼(Eric Hoffer), 이민아 옮김, 『맹신자들: 대중운동의 본질에 관한 125가지 단상』(궁리, 1951/2011), 137~143쪽.

19 톰 버틀러 보던(Tom Butler-Bowdon), 이정은 옮김, 『내 인생의 탐나는 심리학 50』(흐름출판, 2007/2008), 91쪽.

20 에릭 호퍼(Eric Hoffer), 이민아 옮김, 『맹신자들: 대중운동의 본질에 관한 125가지 단상』(궁리, 1951/2011), 14쪽.

21 진덕규, 「대중운동론(에릭 호퍼 지음)」, 권혁소 외, 『현대사조의 이해 (III)』(평민사, 1984), 169~170쪽.

22 Eric Hoffer, 『The True Believer: Thoughts on the Nature of Mass Movements』(New York: Harper & Row, 1951), pp.83~84. 호퍼는 자서전에선 "증오가 정당한 불평보다는 자기 경멸에서 솟아난다는 것은 증오와 죄의식의 밀접한 관계에서 드러난다"고 말한다. 에릭 호퍼(Eric Hoffer), 방대수 옮김, 『길 위의 철학자』(이다미디어, 1983/2014), 157쪽.

23 Eric Hoffer, 『The Passionate State of Mind』(New York: Perennial Library, 1955), p.123.

24 Maxwell Taylor, 『The Fanatics: A Behavioural Approach to Political Violence』(London: Brassey's, 1991), pp.37~56.

25 Robert Wright, 「Eisenhower's Fifties」, 『The Antioch Review』, 38(Summer 1980), pp.277~290.

26 로버트 퍼트넘(Robert D. Putnam)·데이비드 캠벨(David E. Campbell), 정태식 외 옮김, 『아메리칸 그레이스: 종교는 어떻게 사회를 분열시키고 통합하는가』(페이퍼로드, 2010/2013), 343~344쪽.

27 1991년 4월 26일, 학원자주화 투쟁에 참여한 명지대학교 경제학과 1학년 학생 강경대가 백골단 소속 사복경찰에게 쇠파이프로 구타당해 사망하는 사건이 발생한 이후 어떤 일이 벌어졌던가? 이날부터 강경대의 유해가 광주 망월동 묘역에 묻히기까지 25일간 한국은 대혼란의 수렁으로 빠져들었다. 4월 29일엔 전남대생 박승희가 '강경대 치사 사건 규탄과 공안통치 분쇄를 위한 범국민대회' 중에 분신했고(5월 19일 사망), 5월 1일에는 안동대생 김영균이(5월 2일 사망), 그리고 3일에는 경원대생 천세용이(5월 3일 사망), 8일에는 전민련 사회부장 김기설이 서강대 옥상에서 유서를 남기고 분신하는 등 모두 11명의 목숨이 사라져 갔다. 신윤동욱, 「"우리의 시대는 저물지 않았다"」, 『한겨레21』, 2001년 5월 3일, 12면; 이상락, 「장학·무료진료 복지법인 설립한 故 강경대 군 아버지 강민조: '아들 이름으로 살아온 8년 세월'」, 『신동아』, 1999년 4월호, 513, 518쪽.

28 캐서린 문, 「한국 민족주의의 열정과 과잉」, 김동춘 외, 『불안의 시대 고통의 한복판에서: 당대비평 2005 신년특별호』(생각의나무, 2005), 187쪽.

29 정우상, 「"사이버 정치 너무 심한 것 아냐": 인터넷 최대 수혜자 여당 안에서 우려 목소리」, 『조선일보』, 2005년 5월 14일.

30 양정대, 「여야, 외곽단체 언어폭력 '몸살'」, 『한국일보』, 2005년 5월 14일.

31 양상훈, 「"친노와 친박을 심판하는 선거"」, 『조선일보』, 2015년 12월 31일.

32 Russell Brooker & Todd Schaefer Brooker, 『Public Opinion in the 21st Century: Let the People Speak?』(New York: Houghton Mifflin Co., 2006), p.264.

33 최장집, 『노동 없는 민주주의의 인간적 상처들』(폴리테이아, 2012), 119~120쪽.

34 Morris P. Fiorina et al., 『Culture War?: The Myth of a Polarized America』 3rd ed.(New York: Longman, 2011), pp.202~206.

35 류태건, 「참여정부식 참여민주주의를 비판한다」, 『월간 인물과사상』, 2005년 1월, 208~219쪽.

36 위문희, 「더민주 뉴파티 위원회의 '거부 10계명'」, 『중앙일보닷컴』, 2016년 1월 26일 댓글.

37 이철희, 「486의 침묵과 염태영·이재명의 도전」, 『경향신문』, 2015년 5월 19일.

38 탁상훈, 「신기남, 김종인에 "무뇌아" 직격탄」, 『조선일보』, 2014년 8월 6일.

39 버니 샌더스(Bernie Sanders), 홍지수 옮김, 『버니 샌더스의 정치혁명』(원더박스, 1997/2015), 224~225쪽.

40 강준만, 「왜 헤어져야 할 커플이 계속 관계를 유지하는가?: 매몰 비용」, 『감정 독재: 세상을 꿰뚫는 50가지 이론』(인물과사상사, 2013), 95~100쪽 참고.

41 이창곤·한귀영 엮음, 『18 그리고 19: 18대 대선으로 본 진보개혁의 성찰과 길』(밈, 2013), 338, 378쪽.

42 한상진·최종숙, 『정치는 감동이다: 2017 승리를 위한 탈바꿈 정치』(메디치, 2014), 87~88쪽.

43 강준만, 『전라도 죽이기』(개마고원, 1995), 182~184쪽.

44 오윤, 『내 아버지로부터의 전라도』(사람풍경, 2015), 149~150, 159쪽.

45 강현석, 「광주·전남 '국민의당 42.9%', '더민주 28%'…여론조사서 10% 이상 차이」, 『경향닷컴』, 2016년 2월 5일 댓글.

46 박성희·박은미, 「인터넷 공간에서의 이슈 유형별 여론지각과 의견표명에 관한 연구」, 『한국언론정보학보』, 39호(2007), 284~323쪽; 강준만, 「왜 우리 인간은 '들쥐떼' 근성을 보이는가?: 편승 효과」, 『생각의 문법: 세상을 꿰뚫는 50가지 이론 3』(인물과사상사, 2015), 54~58쪽 참고.

47 강준만, 「왜 20만 원짜리 LG트윈스 '유광 점퍼'가 9,800원에 팔렸는가?: 후광 반사 효과」, 『우리는 왜 이렇게 사는 걸까?: 세상을 꿰뚫는 50가지 이론 2』(인물과사상사, 2014), 156~161쪽 참고.

정치를
종교로
만든
사람들

ⓒ 강준만, 2016

초판 1쇄 2016년 2월 26일 펴냄
초판 2쇄 2016년 6월 3일 펴냄

지은이 | 강준만
펴낸이 | 강준우
기획 · 편집 | 박상문, 박지석, 박효주, 김환표
디자인 | 최진영
마케팅 | 이태준, 박상철
인쇄 · 제본 | 대정인쇄공사

펴낸곳 | 인물과사상사
출판등록 | 제17-204호 1998년 3월 11일

주소 | (121-839) 서울시 마포구 서교동 392-4 삼양E&R빌딩 2층
전화 | 02-325-6364
팩스 | 02-474-1413
www.inmul.co.kr | insa@inmul.co.kr

ISBN 978-89-5906-393-2 03300
값 15,000원

이 저작물의 내용을 쓰고자 할 때는 저작자와 인물과사상사의 허락을 받아야 합니다.
파손된 책은 바꾸어 드립니다.

이 도서의 국립중앙도서관 출판시도서목록(CIP)은 서지정보유통지원시스템 홈페이지
(http://seoji.nl.go.kr)와 국가자료공동목록시스템(http://www.nl.go.kr/kolisnet)에
서 이용하실 수 있습니다.(CIP제어번호: CIP2016004665)